城市媒体怎么办？

打造特色App与融合转型

苏兴秋◎著

南方日报出版社
NANFANG DAILY PRESS
中国·广州

图书在版编目（CIP）数据

城市媒体怎么办？ ：打造特色 App 与融合转型 / 苏兴秋著. -- 广州 ：南方日报出版社，2021.11
ISBN 978-7-5491-2437-4

Ⅰ. ①城… Ⅱ. ①苏… Ⅲ. ①传播媒介－研究－中国 Ⅳ. ①G219.2

中国版本图书馆 CIP 数据核字(2021)第 209738 号

CHENGSHI MEITI ZENMEBAN
城市媒体怎么办？——打造特色 App 与融合转型

著　　者：苏兴秋
出版发行：南方日报出版社
地　　址：广州市广州大道中 289 号
出 版 人：周山丹
责任编辑：刘志一　李　哲
装帧设计：邓晓童
责任校对：肖　颖
责任技编：王　兰
经　　销：全国新华书店
印　　刷：广州市尚铭印刷股份有限公司
开　　本：889mm×1194mm　1/16
印　　张：16.5
字　　数：200 千字
版　　次：2021 年 11 月第 1 版
印　　次：2021 年 11 月第 1 次印刷
定　　价：48.00 元

投稿热线：（020）87360640　读者热线：（020）87363865

业界推荐：

在媒体融合进入下半场之时，本书以宏阔的理论视野和案例化的阐释方式，几乎将全国各地媒体转型的“成功经验”一网打尽，让读者得以全景审视媒体融合的现状与未来，具有重要的理论综述意义和应用推广价值。

——周智琛　财新传媒集团副总裁

移动互联网时代，分布在城市里的传统媒体怎么办？这仿佛是一个天问。但答案早已昭彰：移动优先和媒体融合。本书最大的特点，也是最大的亮点，即它是充分实践派的理论作品，建立在作者对城市媒体转型的深度洞察和个人化的成功经验之上，全书因此显露着可借鉴、可操作、可平视的独特魅力。

——丁时照　深圳报业集团总编辑

从观众到用户，从编播到运营，媒体融合进入深水期，各家媒体都在探索符合自身发展的融合之道，本书就是从用户、运营、内容、平台等多方面探讨融合转型要面对的问题、学习的方向，是一本探索媒体融合，有实操经验的“路书”。

——岳学渊　四川广播电视台编委、“四川观察”总编辑

时代和市场永远相辅相生，发展带来的变革优化正逐渐促使经营模式蜕变，传统业务式微、赢利模式过时是当前城市媒体最头疼的事。作者结合案例和自己的思考，讲授了账号、跨界、社群、IP等11种可操作的新媒体运营模式，很有参考价值；也在更多的摸索实践中，传递着愈加共情的思考。

——王友军　黔南广播电视台台长

在媒体融合纵深推进的当下，很多城市台没有配套科学完善的综合考评机制和公平合理的收入分配机制，员工积极性很难调动。作者结合实实在在的案例，在传播体系构建、体制机制管理、市场营销和产业发展方面给予我们很多参考，让我们放下“官媒”的高姿态，从受众的角度思考，打造“新闻＋政务、服务、商务”的融媒体平台，最大限度地提升区域媒体的传播力、影响力和服务功能。

——田文兰　阿克苏地区广播电视台党委书记

面对媒体深度融合发展的大潮，作为主流媒体的从业者们，有过兴奋，有过彷徨，但更多的是对专业的思考和一往无前的探索，其中，推进内容生产供给侧结构性改革更是绕不开的话题。本书对于内容生产社会化及运营实践进行了大量的考察与分析，开拓视野的同时更引人深思。融合路径各有千秋，有效运营却是持续动力的来源，本书作者通篇贯穿运营思维，通过案例与图表的抽丝剥茧，对融合的具体领域展开了深入的推演与研究。更难能可贵的是，作者从实际案例出发，系统性地分析媒体融合中的“错路”与“弯路”，为广大从业者在创新中行稳致远增添了丰富的灵感。

——谢海翔　南京广播电视台副台长

传统广电亟待破局，但路在何方？媒体融合显然是必由之路。作者多年耕耘在新媒体一线，进行了多方位试验和探索，在平台系统、服务功能、运营模式、赢利模式、团队转型等诸多方面积累了丰富的实战经验。难能可贵的是，作者将这些贴近实际的经验、套路和打法进行总结和概括，并上升到一定的理论高度，可谓高屋建瓴、富有洞见，为城市新媒体发展和实践提供了极好的借鉴和指导。

——徐朝晖　青岛广电影视传媒集团党委委员、董事、副总经理

媒体本质上提供的是服务，媒体融合本质上融合的也是服务。媒体服务的对象是广义的用户概念，既包括消费者用户，也包括商业客户和政府机构。用户是媒体服务的“牛鼻子”，媒体服务的起点是用户，终点也是用户。《城市媒体怎么办?》本质上回答了当下所有媒体共同面对的，关乎转型成败的关键课题——媒体如何做好用户服务。从这个意义上说，本书不仅对于城市媒体，而且对于省级媒体和全国媒体，不仅对于传统媒体，而且对于各类新媒体(平台)，都具有很大的参考价值。

——夏洪波　中央电视台原广告部主任、香港启德商学院创始人

媒体融合与新媒体发展，离不开技术创新的驱动引领。书中对新技术运用的分层次探讨与对创新的强调，符合城市媒体的特点与需求。

——郭昌雄　国家广电总局媒体融合发展专家库专家，苏州广播电视总台党委委员、总工程师

谈到媒体融合，我们知道它不是什么，但是还不清楚它到底是什么。媒体融合，不仅仅是媒体边界的消失，也不仅仅是线上线下的打通。媒体融合到底是什么？作者从多维度的互联网思维，阐述了今天巨变时代的特征，这个时代的思维和逻辑、机制与体制，都发生了与时俱进的变化。媒体融合，不能只是“形”合，更要“神”合。

——田涛　央视市场研究股份有限公司原副总裁、中国广告协会广播电视分会副会长、中广融信创始人

网络平台的建设、运营，离不开“说不清道不明”的互联网思维！本书中大到移动互联和融媒，小到产品、内容、运营、活动，视野既开阔又细致，更难得的是从头到尾贯穿这种思维。

——崔松　美摄首席执行官

信息如流、视野如海、思辨如炬，是互联网产品重要的品质。媒体融合可以没有模式，但必然会出现样板。创新表达方式，注重渠道开掘，尤其是技术应用和市场运维，作者通过聚焦城市媒体新生态，为新媒体从业人员提供了一份独特的思维导图。从网上来，到网上去，实践与探索自此行稳致远。

——孔德信　新华报业传媒集团新华云媒副总编辑

作者在城市媒体圈内是一名既善于实践，又善于把实践积累起来的经验升华为理论的媒体融合路上的践行者。长期的媒体工作实践让他以独特的视角思考报纸、广播电视、网站、微信、微博和传统媒体与新媒体的融合应选择怎么样的方式，以什么样的视角切入。在这样一个传统媒体需要破题，需要转型发展的关键节点，此书给了我们更多借鉴和启发。

——周勇　银川市新闻传媒集团党委委员、副台长

从传统媒体到新媒体，从新媒体到融媒体。几字之变，却在书中“用户”“营收”“影响力”等多个维度以及衡量指标上，更多了本质的升级优化。从自媒体到台办企业，“三合一”的企业文化以及“第三次跨界”“二次创业”“新用户池”“新传播场”等新提法，也是对新行业的新探索。新的风口下，行业的藩篱正在弱化，合作的趋势不可阻挡。以此书，荐与有心人共勉。

——赵世恒　大同广播电视台党组成员、副总编辑

推动媒体深度融合发展事关全局。作者结合自身数十年媒体从业经验，特别是书中几十个实战案例及系统理论分析，解码避坑与做赢，探索融合发展之路，值得媒体从业者和研究者期待。

——吴颖锋　西安网络广播电视台副台长

在媒体融合时代，城市台如何重组各类生产要素，运用互联网思维和技术，改变内容生产、运营模式，发展和维系新一代用户，创造出新的赢利模式，从而减轻或者解决运行中的财务压力，这是摆在所有城市台面前的一个重大课题。作者多年从业于各类新旧媒体，始终处于媒体融合的一线，不断实践，不断总结创新，以丰富的实践案例、深入的理论思考和满满的“干货”给我们这些处于融合转型中的媒体人以深刻启发。

——陈泳　台州广电新传媒有限公司总经理

作为深耕媒体多年的同行，我偶读此佳作，感觉特别有价值的是，书中作了一些前瞻性的判断：以媒体深度融合为引，对传统城市媒体来说，既是一场颠覆性的变革，又是一场“洗牌”式的行业重构。城市媒体已然面对“追兵”与“堵截”的双重困境。报台合并，可能是“先破后立”的最好试验区。社区物业服务也可能成为最大的“便民服务”集中地。未来已来，但这些都还只是未来的一部分。

——景石雷　临汾远大广电传媒有限公司总经理

（学界推荐见封底）

序　言

写在前面：你移动优先了吗

> 要坚持移动优先策略，建设好自己的移动传播平台，管好用好商业化、社会化的互联网平台，让主流媒体借助移动传播，牢牢占据舆论引导、思想引领、文化传承、服务人民的传播制高点。
>
> ——2019 年 1 月 25 日，习近平总书记在十九届中央政治局第十二次集体学习时的讲话［摘自《习近平谈治国理政》（第三卷）］

传统媒体碰到了什么问题?

众所周知，是新媒体冲击。具体来说是新技术、新渠道、新模式、新思维、新用户……而其核心，是移动化，是移动互联网带来的一系列变化。

怎么解决问题？药方其实已经开好：移动优先!

移动优先首先碰到的是认识问题。很多城市媒体都说，我们坚决落实移动优先战略：所有的稿件、节目都上网；或者所有稿件、节目都在移动端首发。

这是不是移动优先?

是。

但这绝不是真正的移动优先。试问：

你的稿件、节目，是按传统媒体思维生产的还是按移动互联网思维生产的？是把传统的东西搬上网，还是按网民习惯生产再返回传统媒体？

你的技术投入是以传统需求为主还是以新媒体需求为主？比如你的演播室建设是按传统方式还是互联网方式？你买的摄像设备能不能及时编辑并上网发稿？

你招的人员是传统专业还是“一人多能”人才？有没有网感？懂不懂用户？会不会互动？用不用各种互联网生产发布工具？更主要的是你的用人思维是不是能招到、留住新媒体人才，甚至让他们发挥业界几年后才会“恍然大悟”的才能？

这些都是具体问题。问题的关键是我们不能把移动优先仅仅理解为移动首发之类，而是要真正在规划上、投入上、导向上、分配上、团队建设上、阵地渠道开发上，乃至整个单位舆论和企业文化上，把移动优先思维落实到位——优先！而不是口口声声“移动优先”，每份材料都“移动优先”，而现实中却仅仅把传统内容搬上网，处处以传统媒体优先。

真正的移动优先，最后都必须落实到机制上。规划中有没有落实这一要求，是对站位和思维的拷问。传统投入与新媒体投入如何取舍，是对言行是否如一的审判。内部舆论主流声音、员工思想引导以及分配体系相应变化等等，是对移动优先落实效果的考核。

机制会说话。

让机制说话，才能实现真正的移动优先。

推进移动优先，认识是基础更是动力，机制是保障更是现实，舆论导向会改变员工态度，能力培养则影响“移动”的进程。

媒体人，或许之前已经经历过多次的“新媒体挑战”，比如报纸之于广播，报纸、广播之于电视，报纸、广电之于传统互联网，但那只是媒介形态的增加——通俗地说，就是增加了几种传播渠道或几个广告竞争对手而已。

但移动变革，还是这样吗？很多媒体领导者和从业者还是仅仅认为：新媒体抢了我们的蛋糕！

事实呢？从“互联网颠覆一切”这句话，从 10 多年来各行各业已经面临的变化来看，我们应该清醒了：

这是一个移动时代的变革，比超上一轮工业革命。

它颠覆一切，媒体也不能避免。

它的影响，对于以内容为主要产品，虚拟性很强的媒体来说，不仅仅是眼前看到的传播渠道变化或广告收入下降之类的表象，而是市场洗牌、重塑、再造，是宣传理念和媒体思维的新建。我们过去和现在的一切思维、优势、资源、资产，都可能在移动互联网、大数据及其服务、智能化与应用中，烟消云散。

思维与态度，变则通。不变，痛。

能力与理念，学则会。不学，出局。

移动优先，是中央提出的策略，也是给包括城市媒体在内的传统媒体开出的转型与变革药方。不管是为了新媒体建设，还是媒体深度融合发展；不管是为了宣传新阵地、新渠道建设，还是城市媒体的生存发展；不管是为了媒体单位领导必须完成的工作任务，还是为了众多媒体人的后半生生计理想，都刻不容缓了：

——直面“移动”。

——落实“优先”。

为宣传事业而奋斗的媒体人，必须如此。

为媒体深度融合发展肩负“一把手工程”责任的媒体领导，更须如此。

目录

Contents

第一章

转型痛点

给我一个使用理由

城市媒体怎么办?

01

要 点

①舆论宣传工作需要阵地，需要渠道。引导群众需要用户，服务群众需要市场。

②城市媒体发展新媒体或媒体融合，要把自己放到移动互联网市场“经纬切割”环境下去寻找自己的位置与优势。

③用户，已经成为新媒体与移动平台的第一要素。传统媒体转型，不要再仅仅把用户提在口头上，而是要切切实实去寻找、去服务、去连接。

④恢复连接，寻找连接，创造连接，是城市媒体移动化或媒体融合的关键点。

⑤平台“自转”功能打造，是城市媒体App走向成功的要点和难点。

当今，是互联网社会。

当今，是移动时代。

接下去则是5G、万物互联、大数据、智能化。

——这些我们都已知道，这些也已经实现或逐步迈向主流。

接下去，还有没有？有。

是什么？不知道。

传统媒体机构要做新媒体，“新”“旧”媒体要深度融合发展，都离不开这些技术的进步与使用。

一切听起来都很熟悉，但认真做下去，你会发现，城市媒体移动化转型，都触及一个无法避开的痛点：

给我一个使用的理由！

“我”是谁?“我”是用户！

第一节　用户需求

——在“经纬切割”之下，我们还有什么是用户认为有价值的服务空间？

用户使用 App 等新媒体的通用理由有三个：用户需求 + 用户体验 + 用户服务。对城市新媒体来说，附加一个“本土价值”。

任何一个内容或服务，要让用户“买账”，同样必须满足三个条件：“独一无二” + “用户价值” + “优质产品持续服务”。标榜“内容为王”（起码认为内容是优势）的传统城市媒体的内容与服务有哪些可以符合这三个条件？

换一个角度，从市场角度去看，如图例 1－1（见下页）。从纵向看（经度），在垂直大平台的下沉策略之下，几乎没有什么领域没有大平台插手。从横向看（纬度），几乎所有有营利机会的领域，都有本土新媒体企业在努力。

举一个新闻的例子。新闻，本是传统媒体的“专利”。但现在呢？一旦有新闻发生，首先，传统媒体机构的新媒体矩阵肯定不放过。其次，同城新媒体、垂直大平台肯定要转载——你不发，它也要报道。其三，已经走向全网传播了。所以，新闻的价值更主要体现在你首发和独家上——但每天有几个值得珍惜的“独家”，或者说大众真正关心的新闻？有同行已经感叹，一个城市的热门新闻还“养不活”一个公众号。

再举一个生活类内容和服务的例子。某个城市电视台，美食节目做了二十几年，影响力甚大，其主持人在全市知名度最高、出场费最贵。但随着一个民营小公司的公众号“舌尖上的某某”开始上市，用当时新颖的传播方式、精心的内容制作、公正的行业评判、悦读的图文内容，甚至免费的宣传报道（前期），特别是通过手机——微信传播渠道，立马在朋友圈产生了裂变，并逐步发展为该城市最受欢迎和认可的餐饮服务平台。

"经纬切割"之下，我们用什么内容或服务，吸引用户上门?

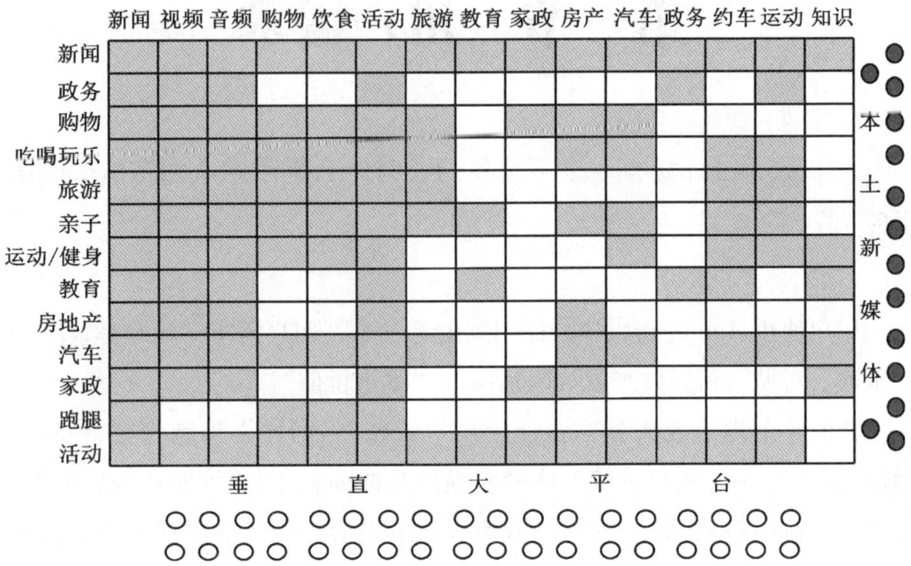

图例 1-1 "经纬切割"下的城市互联网市场地图（不完全）

第二节　用户体验

——在技术实力和运营经验相对缺失的情况下，我们能不能给用户好的感觉?

——我们不就是做媒体的吗?

——做新媒体不就是移到互联网上做吗?

这是很多传统媒体人的认知。纵观城市媒体 App 产品，几乎都走过了两个阶段，我们暂且称之为 1.0 和 2.0。

1.0 模式说穿了，就是把传统媒体的内容搬上互联网，节目整个整个上，专题一个一个搬，少有其他服务，更不用说智能化的功能与服务。

2.0 模式，应该是从“无线苏州”开始的。

它的变化在于：第一，传统媒体的内容不是照搬照抄了，更主要的是增加了智能化的交互、支付购物功能、社区互动功能等等——总之，它开始脱离传统媒体的产品思维，开始构建移动互联网生态和在这种生态下城市主流媒体的传播形式、服务形态、用户观念、运营思维和赢利模式。

第二，它采用了公司化运营机制，除了给“无线苏州”植入移动互联网基因之外，还植入了市场基因，这造就了“无线苏州”曾经在运营上发展较快的原因。

“无线苏州”之所以能首创媒体 App 的 2.0，是因为公司依托了技术开发的核心竞争力——这为“无线苏州”以技术输出模式为其他城市媒体提供技术服务，提供了可能与机会。

南为橘，北为枳。

1.0 模式媒体客户端，明显是为了完成任务——“我们有了 App”而做，它完全没有融入移动互联网生态，离网民（用户）的习惯和需求，还甚远甚远。

融入生态的 2.0，也并不风顺，随着“经纬切割”式市场瓜分，随着下载 App 成为负担，随着微信小程序及一系列更轻更方便的工具的出现，下载 App？再给我一个理由！

传统媒体不是专业互联网公司，从体制机制、技术实力、资金投入和运营经验来说，都有相当的缺失，尤其是城市媒体。面对技术创新的日新月异和用户体验要求的日益提高，我们不但要快速补课，还要快步创新。比如，随着 BAT（百度、阿里巴巴、腾讯）和字节跳动等几大平台之间的生态壁垒越来越明显，城市媒体 App 及其相关产品又面对一个新问题：如何适应不同生态，实现多端同步登录？作为平台方来说，我可以为几个大生态各自开发平台与端口，但各端口（渠道）并不互融互通，我从这个端口下的单，用另一个端口就核销不了？用户："请先给我一个理由！"

第三节　用户服务

——在用户意识和服务手段都相对薄弱的条件下，我们用什么办法留住用户？

先天优势！

后知后觉！

这是媒体界的“自嘲”。广电界甚至还有一篇题为《吃屎赶不上热乎的广电人》的文章，被业界朋友圈热捧。原因无他，切合实际而已。

如今，我们要做新媒体。

如今，我们要媒体融合。

如今，我们要守住阵地——建设移动互联网舆论宣传主阵地。

如今，我们要养活自己——互联网公司能赚钱，我们为什么不行？

我们要做好——不是说我们有很多优势吗？国有媒体优势，人才优势、资源优势、视频优势、新闻优势、品牌优势……不一而足。所以，我们还沾沾自喜于一个城市只有一份报纸、一家电视台、一家广播电台的垄断。

我们还习惯于我们说什么，读者（听众、观众）就接受什么。

我们还习惯于把节目、栏目填满就很辛苦地完成了任务。

我们还习惯于就料做菜，好不好吃不是我的事（“中央厨房”也没用）——做自己的节目（版面），至于有没有人看，那不关我的事。因为我们代表媒体，代表舆论。用户？用户是啥？

我们还习惯于叫喊“没人、没钱，让我做什么互联网?”。

我们还习惯一边看着外面的个人、公司的电商或民生服务做得风生水起，自己做不到却都归结于体制机制的错。

我们还习惯等上面安排任务，理所应当地说“顶层设计缺失”，而不知道互联网文化是用户文化，是去中心化，互联网更需要个人创造力。

我们还习惯于把用户挂在嘴边，至于我们的用户是谁，是男是女，是何年龄，是何职业，为什么使用我们的平台，是偶尔一次还是习惯，他们有什么需求，有什么不满，喜欢什么，不喜欢什么……都不甚了解。

我们还习惯地把用户挂在嘴边，至于这些用户如何吸引，怎么留存，怎么使用，怎么服务，如何给他们推送服务，如何在线上把他们抓牢，如何在线下为他们服务……我们都没有做过。客服，从来没有这个岗位。

我们还习惯地把用户挂在嘴边，至于如何把用户需求与宣传目的相结合实现舆论引导效果，如何与客户需求对接实现三方增值——如何通过这些用户把党政决策、政府服务、中心工作宣传出去，如何利用用户为客户通过策划活动实现用户、客户、平台价值……还需要我们长期地学习与探索。

以移动互联网思维去洞察用户需求，重新发现用户，连接用户，服务用户，从而对接市场，这是传统媒体转型的第一步。

第四节　本土优势

——在大平台的下沉和本土同行的“经纬切割”竞争下，我们能否挖掘出与自身优势相匹配的资源?

做过城市媒体 App 的人都知道：必须给用户一个使用的理由，一个喜欢的理由，一个习惯的理由。

但大多数人失望了：一是用户需求被“经纬切割”抢占了，二是技术水平和服务经验还比较欠缺，三是自身原有的垄断资源消失了。

剩下的，需要我们自己创造理由——整合资源，重构优势，再找“必需”。

这个“必需”就是再造本土优势（走出地域的产品不在本文之列）。

回头再看前文的“经纬切割”下的城市互联网市场地图，看似密密麻麻，但很多空间都已被抢占，留下的空白，明显是“鸡肋”。然而实际上，“抢占”不等占领，更不等于做好，只要我们能拿出自己的竞争力，鹿死谁手，犹未可知。

建议一：宁避本土强手。本土新媒体，往往小而精，对本土某一块小领域进行了“精耕细作”。这种新媒体虽不大，但根深，用户黏性和忠诚度往往很高。以城市媒体的体量去与它竞争，如大棒打蚊子，费力不说，更可能是没打着、打不死。非不得已，没必要去做这种吃力不讨好的事。

建议二：愿补垂直不足。垂直大平台，看起来都很大，但它是体大面广，根不一定深。虽然这些大平台在着力“下沉”，但作为全国平台，它根本不可能为一个城市做个性化的服务。而这，恰恰就是城市媒体可以做、适合做的。举一个例子——旅游，携程等大平台已经做了充分的服务，但城市媒体仍有服务用户的空间：小景区本土推广，解决周末游选择困难症，发动用户与景区一起做活动，等等，都有可能成为吸引用户、留住用户、服务用户的方式。

建议三：找准资源优势。资源，是城市媒体真正尚存的优势所在，特别是“人脉”资源。一是要找准，二是要整合，三是要重新形成优势。这种优势不是自己评判的，而是要用户认可的；这种优势也不再是仅仅做做内容而已，更重要的是发动用户，撬动市场，运营平台。

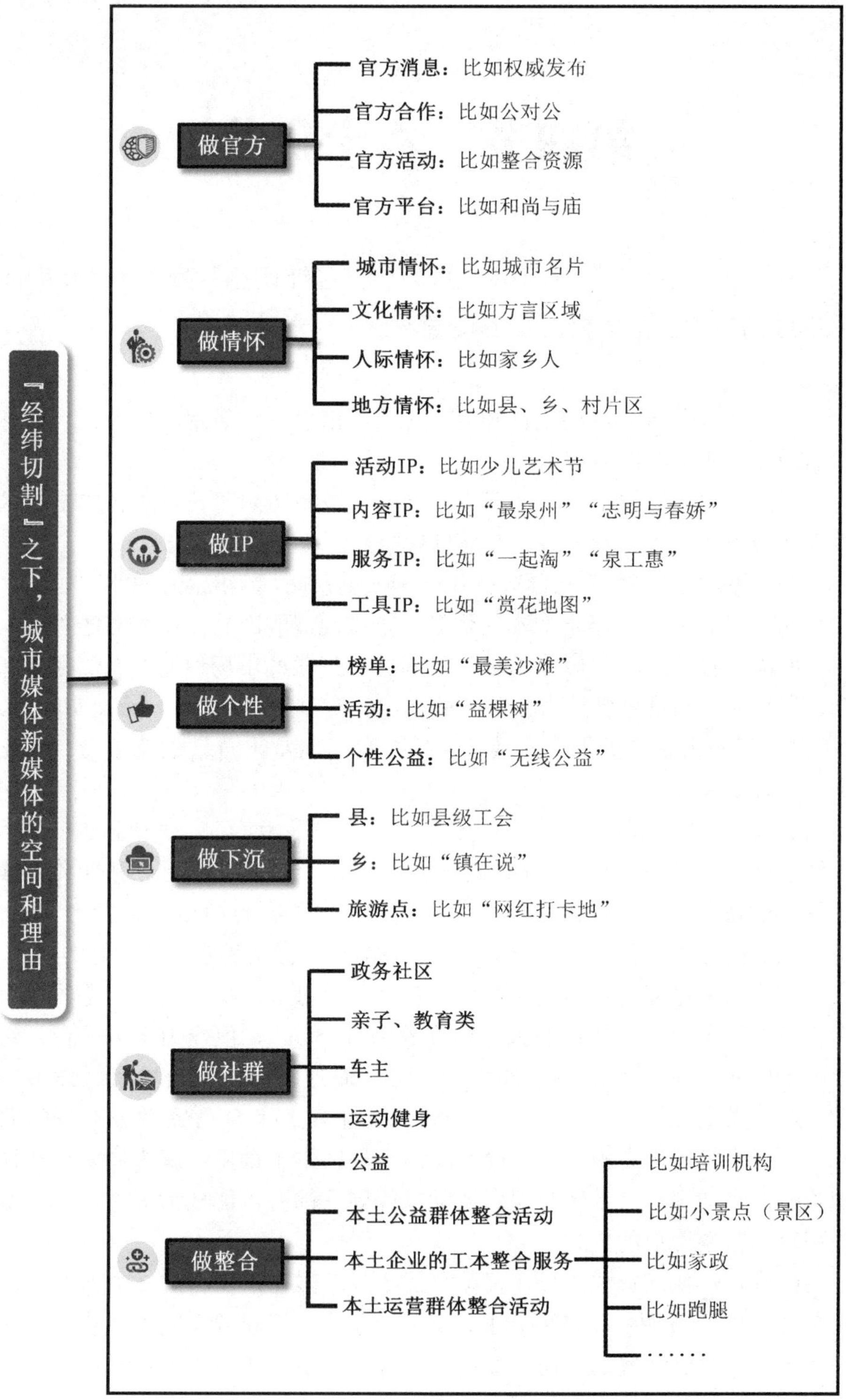

图例1－2　“经纬切割”下城市媒体新媒体的空间和理由（参考）

第五节 “自转”功能

——当用户推动你的平台“自行运转”，那恭喜你成功了，不管从宣传阵地来说，还是从平台运营来说。

曾经有一个说法，最好的投资，就是当你在跟小孩子玩时，在沙滩漫步时，在四处旅游时，在做公益活动时……不管什么时候，你投资的工厂、公司都在自行运转，时时刻刻给你带来收益。

移动互联网新媒体是一个全天候运转的平台，但人力有穷时，我们不可能无时不刻在运营，如何让平台“自行运转”——用户活跃、互动和交易频繁？

这是很多互联网平台运营者孜孜以求的想要解决的痛点，更是城市媒体 App 的痛点。

城市媒体 App 建设容易，赚钱或许也不困难，但平台要成功要活跃，却绝对是一个难题。纵观全国城市新媒体实践，大多延续传统媒体做活动激活的模式，但一个活动做完了，这批用户就沉寂了。

“自转”，谁来推动？用户！

但要用户推动，仍旧需要给用户一个理由。

“自转”功能是一个闭环：用户需求是基本条件，没有需求就失去了存在的可能，所以它提供了“自转”的可能性。用户服务是内生动力，平台功能必须与用户需求紧密对接，所以它是平台自身能力的体现。用户体验是外部动力，体验好，用户就会选择，所以它是用户裂变的条件。本土优势，则是城市媒体的机会，用户需求的精准把握，平台服务的接近地气，用户体验的个性特征，都可能让平台在区域内获得较大市场占有率——这个时候，谈“自转”就比较现实了。

给用户一个使用的理由，这是城市媒体移动平台的痛点，其实也是所有移动平台的痛点。

图例 1－3　“自转”是一个互相带动的系统

给用户一个使用的理由，这是一个难题，而且是一个永远存在的难题。

但我们看到，全国城市媒体都在努力。

每个城市，都会找到自己的理由。

第二章

平台系统

看你的野心有多大

城市媒体怎么办?

02

要　点

①在“经纬切割”之下，城市媒体运营城市生活服务平台，仍有较大的比较优势。

②内容生产社会化，是传统媒体向外学习和与市场对接的重要方式。大而全的封闭系统或不可取。

③活动，是城市媒体连接用户与客户的主要形式，活动系统成功将带动平台成功。

④物联网时代已经到来，社区物业服务可能成为最大的“便民服务”集中地。

⑤对城市媒体移动平台来说，无优势模式不电商。

系统的选项其实不是太多。作为城市媒体客户端，有一个野心绕不过去——都想做本土的综合性平台——综合＋平台。

而事实上，作为城市媒体，面对垂直大平台和本土新媒体的“经纬切割”，做本土的综合性平台，战略上还是有一定的比较优势，只是难度不是一般的大。

基于综合平台的出发点，一些系统必将被列入考虑范畴。

第一节 内容系统

——内容生产与服务，已不再是媒体机构的专利。工具、渠道社会化同样已成现实。我们真正要做的，是事关信息安全的核心部分，过多的重复建设，只会增加城市媒体有限的投入负担。

对于城市媒体 App 来说，不管是否做综合性平台，作为城市主流媒体，内容（信息、新闻）系统都必不可少。这一系统，其一，写稿及图文编辑、音视频编辑等功能。这些功能可自己开发，也可以用第三方工具，后者性价比比较高。其二，上传及三审流程，这是常规功能。其三，分发功能，也就是分发到首页，某个专区、专栏、账号等功能。其四，条件具备或实际需求情况下，可开发（同样使用了第三方工具）抓取功能、偏好算法、推送功能，直至根据偏好推送功能等——今日头条及各大平台使用的“千人千面”“智能抓取”“智能推送”等功能，技术已经相当成熟与普及。其五，同样在条件具备和实际需求情况下，可开发（同样利用第三方工具）一键分发系统，实现多平台一键分发，最大程度减少人力支出。当然，各种平台都有自己的内容个性和平台规则，对真正的账号运营来说，一键分发效果肯定会打折扣，“四川观察”就反对使用这个功能。

值得强调的是，当前，绝大部分内容生产都基于互联网生态，内容生产、发布工具、渠道的社会化，整个流程都可以在网上实现。在此情况下，不管是为了发展新媒体平台，还是为了媒体融合，对于大多数资金并不充裕的城市媒体机构来说，还有没有必要开发“中央厨房”之类的系统，值得商榷。而以下案例中的“中央云厨房”系统，其实就是 App 信息系统的拓展，投入小，用起来却方便。

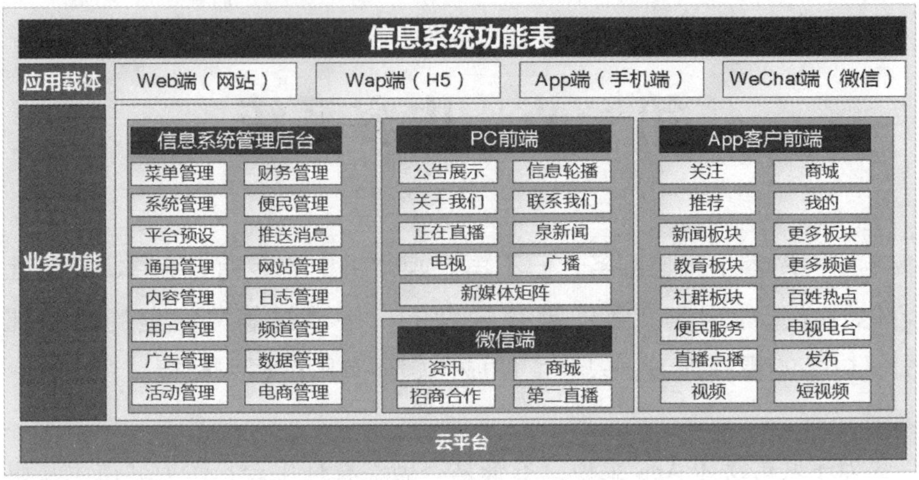

图例 2－1　常见信息系统功能表

【案例】“无线泉州”“中央云厨房”

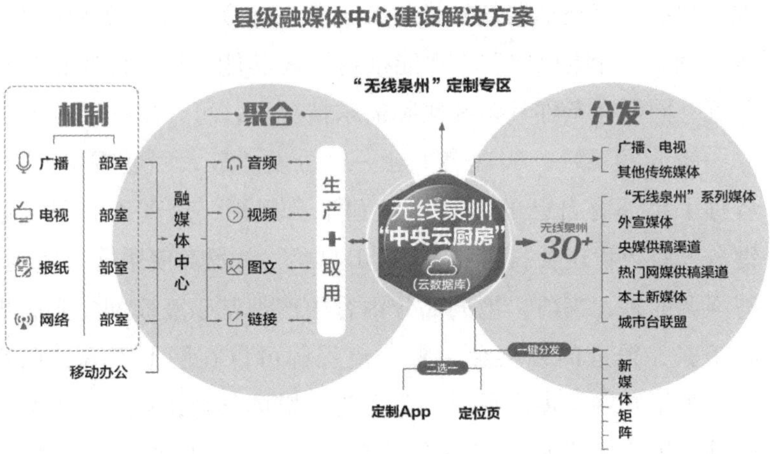

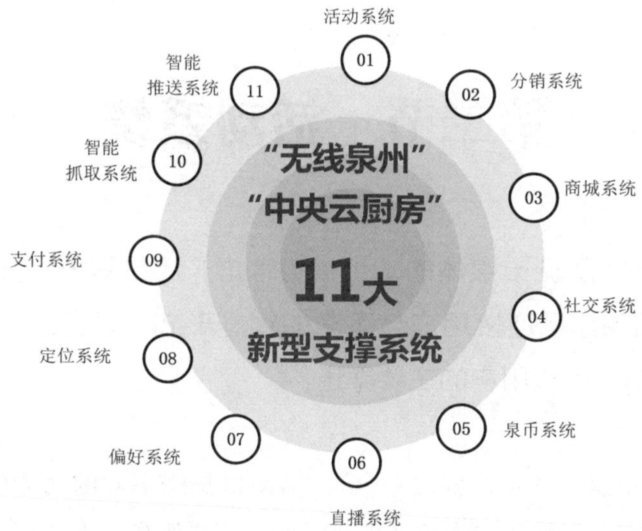
"无线泉州"
"中央云厨房"
11大
新型支撑系统
01 活动系统
02 分销系统
03 商城系统
04 社交系统
05 泉币系统
06 直播系统
07 偏好系统
08 定位系统
09 支付系统
10 智能抓取系统
11 智能推送系统

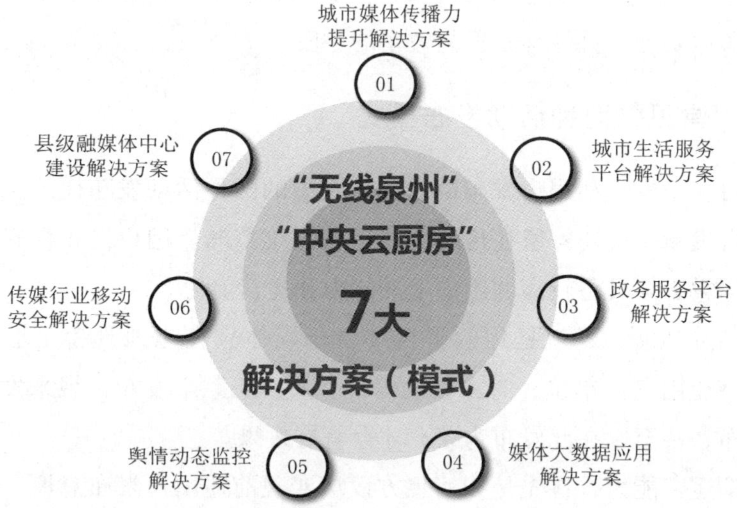
"无线泉州"
"中央云厨房"
7大
解决方案（模式）
01 城市媒体传播力提升解决方案
02 城市生活服务平台解决方案
03 政务服务平台解决方案
04 媒体大数据应用解决方案
05 舆情动态监控解决方案
06 传媒行业移动安全解决方案
07 县级融媒体中心建设解决方案

第二节　活动系统

——不管从城市媒体的本土优势考虑，还是基于现在流行的营销模式，活动都是连接用户与客户的很好形式，事实上也成为多数城市媒体 App 增长用户的主要渠道。

作为城市媒体 App（城市平台），活动也是绕不开的功能模块，因为活动贯穿平台运营从用户增长、用户活跃、用户服务、客户服务到平台创收、打造自主 IP、打造平台品牌及扩大影响力的整个过程，也是平台运营最容易落地实行，且最容易提高效率的手段。

一、常见的两种活动发布模式

平台发布模式和用户发布模式是较常见的两种活动发布模式。总体来说，平台发布模式还停留在传统媒体运营思维范畴。用户发布模式是最佳选择，但它必须具备较高的用户发动能力和运营能力。

所谓发动能力，就是你的平台（含母媒体）在当地具备足够的影响力，足够让用户（单位、商家、机构、个人）愿意来发布，想来发布，必须来发布，甚至以在此发布为荣，才会有好效果。

所谓运营能力，首先是如何想方设法实现前述用户发布意愿。其次是如何抓住这种意愿，运营成全城市第一的活动发布平台，让人欲罢不能，舍此无他，成为活动做成、做大的必备条件。第三是在前两条的基础上，一方面把自己的活动做多、做大、做强，做出一系列可以定时做的 IP 活动，用户、创收、影响力兼收并蓄；另一方面，从活动信息发布入手，成立专门团队，逐步介入到活动策划、执行、直播、宣传等环节。

如果能做到这一步，那平台经营、用户及其活跃度、平台影响力基本上就没问题了——众所周知，近十年来，活动已经成为媒体继广告之后的主要经营和创收方式之一。现在有了网上活动系统，服务更智能，投入更小，效果更明显也更可靠，实现用数据说话。

【案例】“互动吧”App

【案例】“无线泉州”“泉工惠”活动列表

二、活动系统注意事项

①虽然有垂直活动平台，但作为城市主流媒体，一二十年来权威性、

品牌、人脉、影响力以及品牌活动的积累，都是本土优势，仍有与垂直平台争夺这一领域的可能性。

②活动的品类很多，可参看垂直平台设置和实际发布、参与数据。

③本土主流媒体比垂直平台相比的独特优势之一，就是政府机构活动。这类活动权威且影响大，当前一般还不会给到商业垂直平台发布。

④不要急于赚钱，放长线钓大鱼——非成平台不收费，况且即使没赚钱也已经赚了用户和影响力。活动对吸引用户的作用，相信多数城市媒体App运营者都深有体会。

⑤运营人员很重要。除非传统媒体或新媒体平台在本土号召力特别大，否则就需要有在本土掌握丰富人脉资源，且善于社交的骨干人才。

【案例】各种常用的活动工具

活动运营（含活动推广）是互联网产品当中运用最多的一种推广手段，使用各种活动工具，对于引流、留存、活跃起着很关键的作用。互联网商业模式大相径庭，虽然层出不穷，但是在各自的领域内同质化严重，需要运用各种活动工具增加公司产品或者服务的品牌效应并提高转换变化的能力。以下介绍几种常用的活动工具：

①社区类活动

社区类活动中，“盖楼”是最常见的互动玩法，通常把发布“引诱回帖形式”的帖子称为“盖楼”，粉丝回复的语句代表一个楼层，踩到某些楼层就能获奖。类似的活动还有“整点抢楼活动”“楼层抽奖活动”，这些活动能够堆砌起很高的评论数，一定程度提高了用户活跃度。

★活动形式：盖楼、回帖、踩楼等。

★活动特点：操作简单、有挑战性、好玩、刺激，人人都有机会中奖，能够激发用户的参与热情，通过用户关注的热点，策划专题话题，吸引用户参与发声互动。

★活动效果：成本低，提升用户活跃度。

②活动抽奖

抽奖作为一种古老的运营套路，一直活跃在营销最前沿。无论是线下门店促销还是线上活动，抽奖被广泛用于拉新、促活、获客等增长环节。

虽然玩法看似老套，但凭借着以小博大的杠杆效应和低门槛参与、高奖励诱惑的活动机制，总能吸引众多用户参与，商家和客户更是乐此不疲。

★活动形式：幸运开箱、“摇一摇”送好礼、抽奖乐翻天、砸金蛋、抢红包、九宫格抽奖、翻牌抢货、天降红包雨、锦鲤抽奖、刮刮乐。

★活动特点：概率和赌运气、参与门槛低、收益大。

★活动效果：通过一定概率的互动行为，利用大众的侥幸心理以及对奖品的渴望，可以激励用户参与活动，最终转化订单或加深品牌印象。

③裂变引流

当前人口红利捉襟见肘，流量成本偏高，对流量有着关键地位的裂变自然慢慢为人们所熟知和追捧。裂变引流本质就是传播个体通过在社群（或者其他传播途径）发布一个含有诱饵（红包或者其他诱人奖励）的内容，引发用户争相传播，从而达到一个用户带动身边N个（裂变）用户的目的。裂变的结果便是一生十，十生百，百生千万，从而低成本获得万千粉丝。粉丝可能转化为产品终身客户，从而带来利润。

★活动形式：齐种红包树、集赞赢好礼、瓜分红包、关注红包、传递祝福、集福赢好礼、集卡瓜分奖金等。用户参加该活动后，通过分享给他人产生裂变效应，让活动实现指数级传播。

★活动特点：这种活动形式直接和金钱减免挂钩，受利益驱使，用户一般比较容易被吸引。用户为了高额的奖励、社交互动参与。

★活动效果：裂变引流通常类似于玩游戏的活动形式，最棒的一点就是它有反馈，结果可预期，用户只要付出，就有回报；只要不断努力，就能获得胜利。这种活动不仅可以促进拉新，还能一定程度上召回即将流失的用户，通过发红包来实现新用户和老用户的活跃。

④商业促销

商业促销是指短期的宣传行为，目的是鼓励购买的积极性或宣传一种产品，提供一种服务。

★活动形式：极速秒杀、天天拼图、全民砍价、限时秒杀、降价拍。

★活动特点：最简单也最吸引用户的一种活动形式。产品让利一定的折扣，或者许诺一定的利益，吸引用户购买更多的产品，甚至购买原本不在购物清单内的产品，用户为了薅羊毛、省钱而参与。

★活动效果：通过促销活动，在给用户带来美好体验的同时，还增加了产品的销量。

★活动形式：日历打卡、签到抽奖、天天抽奖、积分乐园、能量小树林。

★活动特点：奖品引诱、养成习惯、完成任务的成就感、物质激励。

★活动效果：增加平台与用户间的黏性，用户在趣味中体验平台带来的福利和乐趣，有利于用户留存。

⑤投票活动

投票活动是近年来十分流行的一种市场推广手段，集新闻效应、广告效应、公共关系、形象传播、客户关系于一体，并为新产品推介、品牌展示创造机会，建立品牌识别和品牌定位，形成一种快速提升品牌知名度与美誉度的营销手段。通过网络，一个事件或者一个话题可以更轻松地进行传播和引起关注。

★活动形式：图片投票、视频投票。

★活动特点：荣誉感，人们对自己有特长的、得意的事情想一争高下，利用参与者本人的某些特长以及人脉影响力。

★活动效果：该活动形式成本低、收益高、受众面大、宣传效果强、吸粉能力强，可以带来更多流量，有助于用户促活拉新。

⑥竞猜活动

竞猜活动是培养新用户，巩固老用户的一种有奖促销方式，参与者必须通过技巧、思维、判断力在竞猜中获胜才能得奖。竞猜活动同时也是品牌与消费者对话的有效方式，是树立品牌，加强品牌与消费者之间的沟通的方式。

竞猜活动的参与率一般都很低，据统计，一般性竞猜活动有0.5%的参与者就算是相当高了。但竞猜活动本身的影响力能使他们对促销产生兴趣，同时也使品牌在他们心目中活跃起来。即使购买产品的顾客不参与竞猜活动，但这仍能有效地提高他们对产品的认知、兴趣，增强产品冲击力。

★活动形式：猜瓜分、有奖竞猜、猜谜、猜数字、猜输赢。

★活动特点：参与成本低，参与感更强，利用用户的好奇心。

★活动效果：活动周期越长，品牌曝光时间就越长，参与活动的用户越多。

⑦答题活动

在互联网时代，总流量的影响力是十分关键的，而哪些做法可以吸引到流量？答题活动便是其中一个方法。这类方法可以说是没什么门槛的营销方式，利用了用户对知识的探索欲和挑战欲，能够引导用户在碎片化时间去参与答题，在娱乐的同时，还能提升用户对知识的认知和深度记忆。

★活动形式：常规答题、看图答题、听歌猜名、看图猜名、每日一答。

★活动特点：参与成本低，参与感更强，利用用户的好奇心。

★活动效果：答题活动是一种低价的拉新促活方式，奖品的诱惑可以让平台在短期内收获大批用户流量，再加上用户的好胜心以及与人分享成绩的心理，一定程度上可以促进拉新，提升活跃度。

⑧现场活动

多种互动形式引爆全场，人人参与，气氛热烈，让活动更加刺激好玩，让现场用户迸发激情。

★活动形式：现场抽奖、现场摇一摇、数字抽奖、霸屏图片或者弹幕抽奖。

★活动特点：通过现场营销传达品牌特性。

★活动效果：提高品牌曝光度和知名度，促进潜在粉丝转化、美化平台消费者形象。

⑨长期活动

长期活动的重要性，往往被产品和运营人员所忽略。长期活动，例如每日签到、天天打卡等，对于提高用户黏性是非常有帮助的。长期活动的目的就是提高用户的黏性，形成一种每天打开 App 的习惯，有了每天都打开 App 的习惯之后，用户就可以每天都接收到平台发布的宣传信息，可以说长期活动的营销效果十分优异。活动的玩法也不局限于签到、打卡，还可以融入丰厚的奖品，提高用户们的积极性、参与性。

【案例】活动已成为各媒体平台最常见的运营手段

“智慧无锡”
醉美国潮龙虾节

“智慧长沙”
老爸老妈唱起来

“在柳州”
民族“网红”直播公益大赛

连续举办七届的活动：一袋牛奶的暴走

【本组图片来源：“1024融媒”】

第三节　便民系统

——便民就是服务。自己投入开发，成本较高，必须以高成功率项目为支撑。整合社会便民资源，是多数城市媒体的选择。

除非你还在城市媒体 App 第一代阶段，或者你只想提供信息（资讯、新闻），但凡你想做城市型平台，生活服务不但是必须的，甚至比信息提供更重要。试想，除了北上广深，一个城市在正常的日子里，值得广大市民关注的新闻有几条？一个每天三发权限的微信公众号都养不起，更不可能养得起一个 App。生活服务，让城市平台能够更加接地气，既是优势也是努力方向。

尽量找本土独家或独大的服务项目，在条件成熟的情况下，打造成用户使用你 App 的"理由"。比如家政服务，有垂直 App 在做，有本土其他平台在做，有家政公司自己的账号在做，但如果你能把自己的平台打造成全市家政公司的流量入口，那你就赢了，也成了用户使用的理由。换一种做法，你能跟全市最大、品牌最强的家政公司强强联合，用户覆盖面最广、性价比最高、影响力最大（这是媒体自有优势），那你也可占领大部分的市场，成为用户高频使用的"理由"。

常见的便民服务，一种是利用媒体人脉关系资源积累，开发自己的服务系统，这是平台的独家服务。另一种则是寻找整合外链资源，毕竟开发一种便民服务，工程量很大，基础数据的收集和积累也相当难，所以，通用外链成为必须有的"鸡肋"。

外链资源有以下几种：

①找政府：尽量链接网上政务服务功能，能独家就赚了——但可能性很小。

②链接垂直机构：垂直机构也在下沉，也在寻找流量入口，与城市平台可以适度合作。

③链接商业服务机构：现在是商业社会，平台使商业更方便、快捷、优惠，都是便民之举。

④链接公益服务机构：同样是方便用户。

⑤整合链接社会资源：比如停车场系统，往往分散经营，如能整合将会极大地方便用户。

⑥重视社区、物业服务：随着物联网运用的增多，人们生活的社区成了生活需求密集地。比如，当物业的刷脸门禁被你整合到平台上时，平台想不活跃也难。

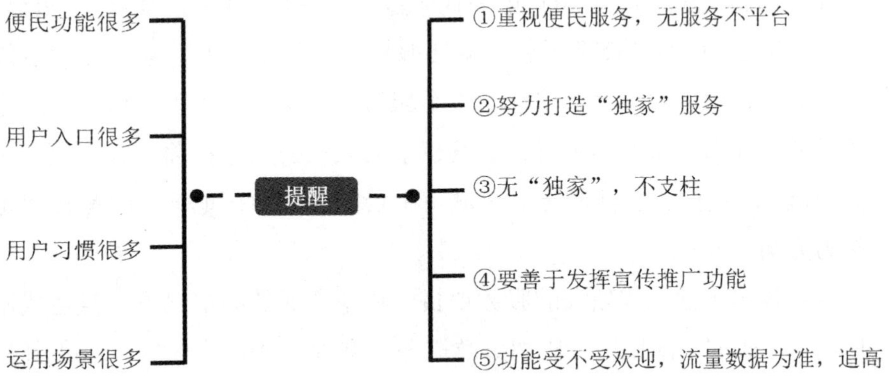

图例 2－2　关于便民系统的几个提醒

表 2－1　一些平台的便民服务功能

58同城			
便民服务	功能	便民服务	功能
①招聘服务	找工作	⑥装修建材	家装服务
	找兼职		工装服务
②家政服务	保洁清洗		建材
	钟点工		建房/翻建
	保姆/月嫂/陪护		家具
	搬家/搬运		家纺家饰
	开锁换锁	⑦批发采购	食品
	回收		服饰鞋帽

续上表

便民服务	功能	便民服务	功能
②家政服务	生活配送	⑦批发采购	礼品批发
	家电维修		商超设备
	家具维修		机械加工
	电路维修		化妆品
	电脑维修		灯具照明
	手机维修		母婴玩具
③本地服务	教育培训		电子元器件
	婚庆摄影	⑧餐饮美食服务	美食
	宠物		食堂承包
	装修建材		外卖
	二手回收		火锅
	丽人美容		自助餐
	休闲娱乐		烧烤
④汽车服务	租车		小吃简餐
	过户/验车		快餐
	驾校		中餐
	汽车维修保养	⑨农林牧副渔	园林花卉
	代驾司机外派		畜禽养殖
	汽车美容装饰		水产
	改装/防护		动植物种苗
⑤商务服务	工商注册		农作物
	货运物流		农机具/设备
	投资担保	⑩旅游酒店服务	周边游
	快递		机票
	租赁		国内游
	财务会计	⑪房产租赁服务	租房
	广告传媒		二手房
	网络布线维护		找室友
	网站建设推广		写字楼

续上表

美团

便民服务	功能	便民服务	功能
①交通出行	共享单车	⑦跑腿代购	同城急送
	共享电单车		同城帮买
	火车票	⑧旅游服务	清凉玩水
	飞机票		景点
②外卖	美食		自然风光
	甜点饮品		名胜古迹
	超市便利		公园游乐场
	蔬菜水果		展馆展览
	鲜花		动植物园
	下午茶		高空景观
	……		海洋馆
③酒店/民宿	国内	⑨医疗服务	用药咨询
	民宿公寓		问医生
	钟点房		买药
	海外	⑩生活服务	家庭保洁
④休闲/玩乐	KTV		洗涤护理
	酒吧		手机维修
	按摩/足疗		保姆陪护
	密室		送水/送奶
	私人影院		回收
	游泳馆		律师服务
	宠物店		家电维修
⑤电影娱乐	电影/影院		搬家
	演出		文印广告
	放映厅		心理咨询
	相声戏曲		甲醛服务
⑥养车/用车服务	洗车		丧葬
	美容		养老服务

续上表

便民服务	功能	便民服务	功能
⑥养车/用车服务	保养	⑩生活服务	房产中介
	维修		物流快递
	租车		宠物
	打蜡	⑪车主服务	附近停车场
	抛光		加油充电
	补胎		年检站
	喷漆		代办服务
	改装	⑫缴费服务	手机充值
	内饰清洗		加油卡充值
	跑车租赁		流量充值

天鹅到家

便民服务	功能	便民服务	功能
①保洁服务	日常保洁	⑦上门安装	水电安装
	周期保洁		家电安装
	家电清洗		厨卫安装
	家居清洗		灯具安装
	家具保养		窗帘安装
	空调治理		门窗家具安装
	除虫除螨		饰品安装
②保姆月嫂	保姆		墙地面安装
	月嫂		办公安装
	育儿嫂	⑧鲜花美食	包月鲜花
	孕产健康上门		生活配送
③搬家货运	小面搬家		精品鲜花
	金杯搬家		礼品鲜花
	厢货搬家		清新绿植
④房屋维修	管道疏通		鲜花花篮
	开锁换锁		花材花艺
	水路维修		烘焙蛋糕
	电路维修		厨师上门

续上表

便民服务	功能	便民服务	功能
④房屋维修	厨卫洁具	⑨家庭洗护	洗鞋
	门窗家具		洗衣
	房屋主体维修		洗家纺
	防水治漏		奢侈品养护
	环保除虫	⑩便民服务	代办跑腿
	拆旧清运		上门回收
⑤家电维修	大家电维修		生活配送
	厨卫家电维修		摄影
	生活家电维修	⑪丽人美容	手部美甲
	家电清洗		足部美甲
	更多家电服务		美睫
⑥数码维修	电脑维修		手足护理
	手机维修		化妆
	办公维修		美发

表2－2　城市媒体平台常见便民功能列表

常见便民服务	功能	常见便民服务	功能
①政务服务	网上办事	⑧教育相关	教育缴费
	社保查询		市图书馆
	社保经办网点		培训机构
②同城招聘	招聘信息	⑨周边服务	电影娱乐
	应聘		快递服务
③礼仪庆典服务	找会宴		附近公厕
	订酒店		附近银行
④家政服务	搬家服务		超市购物
	清洗家电		蔬菜（菜市场）
	除虫除蚁	⑩医疗卫生	挂号预约
	高空作业		健康证查询
⑤天气查询	降雨预测		医保药品目录
	空气时报		医疗网点查询
	台风预警		药品明细

续上表

<table>
<tr><th>常见便民服务</th><th>功能</th><th>常见便民服务</th><th>功能</th></tr>
<tr><td rowspan="6">⑥交通出行</td><td>实时公交</td><td rowspan="4">⑪行政服务</td><td>公积金</td></tr>
<tr><td>查汽车票</td><td>不动产状况</td></tr>
<tr><td>查动车票</td><td>社区办事</td></tr>
<tr><td>查机票</td><td>社区网点</td></tr>
<tr><td>机动车维修</td><td rowspan="3">⑫生活缴费</td><td>水费查询/缴费</td></tr>
<tr><td>驾校服务</td><td>电费查询/缴费</td></tr>
<tr><td rowspan="9">⑦爱车一族</td><td>高速收费</td><td>燃气查询/缴费</td></tr>
<tr><td>高速路况</td><td rowspan="7">⑬旅游</td><td>景点景区</td></tr>
<tr><td>实时路况</td><td>一日游</td></tr>
<tr><td>ETC 办理</td><td>多日游</td></tr>
<tr><td>附近停车场</td><td>电话卡</td></tr>
<tr><td>附近加油站</td><td>签证</td></tr>
<tr><td>停车自助缴费</td><td>接送机</td></tr>
<tr><td>交通罚没</td><td>出境入境</td></tr>
<tr><td>违法查询</td><td>⑭意见反馈</td><td>建议/反馈</td></tr>
</table>

第四节　商务系统

——电商，可以说是移动互联网市场开发使用面最广，也是模式创新最快的领域。城市媒体移动平台的商务系统，是个“有限”的选择——没有这个系统，可能一些服务实现不了；做商城，则成功率不高。

一、量力而行做商务

商务很好赚！这是很多人的认知。毕竟这是电子商务的时代，这是外卖的时代——很多传统媒体人会想：我有官方媒体权威性，我有免费宣传推广的优势，我有名主持名记者名编辑效应，我还有各节目各栏目的粉丝，我还可以培养“网红”……

反正一句话：我是官方媒体——社会公司电商盆满钵满，个人电商风生水起，我作为“一方霸主”怎么做不了电商？以前这些产品不就是在我们媒体促销做品牌吗？

但是，我们真的有电商优势吗？

①现在商品促销的主渠道是传统媒体吗（个例除外）？

②你那些“名”系列还有多少吸引力？还有多少用户——应该说粉丝？

③你还能创造“网红”吗？——那些商业平台与“网红”公司是怎么打造“网红”和“网红”经济的？

④权威是很好，但你比得过别人便宜吗？

⑤权威是很好，但权威跟商务画等号吗？

⑥你的人是国有体制人员，比得过民营电商对销售量、对利润的执着吗？

⑦你有成熟的供应链吗？相比专业公司/平台，有无品质优势？有无价格优势？有无服务优势？或霸道问一句：你的销售保证或采集量有多大？

⑧你的销售平台有多大？有几个？有多少粉丝？能带来多少销量？能

包多少销售量？

⑨你能不能跨地区销售？能不能全网销售？

⑩你有“网红”吗？你养得起“网红”吗？你能给“网红”什么分红机制？你能给“网红”什么成长机制？你培养的“网红”会为你服务吗？

结论：

非优势，不电商。

非模式，不电商。

非赚钱，不电商。

二、配合广告做商务

自从1979年1月28日上海电视台播出第一条电视广告，随后的这一二十年内，媒体广告走过了从品牌广告到促销广告阶段，再到软文、活动阶段，最后发展到捆绑销售阶段的过程。

广告（推广）形式的发展，是市场的必然反应，也是广告媒介改变的必然。除了几个数一数二的媒介大佬之外，谁也无法违背这一规律。

绝大多数城市媒体属于这一阵营，所以必然跟着走到软文、活动阶段。这两种模式不但已为广大传统媒体所接受，且成为其创收的主要手段和渠道——其实这也正常，因为活动激发了媒体本来具有的推广功能、发动功能、策划优势、执行优势、权威优势，也包括这些方面的人才优势。

接下来是捆绑销售模式，其实就是广告的真实变现。广告带销售链接，在功能上，这是媒体App新赋予的功能，很简单。变现率低？你可以怪我平台不行，我也能以你的广告内容、活动内容很没有吸引力为由推脱。

但现在很多地方已经发展到“销售对赌”或“销售抵扣广告费”模式，说句实话，媒体已经突破了以前的广告收费底线。对赌？看看自己的变现能力，量力而行。否则你有可能流汗又流泪，最后一无所得，以失去这一客户而告终。

三、寻找机会做商务

相对于垂直商务大平台来说，城市媒体App平台做商务最大的优势在于本土机会。

不展开说，就说2020年的新冠疫情时期，各地都在促进本土产品销售，促进消费，涌现了一波县（市）长带货，发放市民消费券的热潮。大家可以默默算一下，数额有多大，本城又有多大——只要占有其中 10%，你已经发财了，关键在于，你的商务平台——功能、用户就成型了。

这里关键点在商务部门或者在总工会等政府资源，这理论上就是官方媒体最有资源优势的——当然也涉及媒体平台的商务系统能不能满足需求。

-济南广电- -杭州之家- -柳州电视台-

图例 2-3　2020 年新冠疫情后兴起县（市）长与媒体主播带货

【本组部分图片来源："1024 融媒"】

-无线泉州- -无限金华- -宁聚- -最珠海-

图例 2-4　2020 年新冠疫情后各地发放消费券成为一些媒体 App 运营商机

【本组部分图片来源："1024 融媒"】

四、创新模式做商务

商务是一块大肥肉。

商务是一块大蛋糕，虽然已被大平台占了七七八八，但对于本土媒体（平台）来说，这仍是一个大诱惑。更重要的是，对于地方城市媒体来说，新闻信息服务很难做成平台模式，创收也很难脱离传统的“广告/活动”模式，无法自建互联网“自转”模式。但如果能在商务打开缺口，形成体量，形成生活服务，那传统媒体转型互联网可能就成功了。

所以——

①商务看似好做，但难做。

②商务确实难做，但重要。

③一般商务，量力而行。要做，就做不一般。

【案例】“无线泉州”利用运营“网上工会”开启自己的商务模式

“无线泉州”一直致力于构筑自身的城市生活服务功能，但也一直没有找到优势的商城模式，所以相当于没有自己的商城。在承接了泉州市“网上工会”平台代运营项目之后，“无线泉州”认为，工会有200万会员，这或许就是开始建设平台商城的机会。

“无线泉州”从多个角度进行了尝试。

①单点撬动　自造高频

整合泉州市总工会和“无线泉州”双方优势资源，以工会会员需求为导向，以工会会员实名制数据库为基础，以“泉工惠”平台为载体，通过策划运营“特惠+普惠”的福利活动和社会主题活动，做到周周有活动，月月有惊喜。

②普惠吸引　活动留存

通过商城打造封闭式会员专享优惠圈，逐步实现会员数据到用户数据的转化，打造工会“互联网+工会普惠/特惠服务”服务新模式，大量激活会员，增强大部分会员的身份意识和获得感，最终提升网上工会平台的活跃度。

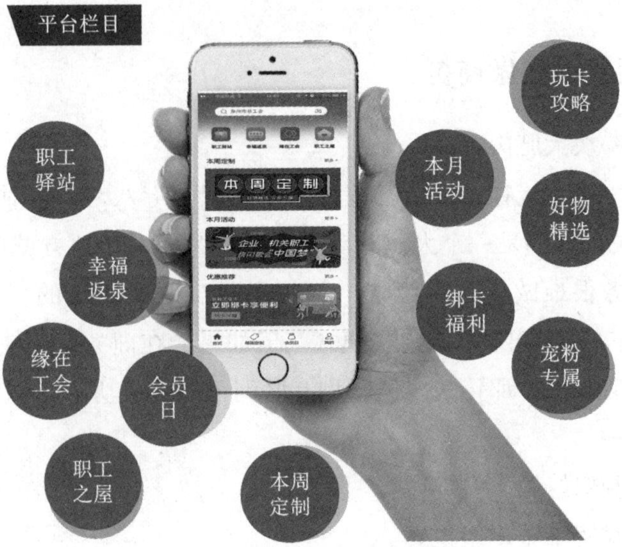
平台栏目
职工驿站
幸福返泉
缘在工会
会员日
职工之屋
本周定制
本月活动
玩卡攻略
好物精选
绑卡福利
宠粉专属

③全网推广　多方引流

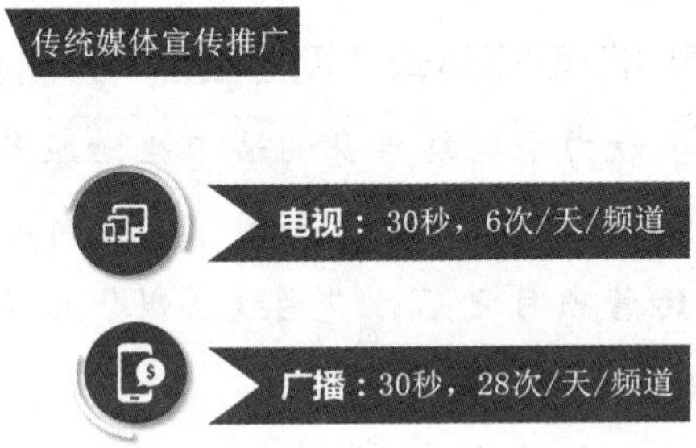
传统媒体宣传推广
电视：30秒，6次/天/频道
广播：30秒，28次/天/频道

新媒体宣传推广计划
自有平台
新闻广角微信公众号
✓头条软文推送
✓底部菜单栏
✓头条顶部贴花广告
✓头条内文推广
“无线泉州”App
✓开机广告
✓首页轮播图+链接
✓活动专区
✓软文推送
✓活动、板块轮播图+链接
30+矩阵
“无线泉州”今日头条号
✓微头条
✓图文
✓视频
“无线泉州”微博号
✓图文
✓视频
“无线泉州”抖音+微视
✓短视频
中央媒体
✓央视频移动网
✓新华网
✓人民网
……

多端口导入，让会员不局限于单一入口，除总工会原有两个微信号之外，在“无线泉州”App、公众号、小程序上开设总工会端口，从550万用户中长期引流。

④本土特色 创新品牌

挑选本地优质企业合作，助力本地企业复工复产，宣传企业品牌的同时为商城用户提供更多优质商品和服务。平台提供了涵盖消费购物、餐饮、教育培训、家政服务、休闲旅游、文化体育等的综合性服务项目，让广大工会会员享受到最直接最实在的商品和服务。

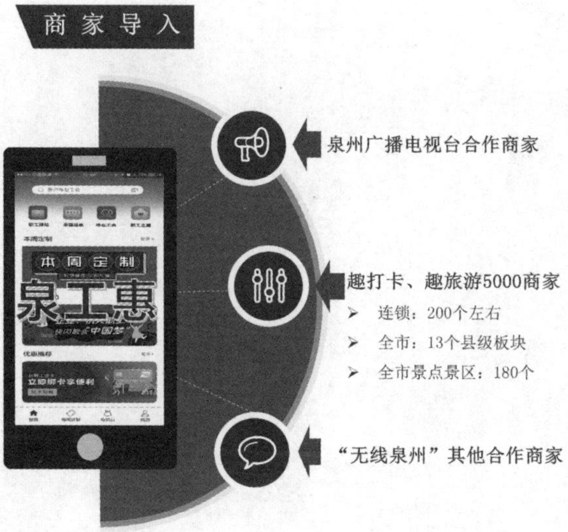

“无线泉州”合作品牌（部分）

»案例机构单位

市总工会	市文旅局	泉州古城办	市委宣传部
市委网信办	市生态环境局	市禁毒委	团市委
鲤城区检察院	晋江市检察院	石狮市宣传部	惠安县委宣传部

»地产商圈

万达广场 WANDA PLAZA		保利地产	SHIMAO 世茂集团
SM CITY	中骏置业	南益地产 SOUTH ASIA REAL ESTATE	wuyue 吾悦广场
上实 海上海		泉州城建集团 QUANZHOU URBAN CONSTRUCTION GROUP	vanke

»金融服务

中国银行 BANK OF CHINA	中国建设银行 China Construction Bank	中信银行 CHINA CITIC BANK	中国人寿 CHINA LIFE
Bank 中国光大银行	厦门银行 Xiamen Bank	华福证券 HUAFU SECURITIES CO.,LTD.	招商银行 CHINA MERCHANTS BANK

»其他品牌

周六福	滴滴出行	Amway 安利	
雪津 SEDRIN	淘宝网 Taobao.com	Tencent 腾讯	头条 今日头条
	EYE 爱尔眼科 AIER EYE HOSPITAL	爱·甜甜	

第三章

服务功能

大家喜欢用才是功能

03

要点

①用有限的资源去“抢占”无限空间，是不可能成功的。用传统媒体的思维去做新媒体，往往做得很辛苦，做到“没钱”“没人”，却仍摸不着用户需求的边。

②不管是新闻还是其他项目，本土服务都是城市媒体移动化转型必须也值得深挖的优势。

③放下架子，从小做起，从细做起，以开放、平等、极致的互联网思维去对待用户，对待客户。

④取舍得当，是成功之道。

传统媒体时代，我们重在内容生产与发布，重在信息的传播，重在“引导群众”。到了移动平台时代，新技术给媒体提供了“服务群众”的可能与要求。

舆论引导，是媒体单位的职责和使命，但引导的方式、方法，已经发生了改变。传统的“我说你听”模式已经不可行，取而代之的，是聚集用户、发动用户，“润物细无声”地进行引导。服务，就是实现这一过程及目标的有效途径，也是媒体运营的新模式、新空间。

第一节　忌：贪大求全

——以有限的资源去抢占无限的网络空间，与互联网极致思维相悖而行，更忽略任何服务都必须运营的逻辑。

因为传统媒体“无所不包”“无所不做”“无所不能”的惯性思维，加上现在不受限制的网络空间，于是，一个个野心勃勃的移动端产品规划出现。它可能是一个门户网站的变种，也可能是一个全能的社区；它可能是一个媒体集团各节目栏目的迁移，还可能是一个优秀传统媒体人的理想产物——我在有限的版面、时段里放不下的东西，终于可以在无限的互联网空间实现了。

它可能是一个垄断而权威的主流媒体不再“得罪”领导与客户的空间——有限与无限，更可能成为有理想的领导者施展抱负通吃天下的“利器”——吃喝玩乐衣食住行……我全包了，我们要做好本土市民的服务。

对此，用户什么感受呢，我听话，上了你的 App，但“太丰富”太杂了，我感兴趣的东西不知在哪里，我找到的东西不专业……

互联网确实是无限空间，但用有限的资源去“抢占”无限空间，是不可能成功的。用传统媒体的思维去做新媒体，往往做得很辛苦，做到“没钱”“没人”，却仍摸不着用户需求的边。

第二节　忌：闭门造车

——有平等、开放的心态，才能真正了解用户，“去中心化”也是互联网思维之一。

传统媒体以自我为中心的思维模式，长于设置议题，长于“引领”受众，缺乏对用户的真正分析与理解，在迈入新媒体之后，很容易延续这种思维习惯。

一、不了解本土优势

前文说过，在“经纬切割”后的网上空间，城市媒体在新闻资讯、生活服务、商务服务等方面的号召力和统领力已被切割得七零八落。如何在这个空间里，寻找本土优势，重新整合成新的优势，必须统一去分析、去挖掘、去舍弃。

二、不了解用户需求

任何用户都有需求，关键这个“需求”是不是你能满足和主营的，是不是你的优势，你在同城里是否排第一。任何“需求”都有用户，问题在于这个“用户”是不是你想要的，是大众还是小众，与你的目标定位匹配度如何。

了解用户需求，使之与你的产品功能与服务项目相匹配——主营功能业务对应最大群体的用户、最有价值的用户，这是理想的设计。

所以，在设计产品功能和服务项目时，尽量做好市场调查。市调不但要调研本土人群的文化、生活习惯、消费需求，职业差异、年龄差异、性别差异、地区差异，还要调研各种垂直平台相似业务线功能在本土的影响力，以分析是否还有空间，如何错位竞争。

三、不了解客户需求

互联网经济流行“羊毛出在猪身上”，这个“猪”怎么找？就要去了解客户的需求。这方面的市场调研，一是分析本土政府及国有部门对新媒体的需求，比如现在政府部门宣传渠道多了，已经不在意你给他发一篇新闻稿。现在政府部门更在意的是，“我知道现在都要用新媒体了，但我不懂怎么用”“我工作需要新媒体功能，但我不知道怎么用”“我知道怎么用，但内部的人实现不了”——这就是政府客户的痛点，它需要你出点子，出创意，或用新型的传播方式去达成效果，或制作短视频、H5 等新媒体产品去实现它。二是调研本土商圈的品宣和促销活动。三是调研本土消费行业的招商或促销行为，比如房地产，比如培训机构。四是调研全国推广行为，比如平台广告等。

四、不了解新媒体特点

城市媒体单位新做 App，难免碰到以下两个问题：

第一，确实不懂，不了解新媒体做法——这种情况往往会以传统媒体的思维指挥新媒体，情有可原，也有药可救，只要去试了，去学了，终会转型的。

第二，不愿接受新媒体或者口口声声要做新媒体，实际上却反其道而行之。这种情况往往领导们还带着官方媒体垄断的傲慢，或者不肯承认外行或者见不得新媒体的好。这就可惜了，翻过五年八年的历史，他们将收获不同评价。

第三节 宜：单点突破加减法

——谁都想一步到位，一炮而红。但互联网为什么强调“试错”思维？就是这种可能性很小。科学的“加减法”更能发挥城市媒体App“船小好调头”的优势。

一、观点1

精准的，就是合适的；合适的，就是对的。

精准，即各种要素的匹配度。

用户群体 = 目标发展群体 = 功能服务对象 = 业务项目需求 = 运营人员专业领域 = 平台资源优势

二、观点2

如果你还没做，尽量从小而精做起，再做加法。

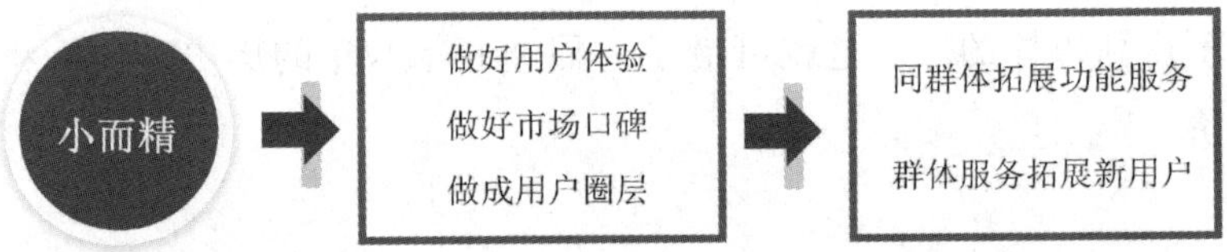

图例3-1 选择优势从“小而精”做起容易突破

三、观点3

如果你已经做复杂了，不要灰心，下决心来个减法。

有了试错的经历，你或许比别人更清楚自己的核心竞争力在哪里——这已经是很大的优势。

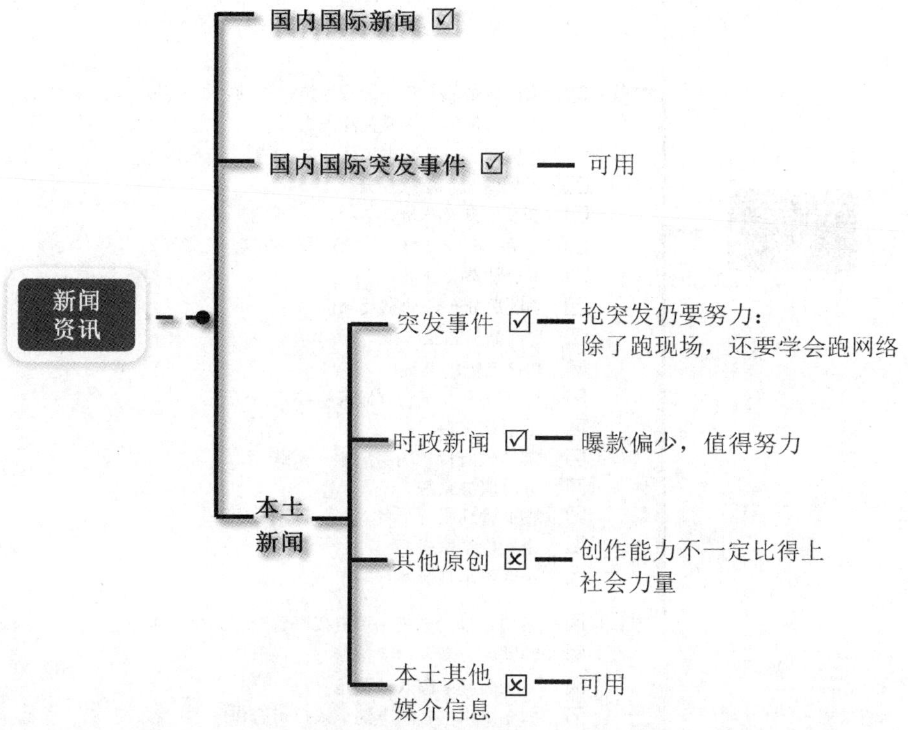

图例3－2　新闻信息服务在全网背景下选稿取舍发生变化

- 生活服务
  - 衣：☒ 除了天气提醒，几乎无
  - 食：
    - [?] 这是主频服务项目，问题是正常都有社会公司在做。本土竞争，各有所长，暂且不谈
    - ☒ 垂直领域，美团、饿了么几乎已经全覆盖
    - ☑ 垂直平台主要做线上配送，线下消费（核销）方面仍有很大空间
    - ☑ 可结合本土习惯、文化，整合本土其他资源，做相关活动
    - ☑ 借助本土（含第三方工具）力量，形成本土促销工具（方式、模式）
    - ☑ 借助本土行业协会、榜单、评比等形成本土化的“大众点评”
  - 住：
    - ☑ ①住房是住不是炒，各地情况不同，不展开，仅供参考
      ②住房是民生主要关注点之一
      ③房产广告是城市媒体APP的重要广告来源
    - [?] 规划地图、信息及分析
    - [?] 新盘信息及分析
    - [?] 二手房产成交数量、价格及分析
    - [?] 房价动态及分析
    - [?] 学区房分布、动态及分析
    - [?] 房产商动态及分析
    - ☑ 房产商活动及推广
    - ☑ 二手房交易平台（政府真实房源认证）
    - ☒ AI看房平台
    - ☑ 其他政府背景的房产服务系统
    - ☒ 社区服务系统
    - ☒ 物业管理服务平台
    - ☒ 小区门禁系统
    - ☒ 小区停车系统
    - ……
  - 行：
    - ☒ 机票、车票销售，可链接平台合作为生活服务
    - ☑ 地铁、公交入口要抢
    - ☑ 本土公共单车入口要抢
    - ☑ 本土出租车、网上约车入口可合作
    - ☒ 旅游休闲：已经具有常用垂直平台，但其延伸度不足，仍有空间
    - ■ **票务方面：**
      - ☒ 重要景点门票几乎已上大平台，除非有价格优势
      - ☒ 通过活动，获得门票，回馈用户
      - ☒ 票务销售方面，因涉及票务系统与本平台打通问题，通常很难操作或成本高低利润
    - ■ **旅游休闲推广，引领服务方面：**
      - ☑ 这是本土官方新媒体的优势所在。一方面本土官方新媒体具有权威优势，另一方面是具有推广优势
      - ☑ 建议以内容服务为主，兼带销售服务，关键在于解决用户的出行引领（见后文）

图例 3－3　生活服务是城市平台可以重点挖掘的领域，但取舍贯穿始终

生活服务

- **教育：**
  - ☑ ①本土教育是垂直平台较少涉及的领域
    ②热度高
    ③关注人群广，更以家长、老师、学生三个大群体为主，集中而特点明显
  - ☑ 名师讲堂：针对学生群体。特别是疫情后，网课已成消费习惯，与垂直平台不同的是，本地教师更接近学生们生活，且效果更真实——试想，平时连教学资料都不外流的名校、名师，现在都可以听他的课，是不是很激动？
  - ☑ 家长学院：针对家长群体。如何教育孩子永远是家长的课程，心理的、生活的、家教的，都会受家长欢迎
  - ☑ 学霸分享：学生、家长、老师三个群体通吃。可读学习心得、生活习惯、学习习惯、情绪处理等等
  - ☑ 招考在线：主要针对家长和学生，可请高校及中小学对学校招考情况进行分析，也可请专家进行整体分析
  - ☑ 校长访谈：主要针对家长和学生，可以是学校的品牌推广
  - ☑ 小记者、小主播：针对的是家长群体，是另类的培训班和学生活动
- **医疗：**
  - ☑ 本土医疗资源及挂号等服务仍有可挖掘空间，且具有权威性
- **养老：**
  - ☑ 本土老人社群及活动
  - ☑ 本土养老专家
- **健身：（含户外）**
  - ☑ 各种健身社群
  - ☑ 各种健身场馆预定、共享服务
  - ☑ 各种健身（含户外）活动/比赛
- **汽车：**
  - ☑ 各种汽车（含自驾）社群
  - ☒ 汽车信息服务
  - ☑ 二手车交易
- ……

图例 3－4　一些热门领域的本土生活服务还大有空间

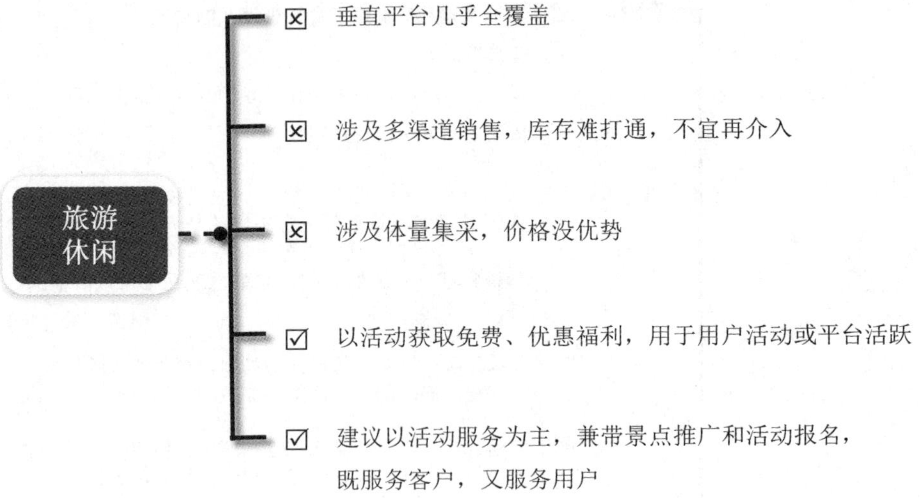

图例 3－5　“休闲游”越来越成为市民生活方式，如果能做到引领效果，将连接用户与服务商，成为较高频服务项目

【案例】休闲游引导服务

每个城市除了有知名景点，还有很多一般仅服务于本土及周边用户的休闲型景点。随着社会发展和生活水平的提高，周末及节假日周边游已成为高频活动。此类活动与其称作旅游，叫休闲更为合适——一般以家庭、同学、同事、好友为主要群体，以自驾为主要方式，时间多在一天两天。这种自发性周边休闲方式，不管是媒体还是旅行社，都很难从中赚利润。但这类常见的活动中，仍存在着一个痛点：去哪里？玩什么？或许很多人都有这样的经历：周末到了，小长假到了，总要带孩子（其他群体也一样）出去玩一下，但去哪里呢？去各大景点——不但门票贵，且常去也没意思。各式各样的本土小景点、文创园、农庄、山庄、亲子乐园等等，更受本土群体欢迎。但这次去哪里、怎么玩，往往难以选择。

这种时候，媒体可以做功能比较齐全的网上内容服务。

①突出全面及区域特色。做好本土休闲旅游景点数据库，对旧景点逐一介绍，对新景点特别是“网红”景点重点添加内容。

②注重内容质量。形式活泼、易读、好看，“图文＋视频＋地图＋注

意事项＋引导建议”。突出服务本土用户的特点，有别于百度及携程旅行等垂直平台。

③突出景点特色。添加各类标签，让用户方便搜索、对比。常用的标签类，比如“小学段＋亲子＋一日游”。较冷门的标签，如适合发呆的地方、情侣浪漫之旅等等。

④突出季节特色。可推出“赏花地图”，同时发展开花报信员，及时预告和推出赏花指导。

⑤突出活动特色。活动，是景区做出特色的主要手段，特别是一些中小景区、文创园、农庄山庄、亲子乐园等，更需要持续不断的活动来推广自己和吸引用户。作为城市媒体 App，可以充分利用自己的内容无限容量、宣传策划推广能力、活动功能，以及官方媒体的权威性号召力，或创新自主活动 IP（知识产权）与景区景点合作举办活动，或利用自身的策划推广能力承接景区景点的活动推广业务，或与景区景点共同策划组织活动。

此类活动，其一是同时扩大了景区景点及媒体 App 的影响，其二是完成了景区景点的推广目标，其三是给用户带来了福利，其四是通过策划推广媒体平台可以获得经济效益，其五是平台增加了用户使用和留存的“理由”。

第四章

运营模式

干预能力决定成败

城市媒体怎么办?

04

要 点

①运营就是为了某种社会效益和经济效益，在产品（服务）与用户之间的一切人工干预过程。运营是传递价值，建立连接。任何城市媒体移动化，都离不开“产品—运营—用户”三个环节。

②产品运营是一切运营的起点与基础，也是全程总指挥。

③用户运营就是“找朋友”，然后做各种有效“朋友圈”，“聊聊天吃吃饭”。

④内容运营的使命有三个：一是吸引并连接更多用户；二是抢占更多用户时间；三是让内容变现更多价值。

⑤UGC（用户生成内容）、PGC（专业生产内容）、OGC（职业生产内容）、MCN（多频道网络），选哪一个，值得好好考虑。在“碎片化+超市自选型”消费模式下，传统的节目在手机内容产品的竞争中，还能获得多少份额？还能留有多少用户？传统媒体单位有五个问题需要回答。

⑥任何“生产—传播—变现”三环节脱离方式，都不可能成就有效营销。内容运营的实质，就是用内容搅动并连接各种关系。

⑦无项目不运营，产品运营、用户运营、内容运营与项目（活动）运营，是城市新媒体平台或媒体融合的四个抓手，缺一不可。

不管是做新媒体还是媒体融合，传统媒体都必须直面移动化转型。

而移动化转型，就避不开用户、产品、运营这三个新领域。

运营这个概念，十年前还是很模糊的。但经过万千移动互联网创业者的摸爬滚打，经过众多媒体同行前仆后继的探索试验，我们明白了：

一个新媒体产品想要获得影响力，想要击穿市场，除了产品技术和新型内容的驱动之外，很大程度上取决于我们积极多样的运营能力，以及对看似简单其实复杂无比的用户行为进行响应和引导。

特别是当前互联网世界瞬息万变，新媒体市场面临“经纬切割”，我们所做的很多新媒体产品的体验和业务模式，都已经严重同质化。这个时候，决定一个新媒体产品能否在竞争中脱颖而出，运营，成为决定成败的关键。

第一节　什么是运营

——运营，发生在产品与用户之间。一切运营行为，脱离这两者就变成了空谈。

运营是一个比较模糊的概念。从字面上看就是“运作（运行）+营销”。而单看这个说法，它与传统的“经营管理”已经有了差别。

在知乎上，关于运营的理解，有着不同的表述。比如“运营小咖秀”：维护好平台的更新和矩阵，在用户搜索“产品关键词”的时候，你要出现在用户的面前，并且让用户找到你的联系方式，就是运营——在我们看来，这只是产品运营。

比如“韩旭”：互联网运营是为产品传递价值，打造生态和创造玩法——在我们看来，这个还是偏向产品运营。

比如“张亮”：一切能够进行产品推广，促进用户使用，提高用户认知的手段都是运营——在我们看来，还是产品运营。

百度上则有另一个定义：一切围绕产品或服务进行人工干预的过程都叫作运营——在我们看来，这是比较接近的说法。

我们认为，运营对于城市新媒体来说，它贯穿从产品开始，包括产品功能设计、技术使用与优化、服务配套与销售、内容生产与传播、市场对接与推广、用户互动与吸纳留存、项目活动策划与推进、商业运作与营收等等一整个过程。

任何互联网产品，都必须与用户发生关系，才具有价值。运营其实就是围绕着产品和用户在“运作”和“营销”——也就是“人工干预”，其

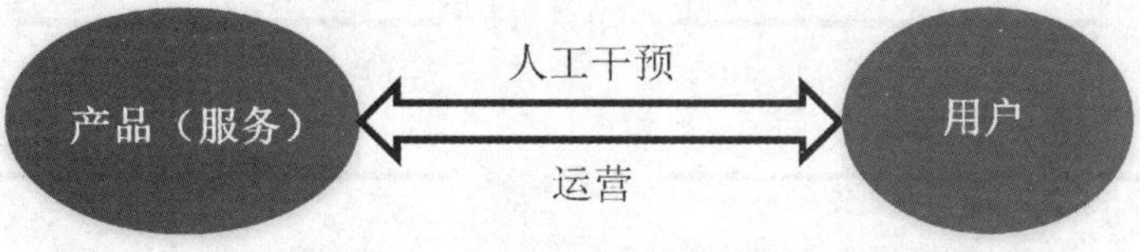

图例 4－1　运营是连接产品与用户的人工干预过程

目的就是促进产品的成功——包括获得用户，从而获得市场价值，获得融资或其他效益。

所以，简单地说，运营就是为了某种社会效益和经济效益，在产品（服务）与用户之间的一切人工干预过程。

对于同样是互联网产品和业务范畴的城市媒体 App 平台来说，它的所有工作，同样离不开三个方面：产品—运营—用户。运营可以说是做新媒体平台最重要的一个环节，运营能力的高低，决定着产品与用户能不能产生有效连接，能不能产生“化学反应”激发出新的效应，比如社会效益或经济效益。

由此可以看出，运营，其实不是特指某一种岗位，也不同于产品经理、市场营销、用户管理、项目策划、活动执行、内容编辑等某一项具体工作，它是一切“运作”和“营销”的过程，一切“人工干预”的过程。

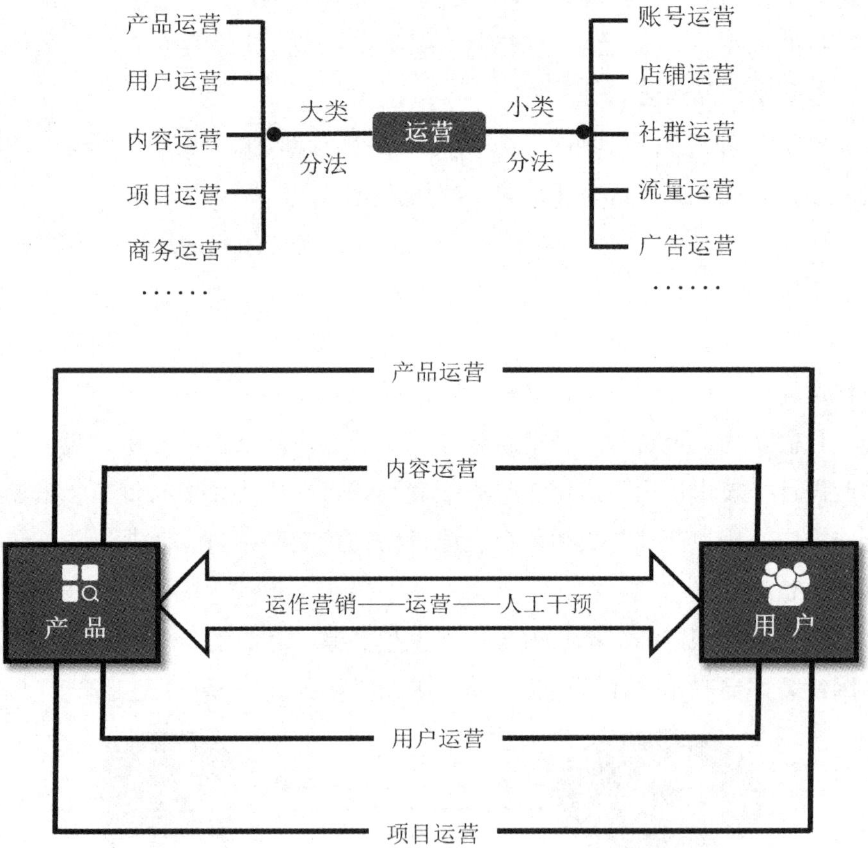

图例 4－2　按行业的不同分法主要有以上运营岗位

第二节　产品运营

——产品运营不一定是一个岗位，更可能是一个产品的灵魂或总指挥。

对于城市媒体 App 来说，产品运营其实并不是常设的岗位。因为这样的岗位，不但要参与甚至主导 App 产品的定位、规划、功能设计，同时还要能够指挥产品开发、产品推广、内容生产（运营）、用户拓展（运营）、平台维护、活动策划、市场营销等环节，要求对整个团队目标清晰、业务内行且权责合一，这种职责一般都只有整个团队或媒体单位的领导人才能做到。

所以城市媒体 App 运营初期的产品运营，其实就是一个高层领导岗位。

正常情况下都是把运营的功能分流到各个部门或环节。对于初创期的城市媒体 App 机构来说，如果单设产品运营岗，它可能更侧重于产品的规划与设计、产品的宣传及推广、用户体验反馈、产品优化升级。它的功能职责更像一个产品经理。倒是 App 平台及其业务成熟稳定后，可以设立产品运营岗，发挥规划和协调各运营环节的职能。

说到产品经理，对城市媒体 App 平台来说，也是一个比较难招的岗位。主要原因就是传统媒体人对移动产品研究较少，与移动互联网技术市场的对接也不够，创新往往力不从心；而社会人才可能没有这两方面缺陷，但又对媒体规律不了解，设计、管理产品很难突出媒体优势。

如果说产品经理侧重于产品打造，产品运营则更侧重于后续的一系列环节。前者注重线上平台，后者则线上线下都要关注，以确保产品的成长、项目的成功、公司的赢利。

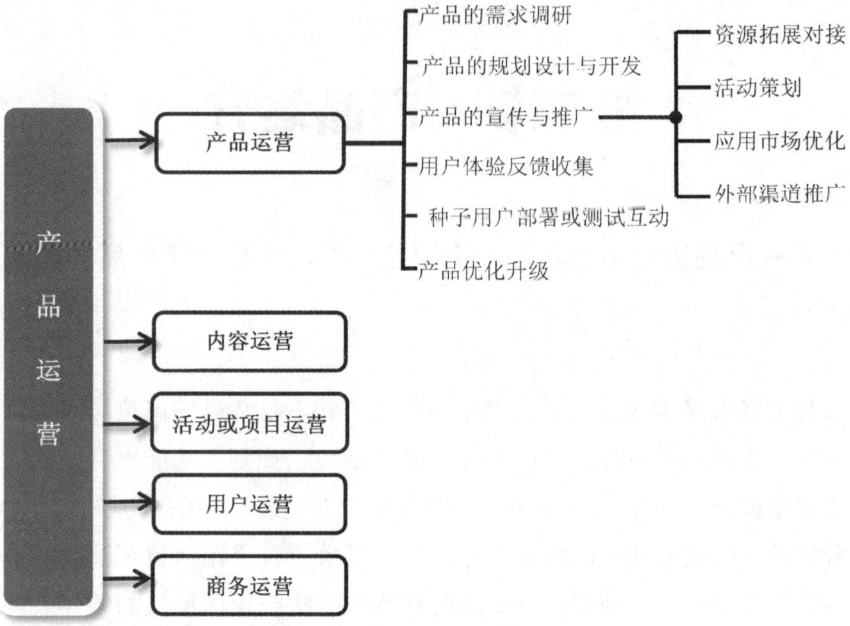

图例4－3　产品运营的职责

表4－1　产品经理职责

市场调研阶段	市场调研	市场环境分析	行业现状
			行业趋势
			市场规模等
		竞品分析	产品定位
			特点
		企业分析	企业概述
			企业优势
			企业劣势
	用户画像分析	人口属性分析	年龄
			性别
			所在省份和城市
			教育程度等
		社会属性分析	家庭类型
			家庭人数
			公司
			工作地点
			公司职位
			收入等

续上表

<table>
<tr><td rowspan="12">产品定义阶段</td><td rowspan="2">产品规划</td><td colspan="2">产品功能需求</td></tr>
<tr><td colspan="2">产品定位</td></tr>
<tr><td rowspan="7">需求管理</td><td rowspan="4">需求收集</td><td>竞品分析</td></tr>
<tr><td>数据分析</td></tr>
<tr><td>用户调研</td></tr>
<tr><td>老板需求等</td></tr>
<tr><td rowspan="2">需求分析</td><td>挖掘用户真实需求</td></tr>
<tr><td>评估需求</td></tr>
<tr><td colspan="2">需求优先级管理</td></tr>
<tr><td rowspan="3">产品设计</td><td colspan="2">业务流程梳理</td></tr>
<tr><td colspan="2">功能模块梳理</td></tr>
<tr><td colspan="2">原型或 PRD（产品需求文档）输出</td></tr>
<tr><td rowspan="10">开发阶段</td><td rowspan="3">需求确认</td><td colspan="2">需求确认</td></tr>
<tr><td colspan="2">产品需求评审</td></tr>
<tr><td colspan="2">确定产品上线周期</td></tr>
<tr><td rowspan="4">项目跟踪</td><td colspan="2">资源协调，支撑产品开发</td></tr>
<tr><td colspan="2">持续保持和测试、研发对需求的沟通</td></tr>
<tr><td colspan="2">跟踪需求进度</td></tr>
<tr><td colspan="2">向主管领导报告项目进展状况等</td></tr>
<tr><td rowspan="2">产品测试</td><td colspan="2">产品的功能测试验收</td></tr>
<tr><td colspan="2">公布上线内容</td></tr>
<tr><td>产品验收</td><td colspan="2">协调业务部门进行最终验收</td></tr>
<tr><td rowspan="6">运营阶段</td><td rowspan="2">产品宣介</td><td colspan="2">上线内容相关培训</td></tr>
<tr><td colspan="2">收集各部门反馈信息</td></tr>
<tr><td rowspan="4">产品运营</td><td rowspan="3">配合运营部门，资源位配置</td><td>内容运营</td></tr>
<tr><td>活动运营</td></tr>
<tr><td>用户运营</td></tr>
<tr><td colspan="2">用户反馈信息的收集</td></tr>
<tr><td rowspan="2">产品线管理</td><td colspan="3">收集用户反馈信息</td></tr>
<tr><td colspan="3">功能版本迭代</td></tr>
<tr><td rowspan="4">产品生命周期管理</td><td>启动阶段</td><td colspan="2">产品从用户痛点出发</td></tr>
<tr><td>成长阶段</td><td colspan="2">提升用户量</td></tr>
<tr><td>成熟阶段</td><td colspan="2">通过运营收集活跃老用户，拉新</td></tr>
<tr><td>衰弱阶段</td><td colspan="2">通过运营将流失用户召回</td></tr>
<tr><td rowspan="2">产品定价和促销</td><td>产品定价</td><td colspan="2">相应市场部定价</td></tr>
<tr><td>促销</td><td colspan="2">市场部或者业务人员进行</td></tr>
</table>

第三节　用户运营

——有人把用户运营比喻为交朋友，从找朋友，到维护友情，打造铁杆，营造圈子“吃吃喝喝”……最后自然五湖四海“无人不识君”。这个比方虽然没说出用户运营艰辛的一面，却说出了它的“工作原理”。

对社会互联网公司来说，历来把用户放在第一位，用户运营也是不可或缺的岗位。但对于城市媒体 App 来说，受到传统媒体工作习惯与思维等因素影响，大家只关注下载量或注册量的多少，用户运营岗位基本缺位——当然，熟悉媒体运作方式又懂用户运营的人才难找也是其中原因之一。

一、用户运营要解决的问题

用户运营指以用户为中心，遵循用户的需求设置运营活动与规则，制定运营战略与运营目标，严格控制实施过程与结果，以达到预期所设置的运营目标与任务——这是百度百科的说法。

用户运营的一切行为围绕着用户需求展开。

首先自然要了解用户的想法，知道用户要什么，特别是与平台相关的想法——所以，做用户运营之前，最好先让自己成为平台的铁杆，充分了解平台与用户之间的联系，了解平台对用户的吸引力所在和不足所在。同样，收集用户反馈意见，适时进行用户调查，都是解决这一问题的简单办法。

其次，要知道用户从哪里来？为什么来？一般什么时候来？又为什么离开？这些从用户行为数据分析里是可以看出来的。

第三，要知道用户是谁，做好用户画像，对用户进行分类管理。

第四，要满足不同用户的需求，这就是根据画像进行分类服务，比如按用户偏好进行不同推送。

第五，要制定策略，改变用户习惯，让没来的来，让来的不要走，让已走的再返回来，这才是用户运营真正的“真谛”。

这最后一点，对城市媒体 App 来说，显得尤其重要。城市媒体做移动端，往往专业性比不过社会平台，也往往采用传统的活动、投票等方式，“强制”用户参与。这种用户忠诚度自然相当低，投完票就卸载的现象比比皆是。与全国垂直平台不同的是，因为本土原因，今天卸载明天装机的可能性还是相当高的，关键看你有没有上述用户运营的能力。

用户运营，从了解用户需求开始，从吸引用户新增开始，但它远不是就此结束，它要解决的不是单一问题、一时的问题，而是要解决有关用户的一系列问题、长远问题。可以把它看成一个循环，做好了是良性循环，做不好则是恶性循环。

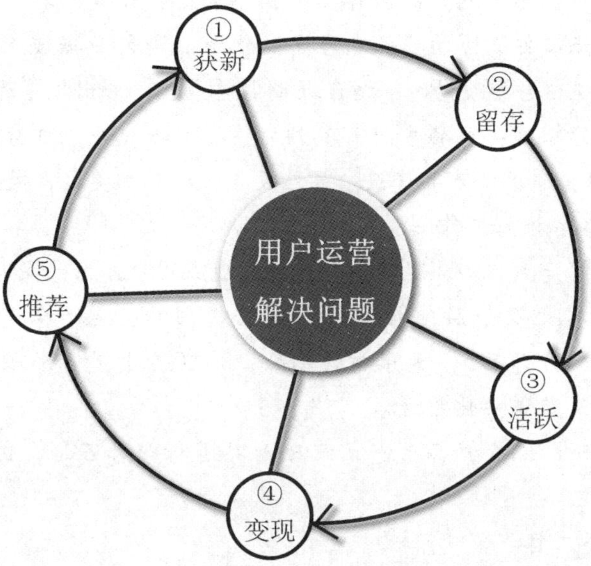

图例 4 – 4　用户运营就是让这个轮子良性转动起来

二、用户运营的职责

【案例】用户运营工作职责

1. 用户新增相关工作

①外部渠道

★渠道寻找。

★渠道测试及筛选。

★数据分析优化效率及落实（以获客成本为导向）。

②内部引流

★活动设计。

★导流路径设计及明确导流价值点。

★数据分析及优化转化率（以进粉效率为导向）。

2. 用户维护常规工作

①需求引导（非客服工作，根据反馈频率，制定常见问题解答）。

②意见反馈（前端客诉进行统计，根据不同问题，明确意见跟问题，并将高频次的意见跟问题反馈给产品或者其他部门进行优化迭代）。

3. 用户留存相关工作

①明确产品形态，不同产品形态留存率不一，如小程序的留存远远低于同类 App。根据不同的产品载体，给出不同的优化建议。

②数据埋点工作，协助产品在各个转化节点进行数据埋点并统计分析；持续监控，出现留存率波动时，结合近期调整事宜，给出预警及方案建议。

③用户激励搭建：产品方面有签到打卡、完善信息、积分体系、分享/抽奖/秒杀，根据情况给产品建议。另外设置一些外部奖励，提高留存。

4. 用户体系相关工作

①根据不同产品，结合现实情况，搭建现成用户体系，促进用户活跃。

②用户标签化及分层，初步利用数据将用户分层。拿老用户唤醒举例，将 3 天未打开产品，7 天未打开产品，30 天未打开产品做个用户分层，并有针对性地进行差异化推送。

③账号互通。结合产品形态，配合产品进行账号互通，优化用户端使用成本。

5. 社群类工作

①活动设计，定期举办一些社群活动，包含活动策划、执行、数据统计。

②社群工具搭建，如企业微信、管理工具等。

③用户触达工作，配合做一些信息触达。

④社群拉新动作，结合活动情况做导流、承接等。

6. 数据类工作

①数据埋点，跟产品配合进行。

②数据统计，根据领导需求，给出对应数据。

③数据监控及分析。

三、用户运营的常规工作

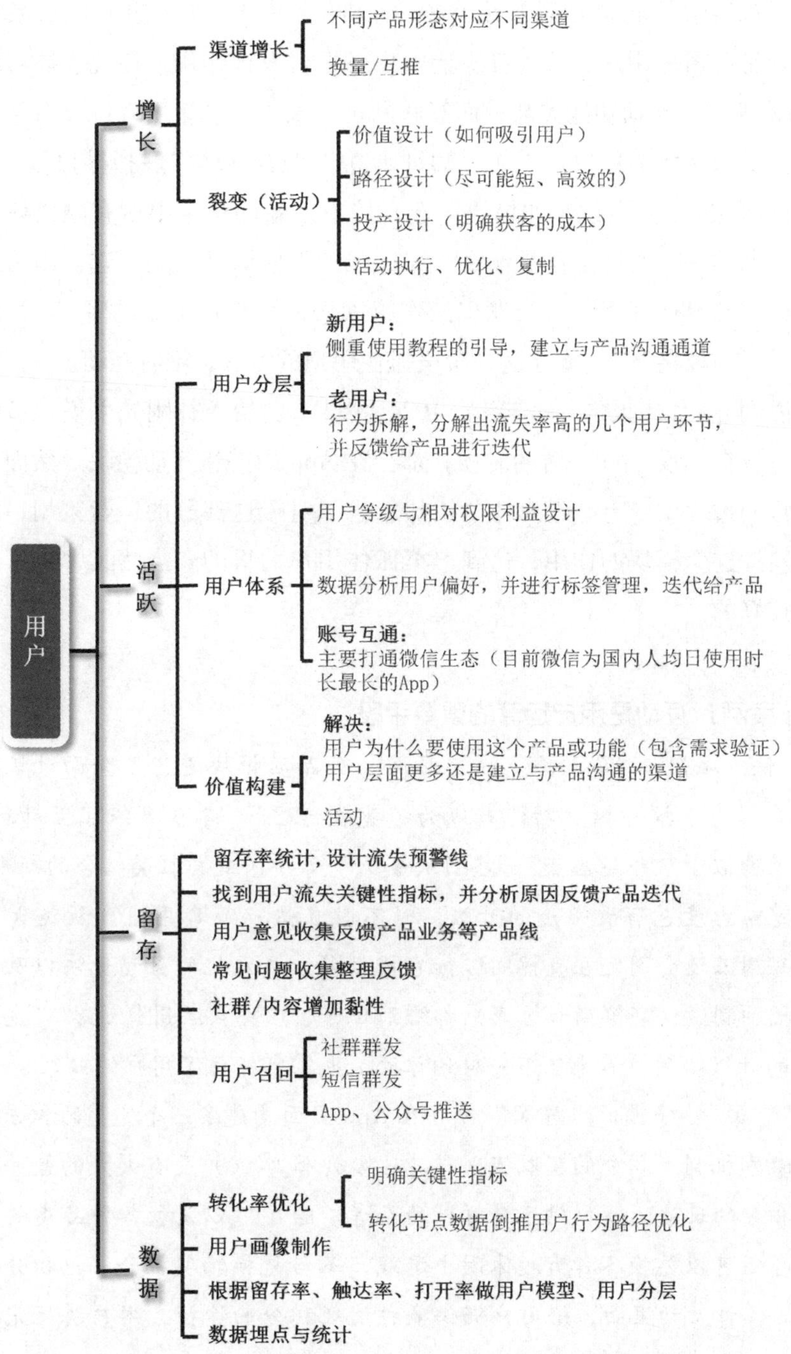

图例4－5　用户运营岗位要完成的四方面工作

四、用户运营的关键在互动

用户运营的职责是感知用户所在，洞察用户需求，想方设法激活用户，满足并留住用户，整合资源让用户对平台发挥作用。传统媒体习惯于“我说你听”，互动功能欠缺；而互联网正擅长于互动，可以说没有互动就无法把受众转化为用户。正如《2021年中国融合媒体发展指导报告》（下文简称《报告》）所说，如果要评选在接下来新的一年中所有融媒体机构最值得做的一件共性工作是什么？那么互动则应该是高票当选。因为随着融合运营的具体开展，就会发现工作越深入，用户就越显重要。“海阔凭鱼跃，天高任鸟飞”，能在这一阶段抓住用户的方法，唯有互动。

说到互动，《报告》作者、“1024融媒”创始人林刚先生说，多数融媒体单位在建设App平台的时候，都会在App中搭建互动模块。然而在实际运营的过程中，有些融媒体单位却忽略了对于这部分的运营策划，没有能够发挥这个模块的作用，达到牢牢抓住用户的目的。当然其中也不乏做得比较好的。

【案例】互动是用户运营的重要手段

“快点温州”：2021年“快点温州”对互动模块进行了全面升级，将原来单一的“摇一摇”功能升级为“宠粉专区”。不仅升级了互动玩法，上线了类似于“牛运当头”“冬日火锅趴”等小游戏与抽奖结合的新形式，而且宠粉力度也有大幅度的升级，时不时在热点节日用盲盒放送大奖福利，每周五还会固定在直播间进行直播抽奖。多元化的互动玩法以及高频度的福利刺激，新鲜感和惊喜感都给到位了，“快点温州”这次“宠粉专区”的升级给用户带来了不一样的体验，也牢牢抓住了用户的心。

“宁聚”：宁波的“宁聚”App在App里面构建了一个完整的积分体系以及激励机制。积分的获取规则与其他融媒体单位并没有太大的差异，但是在积分的玩法上，提供了多样性的参考。除了可以兑换各种品类的商品之外，还可以兑换各种有趣休闲小游戏，参与兑换抽奖机会。把积分融入App的各种互动里面，给用户提供多种消耗积分的途径，用户消耗完再努力赚，赚了再消耗，这个过程会让用户在App里玩得不亦乐乎。

“万事达”：融媒体时代，虽然电视收视率在小屏的冲击下有着下滑的趋势，电台却因为城市里的“有车一族”越来越多，仍然有着稳定且热情高昂的受众群体。为了将这部分受众引流到App，并且牢牢抓住这些用户，“万事达”将互动和电台节目相结合，在App上策划“广播答题”的模块，以节目内容为基础，开展手机端的答题抽奖活动。这是一个双向推动的过程，既有利于App用户量的增长与活跃度的提升，也有利于电台收听率的提升。

“我的泰州”：泰州广电在“我的泰州”App的运营过程中发现有很多用户有相亲的需求，自己的平台也有这样的资源与能力，于是就在App搭建了“缘分天空”这样一个相亲互动的模块。用户可以在模块里提交和查看相亲资料，进而进入下一步的沟通互动。“我的泰州”这种基于用户需求定义互动模块的思路也是非常值得借鉴的，除了赤裸裸的福利诱惑，这种需求的满足，也可以成为吸引用户的重要因素。

- 快点温州 -　　- 宁聚 -　　- 万事达 -　　- 我的泰州 -

【本组图片来源：“1024融媒”】

第四节 内容运营

——内容不但是产品与用户之间的连接，更是用户沉淀、用户时间消费的主要载体。内容运营就是要建立这种连接，盘活用户时间资源，营造平台生态，最后创造服务机会，赢得影响力和商机。

从字面上理解，狭义的内容运营就是围绕新媒体平台的内容进行组织、策划、生产、编辑、分发、传播、转化等一系列人工干预的过程。它主要集中在生产和传播两个重要环节。但因为生产模式和传播渠道的变化，内容运营的内涵与外延也产生了很大变化。

一、内容从哪里来

1. 全网化淡化了新闻的撬动作用，新闻创新比以往更重要

对于传统媒体单位来说，历来把新闻当作使命，也当作媒体发展的竞争力，这就是所谓的“新闻立社”“新闻立台”之说法。

作为传统媒体移动端，要履行党和人民的喉舌职责，要延续媒体特性，新闻就必不可少。这也是城市媒体 1.0 时代，大家不约而同地认为把新闻搬上互联网即可的思维根源。

但做过城市媒体新闻公众号的人却有另一番感受：一天里真正引发大众关注的新闻实际上少之又少，一个公众号都很难吃饱，它怎么能撑起一个“无限量”的 App？更不用说，轻便快捷的公众号已经传播了，又为何要为了新闻下载使用一个“重型”的 App？

或许你会说，除了普遍关注的重要新闻外，还有很多普通新闻、地方新闻、行业新闻——但不是还有很多社会公众号、地方公众号、行业公众号、单位机构公众号吗？细分市场之下，人们必然已经为自己关心的领域选择了更加精准的渠道（信息来源）。

所以，对一个普通城市媒体 App 来说，新闻必不可少，但是仅仅靠新

闻撑不起一个平台——这也是此类 App1.0 时代无法成功的主要原因。注：另一个主要原因，则是它的智能化程度低，无法提供更多除新闻以外的智能服务。

当然，我们这样说，并不是说新闻不可为，相反，是大有可为。且不说舆论引导本是我们的职责与使命，事实上，通过形式创新，很多城市媒体 App 做出了新的主题报道亮点。比如两会报道，各地就创新不断。济南广播电视台的“天下泉城”App 就把两会当作创新重点，2019 年，他们推出了“仁仁敏敏人代会系列漫画”；2020 年，推出了“看见”“后窗”“深 1 度”等多个深度报道专栏。比如关于疫情防控，各城市媒体机构更是通过新媒体平台精准发声，用权威、专业、客观的报道服务本土用户，引领舆论。特别在 2020 年春夏，多数的城市媒体 App 的影响力都得到很大提升。

【案例】新媒体产品使新闻传播形式更多样互动性更好传播力更强

“无线泉州”两会报道 H5 界面　　扫码进入 H5

【案例】每年的两会都成为城市新媒体平台创意比拼时间

- 快点温州 -

- 无线昆明 -

- 掌上青岛 -

- 动静 -

- 看度 -

- 天下泉城 -

【本组图片来源："1024融媒"】

【案例】疫情防控使城市新媒体影响力普遍提升

- 手机江西台 -

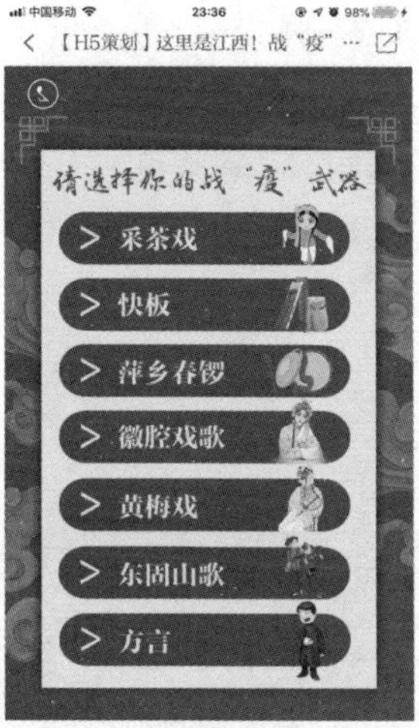

- 看苏州 -

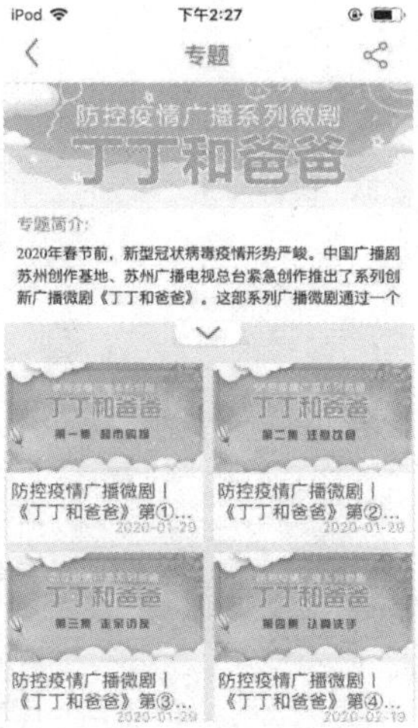

- 大小新闻 -

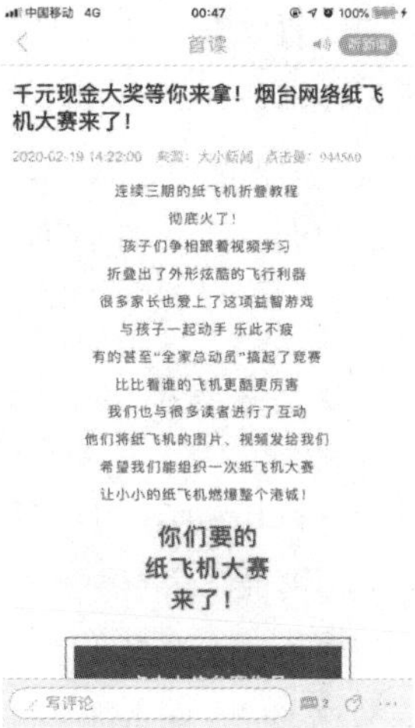

- 杭州之家 -

- 荔枝新闻 -

- 中国蓝新闻 -

【本组图片来源：“1024 融媒”】

而相反，恰恰在城市媒体 App 平台觉得难做的时候，很多有实力的机构却重金投入，挤进新闻移动平台行列。下列 20 个案例是中国新闻史学会应用新闻传播学研究会发布的，由学界和业界专家提名和推荐评审评出，反映了中国媒体再融合生产、技术应用、传播变革领域的最前沿探索。

第一辑 2017年

人民日报社新媒体中心（人民日报社）	新华网（新华社）
“媒立方”（浙江日报报业集团）	今日头条（字节跳动）
澎湃新闻（上海东方报业公司）	梨视频（自建团队）
上海发布（上海市政府新闻办）	“我们视频”（新京报）
封面新闻（华西都市报）	财新传媒数据新闻中心

第二辑 2018年

腾讯Dreamwriter(腾讯)	抖音（字节跳动）
DT财经（第一财经）	看看新闻（上海广电台）
兽楼处（自建团队）	侠客岛（人民日报海外版）
现场云（新华社）	长兴传媒（县级融媒体）
华尔街见闻（自建团队）	正午故事（自建团队）

图例4－6 中国应用新闻传播十大创新案例

这些案例有几个方面特点:

①这些媒体都不是城市媒体。除了长兴传媒以县级融媒体中心创新模式获评外，其他媒体应用都已经面向全国。

②这些创新应用都有强大的背景，要么是央媒背景，要么是强势传统媒体背景，要么是政府扶持背景，要么是创始人的资历和创新背景。而且，它们也都出现在一线城市或成都、江浙这样的传媒发达地区。

③这些创新应用的运营机制都已走出了传统媒体范畴。很多的官方媒体为背景的应用，都已经企业化、股份化，以对应移动互联网市场。

④这些创新应用都已经完全走出了传统媒体模式，是真正的移动互联网产品。

⑤这些创新应用的成功，都离不开内容模式的创新，科技力量的运用，专业人才的运营，以及雄厚的资金投入或灵活的融资模式。这些，也是多数城市媒体平台无法企及的。

⑥这些创新应用（不仅仅这20个，续见后文）的出现，拉开了全国型移动媒体运用分割全国内容市场的序幕，它们将进一步压缩城市媒体平

台的生存空间。

2. **除了新闻，还有很多内容值得运营**

对于传统媒体来说，内容生产是其业务长项，单位员工也是内容生产者占大头。所以，只要迈过互联网化、移动化这一道门槛，提升互联网运用能力，实现生产能力与方式的转型，它就还是一个本土最优秀的内容生产商和提供商之一。

而除了传统媒体这样的传统内容生产商、提供商，移动互联网带来的最大变化，就是“去中心化”，UGC、PGC、OGC、MCN 逐鹿江湖，各领风骚——

★传统媒体部分节目、版面、直播、话题、短视频内容可转型平台内容。

★平台服务会产出内容。

★平台活动、社会活动也会产出内容。

★特色商务或优惠信息也是内容。

★平台用户、客户都可以生产内容。

★MCN 机构还可以定制提供内容。

3. **传统媒体内容的产品化和 IP 化转型**

对于城市媒体 App 来说，传统媒体的内容优势，就是人、节目、活动、素材库。

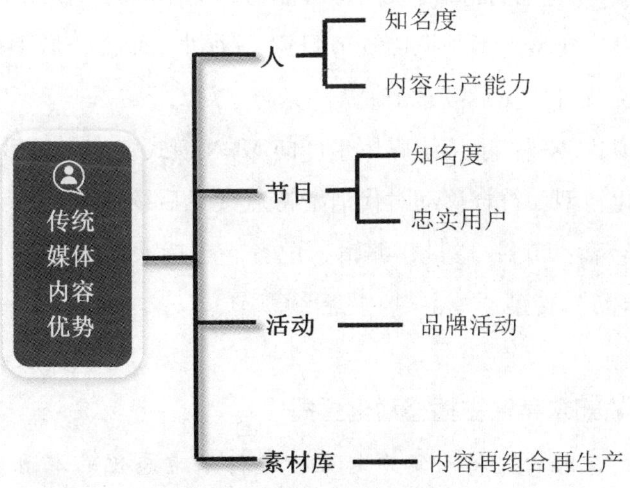

图例 4－7　内容运营要充分挖掘传统媒体优势资源

那我们试问几个问题：

①在“网红”遍天下，本土草根“网红”蹿起的年代，传统的名主持、名记者、名编辑，还有多少忠实的粉丝，如果只是几百个、几十个，能不能做成什么事？（事实是可以的）

②在移动互联网的内容消费场景下，传统的记者编辑、主持人是否已经做到了“网言网语”和网络消费点的能力转型？

③在“碎片化+超市自选型”消费模式下，传统的节目在手机内容产品的竞争中，还能获得多少份额？还能留有多少用户？

④在活动样式不断推陈出新，活动工具越来越智能，互动与参与的现实感技术竞争越来越激烈的情况下，传统的线下活动、演播厅活动还剩多少优势？

⑤传统媒体的素材库，特别是历史照片和视频、声音，确是不可多得的重要财富，但这些东西数字化了没有？年代够远吗？有没有足够好的创意再整合利用？没有数字化，利用的成本高；年代不够远，独家的机会少；没有好的创意，这些宝贝只能是档案室的藏品。

转型，毫无疑问应该成为这些问题的答案：

①员工能力转型：提高互联网理解能力、应用能力（见后续章节）。

②生产方式转型：不是把传统节目搬上手机，而是去做手机产品再回头整合为传统节目（见后续章节）。

③生产模式转型：由传统媒体生产向 MCN 模式转变（见后续章节）。

④产品化转型：符合移动时代消费特点（见后续章节）。

⑤IP 化转型：节目/栏目，编辑、记者、主持人，由“名”转型“网红”，由“常品”转型“爆品”（见后续章节）。

【案例】“知东莞”主播移动化直播

东莞台把台内的主持人集中起来，进行了常态化的本地资讯直播活动。他们的直播内容非常丰富，包括日常新闻和各类活动，涵盖了社会生活的方方面面。他们使用移动生产方式，主播只要拿起手机，就可以在第一时间进行直播。据说，这种方式效果非常显著，一年多的时间就直播了

500多场，其中《东莞“复学第一课”：人生不止一场战“疫”》，点击量就超过120万人次。据了解，“知东莞”的主播直播，给平台带来了流量，培养了“网红”主播，还收获了经济效益。

4. 平台自主IP内容打造

内容，从大的范畴说，平台吸引用户的所有服务都属于内容；从小的范畴说，就是传统的文字、图片、音视频、游戏等。不管是“大”“小”，任何平台都必须有留住用户的优势内容。内容，不但能通过传播，让平台与更多用户建立连接，还能让用户在平台上留下来——观看、阅读也好，互动游戏也罢，它都能产生“用户使用时长”，从而让平台产生更多服务机会，变现商机和平台价值。

成功的平台必须具备内容优势。比如淘宝以“什么都可以找到”的商品及相关服务为优势，携程以几乎全覆盖的出行商务房务为优势，今日头条则以全面抓取的新闻资讯及算法推送而崛起。

近年来，连秉承“用完即走”的工具型平台也开始悄悄地打造自己的内容。滴滴快车在车上安装了显示屏，携程开始做社区，钉钉上线了“看看”功能……它们，就是希望通过内容运营，留住用户更多停留时间。

同样的，媒体App作为城市的平台之一，可以且必须提供内容服务。作为传统内容生产商、传播商，城市媒体的内容供应具有传统优势，而在与社会力量竞争中，则必须利用自己的优势，快速打造自主IP。

【案例】福州台打造《新闻110》内容IP

福州台在推进媒体融合进程中，成立资讯融媒体中心，重点打造《新闻110》IP，从电视端向全媒体转型——进入“两微一端”和各大社交平台。《新闻110》强化新闻主业，成立“城市啄木鸟”舆论监督小分队，调动资深记者、编辑、评论员、主持人走出电视平台，移师互联网新阵地。比如，针对近年来岩茶频现“天价”现象，“城市啄木鸟”对多家品牌岩茶经销商进行暗访调查，并在全媒体各大平台发布了《天价岩茶调查报道》，产生了良好社会效应，并引起南平官方重视，出台相关政策。

【案例】“无线泉州”通过打造 IP 产出内容

“无线泉州”把内容运营与项目、活动运营结合起来，通过自主IP的打造，不但推进项目创收，也推进了内容的产出。比如“最泉州”IP，就有“榜单系列”“颜值系列”“春夏秋冬系列”“我们的泉州系列”等等。“最泉州”内容运营活动，引起中新网、中国网、经济日报、海峡网等官方媒体关注报道。

其中，“最泉州——生活榜单系列”以生活中大家关注的消费热点，组织内容，进行用户“点赞评选”，使之成为市民生活的参考，也成为平台独家内容。他们先后组织了“年味景点榜单”“夜生活热力榜单”“口碑火锅榜单”“人气伴手礼榜单”“创意餐厅榜单”“亲子打卡地榜单”“‘网红’打卡地榜单”“最美沙滩榜单”等系列。这些“参赛”内容，有些由“无线泉州”自己采写，有些内容则由参与方提供，总体上投入较小，聚集效率较高；虽然形式说不上新颖，但因为本土媒体组织、用户与商家参与，总体上效果都比较好。长期运营积累，相信不但会增加商家与用户的关注度，更为平台增加了特有的内容与引导服务，也必将产生变现模式。

“最泉州——最美沙滩”系列，初衷在于打造泉州人夏日好去处。泉州地处福建东南沿海，作为“海上丝绸之路”的起点，拥有为数众多景色秀丽的海岛和海滩。该系列整理了泉州20多个海岸线及多个沙滩攻略。作品通过图文和短视频形式，给大家提供更加便捷的游玩打卡攻略，包括海滩介绍、地址导航等，展现泉州的碧海蓝天、风光旖旎的同时，带市民和读者体验泉州各海滩的不同风光特色，领略不同县市区独特的人文风景线。该系列还推出“最美沙滩人气榜”评选，系列文章在多媒体平台刊发，取得了1000多万次的总浏览量，并被许多媒体转载。

“最泉州——赏花系列”立足赏花“共享”和“指南”。一年四季，从泉州市区到各县（市、区），收集不同地方不同季节的赏花情报、美图、美文，目的就是让大家工作之余“赏心悦目”，或者可以找到一个休闲娱乐的好去处。2021年第一季度，该系列已完成泉州20个地方赏花攻略，内容以图文+短视频为主的形式搜罗、介绍泉州各个月份最美的赏花景点，并呈现完整的赏花相关资讯，如景点具体位置、交通资讯、最佳观赏期以及拍照打卡攻略，方便大众的赏花之旅。截至目前，“最泉州——赏花”系列不断提高内容质量、表达形式，社会效果显著，传播力不断扩大，每篇平均阅读量达 9 万多次，总浏览量达 2000 万次，很多文章被其他媒体转载。

2021 年 4 月 28 日，“无线泉州”推出“泉州赏花地图”，正式推出实时更新、用户互动的便民工具小应用。

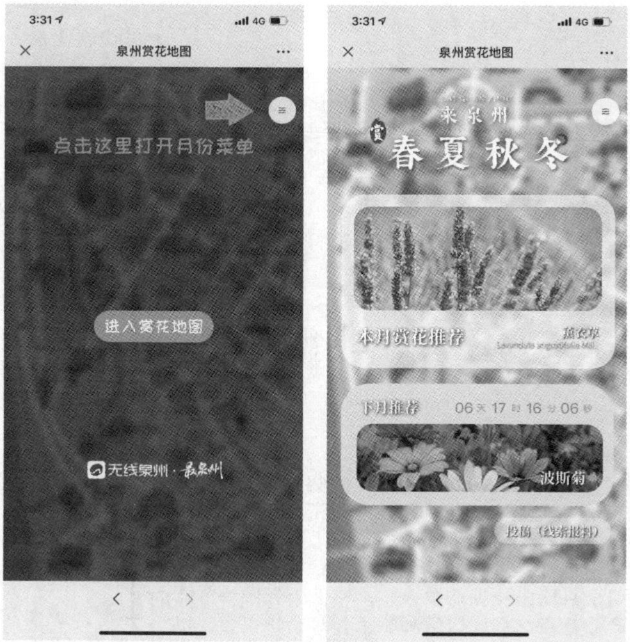

“泉州赏花地图”H5 界面　　扫码进入 H5

图例 4－8　赏花地图——内容还可以以小工具小游戏形式出现

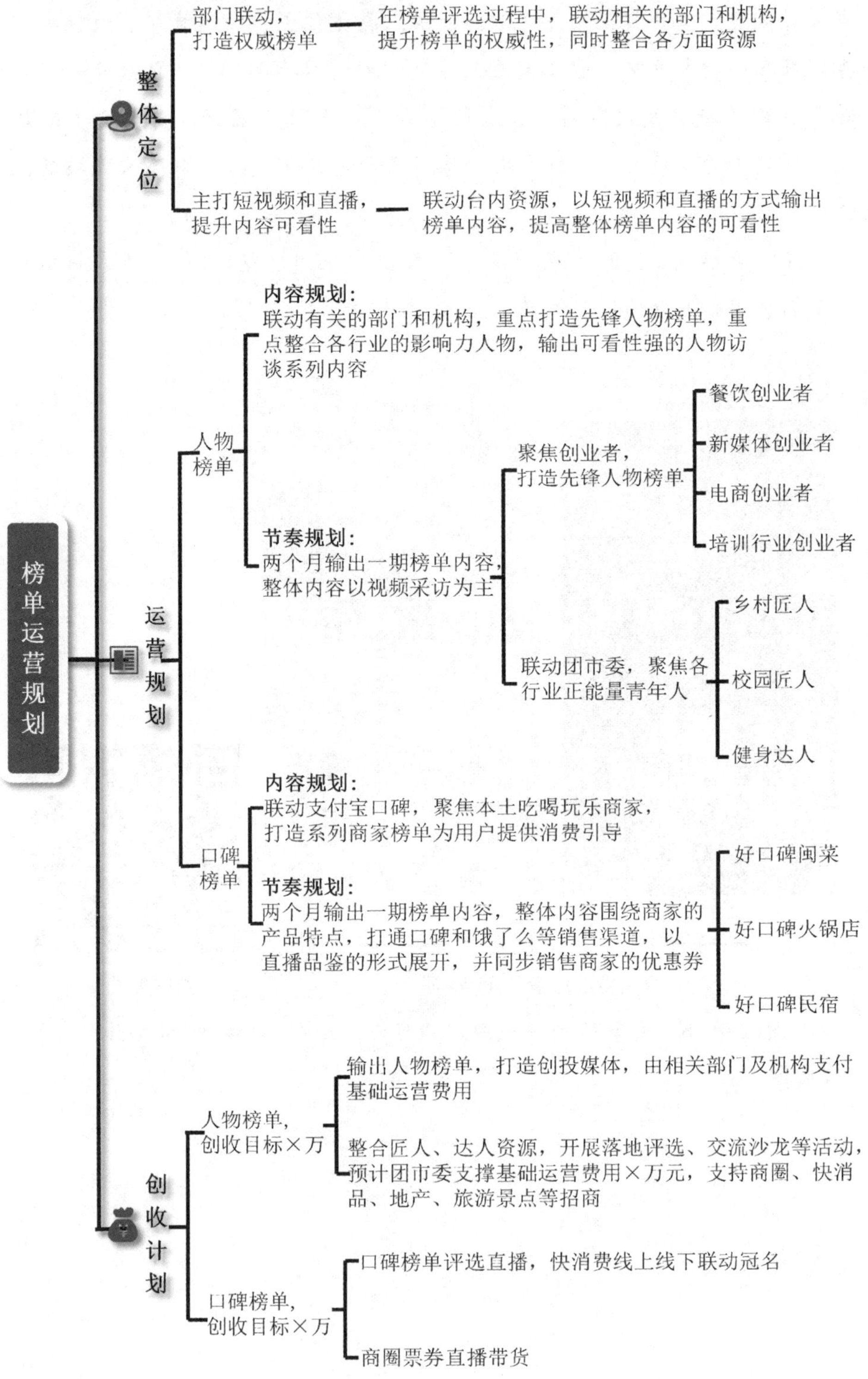

图例4－9　“榜单模式”也是城市媒体制造内容的方式之一

★**最泉州**——通过原创生产特色内容

★**招考在线**——通过直播生产内容

★**泉州市云艺术节**——通过活动生产内容

★**学霸分享**——通过组织生产内容

★**泉州市云阅读节**——通过活动生产内容

★**泉工惠**——通过服务生产内容

★**青春说**——通过活动生产内容

★**一起淘**——通过商务生产内容

★**镇在说**——通过策划生产内容

★**趣打卡**——通过优惠生产内容

★**名师课堂**——通过项目生产内容

★**无线公益**——通过合作生产内容

★**家长学院**——通过直播生产内容

图例 4－10　自主 IP 通过各种形式产出内容

【案例】众多平台：春暖花开，奔你而来

-冀时-

-快点温州-

-农影制造-

-爱翼城-

-央视新闻-

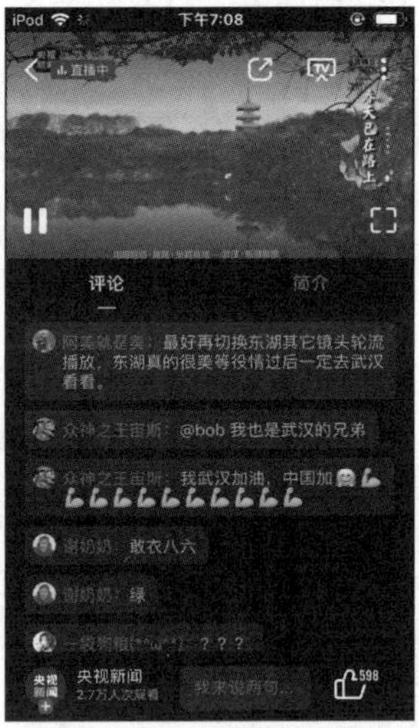

-中国蓝新闻-

【本组图片来源："1024融媒"】

5. **用户生产内容**

自媒体时代，用户生产内容已成常态，也成为一个平台成功与否的衡量标准之一。

争创平台时代，账号系统成了平台获得用户内容的最常用手段：人民号、学习强国号、央视频号、企鹅号、头条号、抖音号…作为城市媒体App平台，账号系统也成为众多App的选择。

【案例】“南方$^+$”6000个政务发布号如何把控

“南方$^+$”是南方报业集团的官方客户端。虽然不属于本书所述城市媒体范畴，但它的账号运营对我们有借鉴意义。

据《从报纸到爆款》一书介绍，“南方$^+$”客户端搭建的南方号平台，生产的内容约占“南方$^+$”客户端的内容总量的70%；另一个开放生产平台——“南方拍客”，收集到的图片、视频、新闻线索等素材，能在“南方$^+$”客户端呈现的，也只是一部分。对此，是他们秉承“开放生产≠放任生产”的理念。

首先，他们精准定位。比如南方号，主打广东政务信息权威发布，吸引的目标用户，主要是关注广东社会经济发展的公务员、教师等高知群体。要让大家在南方号上看到最多、最快、最权威的政务信息，就需要入驻的机构号，全力做好自己领域内的政策发布、权威解读。而与南方号不同的“南方拍客”则主打身边大小事的线索与素材征集，所以关注平台的，更多的是那些希望寻求帮助、有表达欲望，或爱好摄影摄像的发烧友和热心街坊。

其次，南方号的经验是“全面撒网”和“重点捕捞”相结合，做到“有的放矢”。所谓“全面撒网”，即由平台制定一套生产规范，如抛出一个话题、规定一种内容形态、举办一次活动，让生产者在固有的框架内最大限度自由创作。“同题作文”就是其中最常见的应用——平台针对不同主题和社会热点，向政务发布号派题征稿在单个话题的框架内，发布号根据自身特点和擅长领域进行创作，且不限体裁、不限角度、不限形式。

作为“同题作文”的延伸，南方号还设置了一些“主题栏目”供更积极和更有能力的生产者参与。例如每周五推出主题游玩攻略“周末打卡”，要求生产者梳理出带有主题性质的旅游路线，诸如“七夕约会地图”“国字号古村落探营”“文创园种草清单”等，供用户周末休闲参考。

第三，多渠道分发提升内容流量。就是利用南方报业传媒集团旗下的

20个网站、7个手机客户端、370个社交媒体公众账号、3000块互动触控屏、10 000平方米户外LED大屏，形成了多介质、多形态、立体化的媒体生态，可以为优秀的内容提供流量。

第四，设立便捷的自荐通道。南方号上线了“我要上首页”“我要上频道”和“首发”计划。入驻号可以在对应的微信群中直接推荐自己原创的内容，平台运营编辑则会挑选其中符合要求的优质内容，进行多渠道分发。

第五，建立培训机制。自2018年起，南方号就推出“南方号交流营”活动，定期邀请行业大咖、资深媒体人、运营人士、优秀运营者等，为政务小编提供全方位的新媒体技能培训，同时分享平台成就。值得一提的是，在“南方拍客”首场聘任活动“的哥”专场上，南方日报的记者们也同时为受聘的“的哥”传授了新闻、摄影摄像的知识。

第六，稿费、榜单等多重激励。在南方号平台，入驻号如按平台方约稿要求生产；或在“南方拍客”平台，入驻者的内容如被选用，平台方均会视内容质量向其发放金额不等的稿费。

对城市媒体机构来说，对于用户生产，抱有不同的看法。一是认为媒体内容就是媒体从业人员专业生产的，其他人不入其列。二是认为放开让用户生产，质量上不来，反而会损害媒体公信力。比如某音，大家就不认为是媒体。三是认为城市媒体范围小，加上垂直平台的影响，根本无法吸引用户为自己生产内容。

但不管如何，很多城市媒体都在尝试，并想借此打通社群模块。只是观察下来，发现效果有点让人尴尬，确实成功者少，冷清者多。这自然跟城市的人口体量、文化层次、用户体量等诸多因素有关，也跟运营手法有关。

考察分析众多城市媒体App开设账号的尴尬效果，应该存在以下几方面原因：

①城市人口与用户基数不够大。

②很关键的是因为平台影响力小，无法在当地形成垄断性的影响力，而是在众多垂直平台和本土自媒体“经纬切割”的零碎空间里惨淡生存——试问，这样的平台，用户为什么来开账号？

③没有形成垄断性特色，缺乏用户号召力。

④平台没流量，用户账号没有获得感、成就感。

⑤平台运营机制传统，用户账号难有收益。

⑥产品体验感问题。

⑦运营手段缺乏或不对路，未能抓住本土用户需求。比如没有培育“种子用户”、大V带路或撬动重点社群等等。

⑧运营人才缺乏。

【案例】“无线泉州”的账号改造试验

“无线泉州”之前并没有开设机构账号，仅开设了用户账号社群板块，因为运营人才难找，局面也较为尴尬。但考虑到全台媒体融合的需要，以及内容的丰富性、长期性和与用户（客户）的联动性，在考察分析了他人的经验教训后，仍决定走上了账号之路。

第一，需求分析：

①媒体融合的需要：作为自建平台，如何为全台各节目部门服务？账号无疑是当前最好的方式。

②扩大社会影响的需要：只有把更多的人和机构拉到平台上，才可能让量变引起质变，做成知名本土平台。

③用户生产内容的需要：除了大V外，虽然大多数的账号用户量都偏小，但散“点”多了则成“面”，有了“面”就会带动影响力的提升，成为同城竞品中的比较优势。

④“聚合—分发”内容的需要：聚合，来自于众多账号。但这些内容只各自拥有少量的用户，如果你把这些内容一股脑推给全体用户，那用户就跑光了。解决的办法，就是通过账号订阅分发＋算法分发。聚合，来自千家万户；分发，给你“千人千面”。

第二，痛点分析：

①前述各种原因——城市媒体开设账号系统的天生劣势（优势有吗？应该有，比如本土优势，但怎么用，仍是难题）。

②众多城市App账号内容藏得太深，账号除被订阅外，没有露出机会，没有流量——一个单位来发了稿，如果只有三个点击量——发布者、单位老板和平台编审，你说用户会有什么想法？但放到首页会出现质量把

控和兴趣偏好问题（参看需求分析章节）。

③增加机构账号运营工作人员的劳动量。当你还没成为必做账号时，很多机构（包括政府机构和民营机构）的新媒体运营人员可能要完成微信公共号、微博、头条号……你叫他再开一个你的号，他作为工作人员，绝对不干——没加钱啊！注意：工作人员不干了，就有可能说服老板不干，因为他“专业”。

第三，应对措施：

①根据实际改变账号分级模式，在“蓝V”和“黄V”之间增加中间层，用于质量把控和推荐调控的缓冲区。

②“订阅+算法”，账号内容直接推到首页：露出机会——照顾账号，“千人千面”——照顾用户。

③开发“一键分发”之类功能，实现与其他大平台账号同步分发，解决运营者劳动量问题。

④简化手续，广泛发动，快捷发动最多的机构入驻，形成效应。

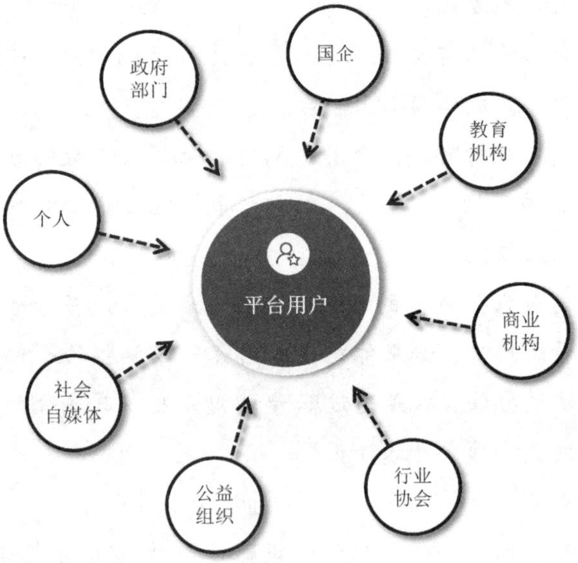

图例4－11　吸引更多机构入驻“聚点成面”

二、内容到哪里去

对于城市媒体来说，传播渠道与传播效果，决定着主流宣传与舆论引导能力大小。

对于移动互联网产品，或者说对于新媒体来说——内容即消费。

有内容生产，就有内容销售。传播和变现就是销售的两个主要环节。

1. 传播

对于城市媒体来说，传播是其本能。但传统媒体相对新媒体来说，有根本性差别：

它是被动的，而新媒体是主动的。

它是固有渠道，而新媒体是自定义渠道。

它是区域传播，而新媒体是全网传播。

它的传播效果不好量化，而新媒体是可以量化分析的。（注：所谓收视率只是一种抽样调查）

所以，城市媒体 App，本土化只是它服务的特色。至于传播，则应打破传统媒体区域化局限性，走向全网，更要在全网中寻找更好的渠道、更多的机会，以收割更大影响力。从其媒体职能来说，全网宣传也正是党委、政府所需要、所要求的——习近平总书记说过：读者在哪里，受众在哪里，宣传报道的触角就要伸向哪里。

【案例】“无线泉州 30 +”：构建城市媒体四级传播网

第一层：主营新媒体——打造传播强度。主要指自建 App 平台，主营公众号等，主打本土影响力，做好做深做透。

第二层：央媒合作账号——打造传播高度。

第三层：商业大平台账号——打造传播热度。

第四层：自媒体联盟——打造传播密度。

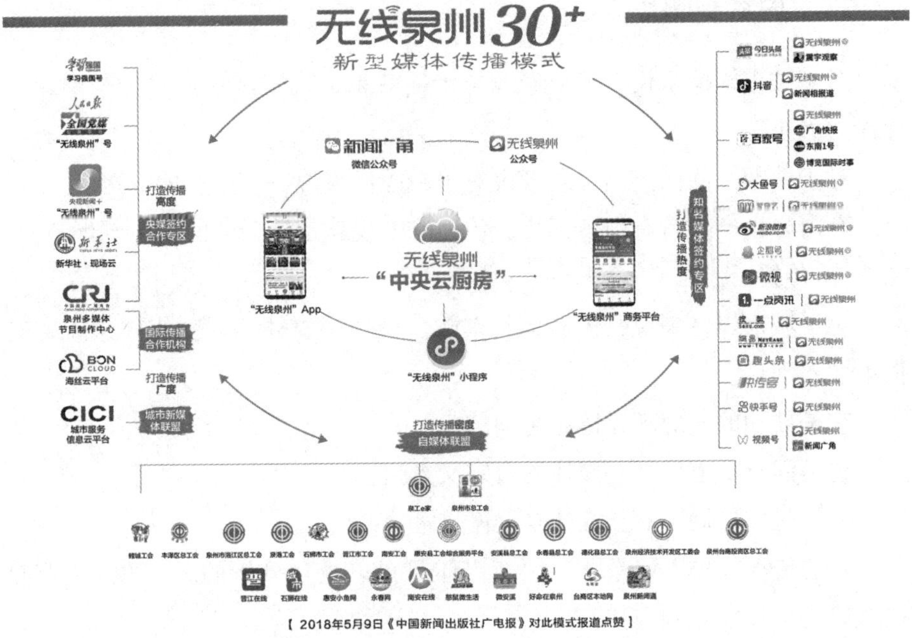

图例 4－12　账号矩阵让城市媒体突破有限渠道走出区域

2. **变现**

内容生产、传播的目的，就是变现——不管是社会效益还是经济效益。内容变现，就是内容价值的转化。

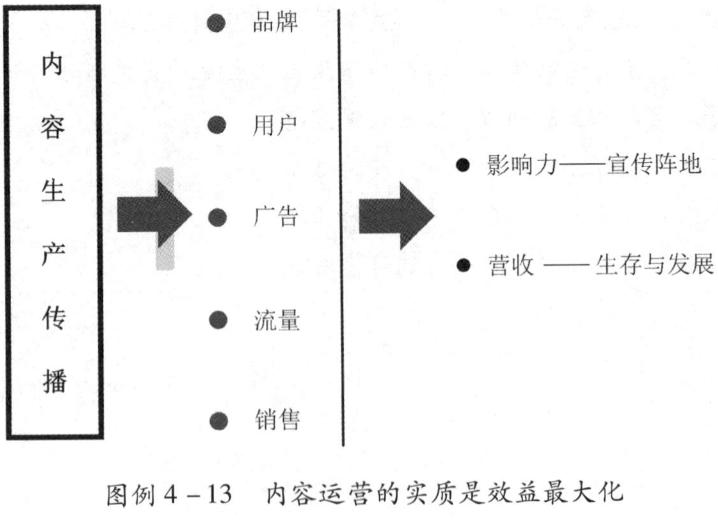

图例 4－13　内容运营的实质是效益最大化

内容变现，离不开内容营销（这里说的内容营销，指“内容的营销”，而不是通常说的运用内容来营销）。内容营销不是一个环节，而是内容策划设计开始，到产品及内容生产，推广与传播，到传播中的实际变现方式，是贯穿整个过程。任何“生产—传播—营销变现”三环节脱离方式，都不可能成就有效营销。

内容营销，对于媒体来说，很多时候通俗一点讲就是合理的“炒作”和推广，通过“炒作”和推广促成更多连接，使内容的效益最大化——包括社会效益和经济效益。“炒作”作品，“炒作”资源，“炒作”概念，“炒作”故事，“炒作”创意……要使这些“炒作”足够“合理”，能够深入人心，受人欢迎，更有用户反应，就需要做好以下三个方面：

其一，要有很好、很微妙的市场把握能力和人心把握能力。

其二，还要善于搅动，从搅动各种社会关系、资源与资源的关系、供给与需求的关系、人与人的关系等等，让自己的产品走进这些关系，成为这些关系的连接，成为产品与用户的连接。

其三，在网络时代，这种搅动手段，更多依靠创意与策划，需要模式的创新。

内容营销，也离不开基础的内容包装。一个内容产品怎么包装？举一个例子，传统媒体人总是用传统的硬广模式去阐释——这种方式在传统媒体上，往往只起到一个告知的作用，挑不起消费和购买的欲望。传统媒体广告效果下降、用户流失是原因，更是主要原因，是其传播或挑动用户的效果——传播方式不符合用户习惯。而这种传统硬广推广方式如果放到新媒体上，则更不伦不类，用户可能连点开都不想。再比如讲故事，其实也是传统媒体固有的优势，但故事怎么讲？用某某体来讲？还是用网言网语讲，效果天差地别。

内容营销或变现，相对内容生产来说，是内容运营另一个重要端。特别对传统媒体来说，其重要性完全不亚于生产端。我们呼吁，继产品经理、用户运营之后，在城市媒体运营新媒体或媒体深度融合过程中，增设第三个新岗位：内容运营官。而至于内容运营如何变现，我们将在赢利模式相关章节里展开。

第五节　项目运营

——不管是产品运营、用户运营、内容运营，都很难离开项目或活动。其实它们是运营最主要的四个方面、四个抓手，缺一不可。

无活动，不项目。

无项目，不运营。

城市媒体建设、运营 App，本身就是一个项目。它可以是一个小项目，完成“为做而做”的任务而已。它更应该是一个大项目，它是一个可以承载城市服务的平台，也可能是一个走向全国的垂直运用；它还是一个可以承载媒体融合和媒体转型重任的平台。这样的项目，就需要一个又一个的小项目（包括活动）积沙成塔。

“项目带动”是一个常见的词，也已经成为媒体单位抓宣传、抓创收的方法论。在 App 和新媒体运营中，项目、活动运营同样是最直接最有效的抓手。

也正因此，项目和活动已成为新媒体平台常见的运营（经营）手段，也成为赢利方式，在此就不展开了，详见本书第五章。

一、常见的媒体运营项目

功能型项目：以 App 的某一个功能作为服务项目，展开运营，比如常见的“问吧”或健步走比赛。

内容型项目：以某个内容生产为主体，打造内容 IP，展开运营，如“名师课堂”“小雨讲故事”。

活动型项目：顾名思义，就是举办或参与活动，并以活动为主体展开运营行为，如“乡镇篮球赛”。

自主 IP 型项目：围绕已形成的 IP 项目，或围绕把某一项目打造成 IP，展开一系列运营动作，如前文提到的“最泉州”。

合作型项目：这是当前媒体常见的项目类型，也即整合各种资源生成项目，或者根据需求，双方合作生成项目，如“无线公益”。经营型的合作项目，后续章节还会谈到。

用户型项目：围绕用户新增、留存、激活、经营等用户运营目标展开而展开的项目，如“拆红包”。

【案例】“扬州发布”App 的社会活动

比较早接触市场，做过都市报的都知道，做线下活动很辛苦，经济效益也不高。但线下活动确实是媒体与用户保护连接的一种主要方式——起码当前阶段是如此。

扬州报业传媒集团的“扬州发布”App，就一直致力于线下影响力打造，获得了广大用户的认可。上线 5 年多来，扬州发布举办了 100 多场各种线下活动，与用户面对面交流、服务。除了每年 10 多场的“进社区”活动外，他们还举办一系列大型活动。比如“温暖扬州”，这是一个大型年度人物评选活动，海选有感人善举的市民。活动通过网络投票与评审团投票，产生年度人物，并举行隆重的颁奖典礼，对获奖者进行表彰，传播社会正能量。再比如他们还举办“新年走大运”活动，每年元旦，通过媒体公开招募上千名市民沿大运河行走 8—10 公里，同时结合多种形式的运营和互动。

更别出心裁的是“扬州发布”与肯德基店联合打造“发现扬州”主题餐厅，以“墨香、科技、创意、爱心”为主题，在扬州西区核心文化圈内，打造了一个“网红”文化打卡点：在这里，不但墙面上有各种扬州古今建筑，用户还可以通过扫一扫桌面上的二维码，进入“扬州发布”App——特别是可以直接“VR 全景看扬州”——这是比较有吸引力的。据了解，这些活动的举办，不但推广了“扬州发布”，还取得了不错的经济效益。

【案例】乡镇篮球赛制造内容

泉州篮球嘉年华乡镇赛（四届）

2015 年开始，中共泉州市委宣传部、中共泉州市委文明办、泉州市体育局、泉州广播电视台联合主办了泉州篮球嘉年华乡镇赛活动。连续四届赛事，十二个县市区（除德化外）每一届都有多个乡镇（街道）报名参赛，现场观众超过 30 万人次，关注人群超百万。充分发挥“声、屏、报、网、融媒体”宣传优势，全程报道赛事动态，现场直播决赛盛况，取得了良好的社会效益。

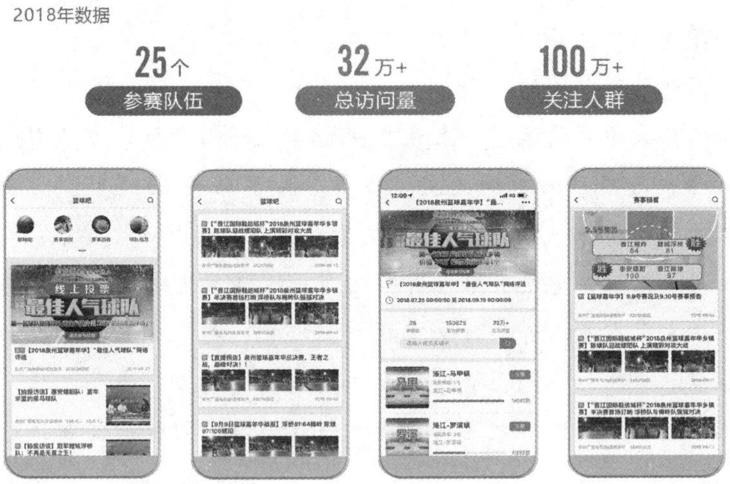

二、项目运营的流程

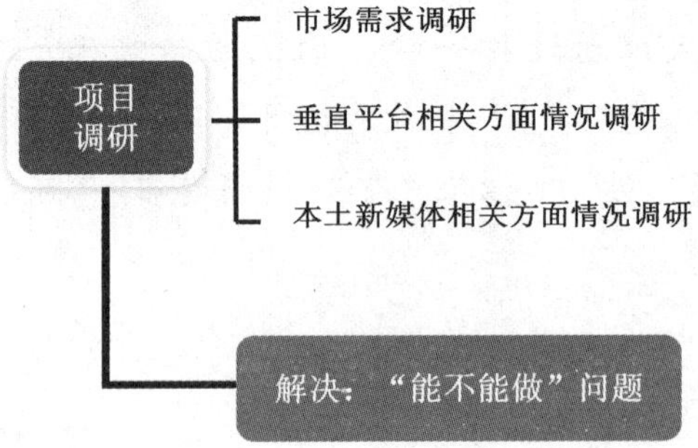

图例 4－14　项目调研

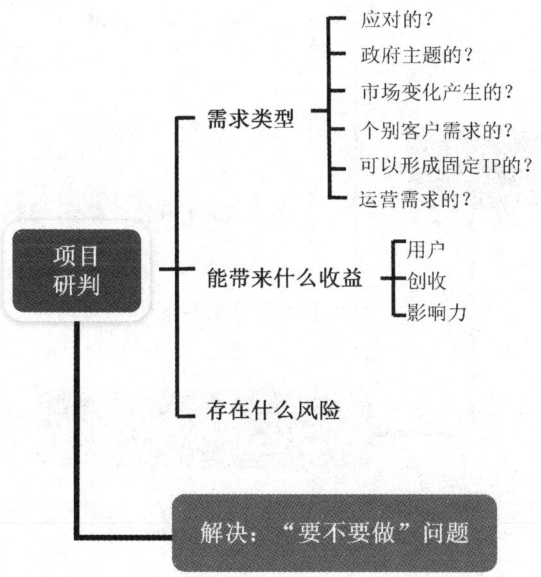

图例 4－15　项目研判

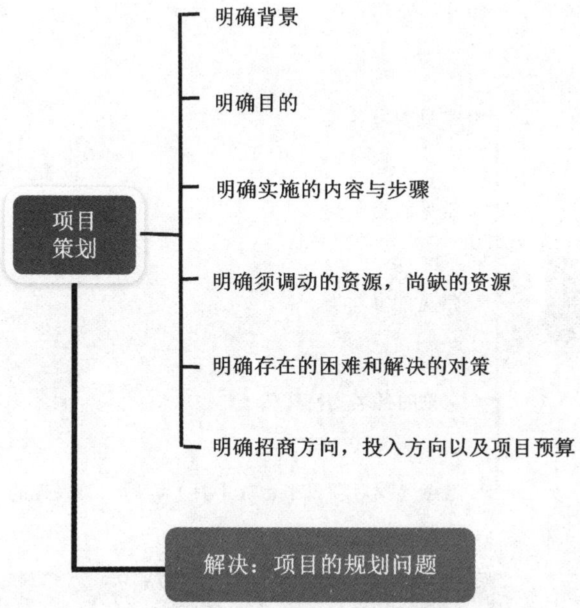

图例 4－16　项目策划

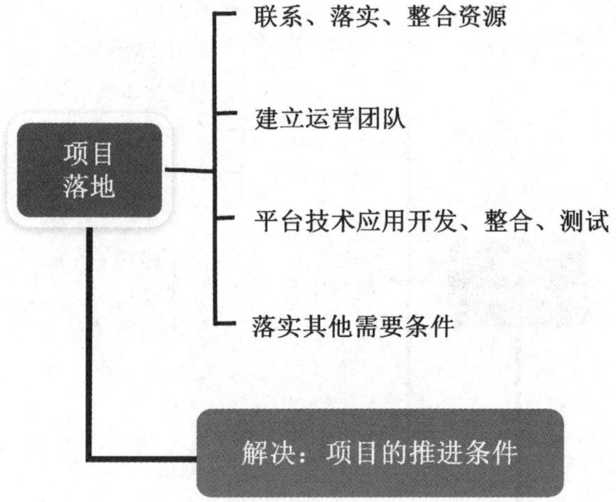

图例 4－17　项目落地

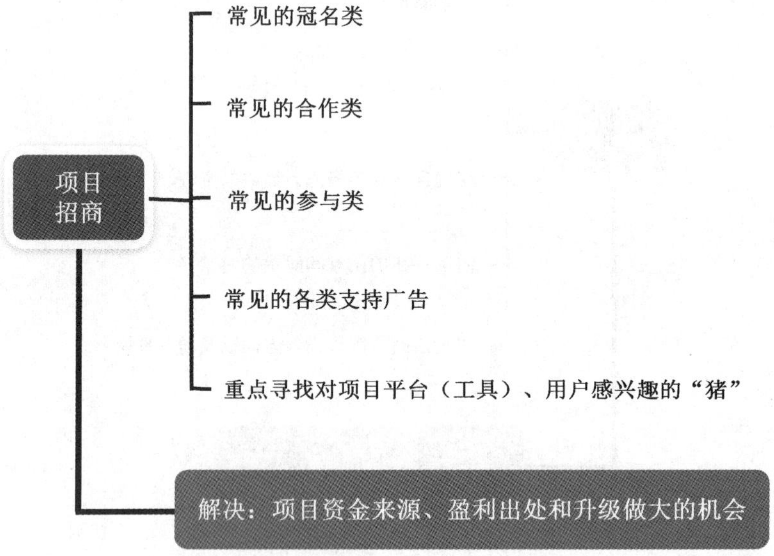

图例 4－18　项目招商

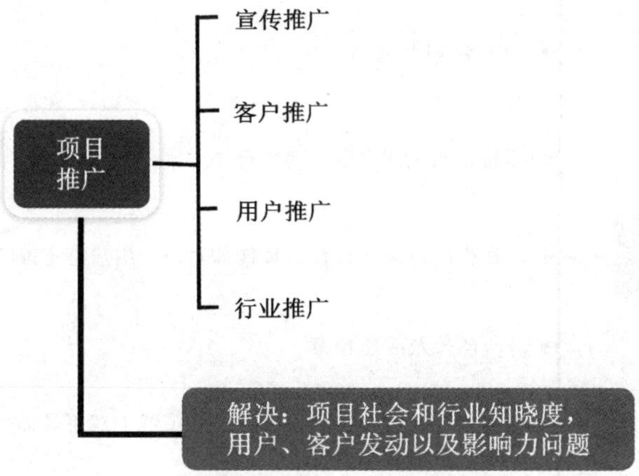

图例 4 – 19　项目推广

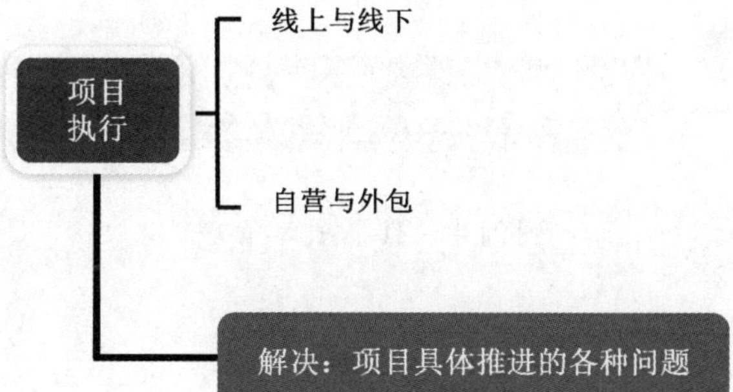

图例 4 – 20　项目执行

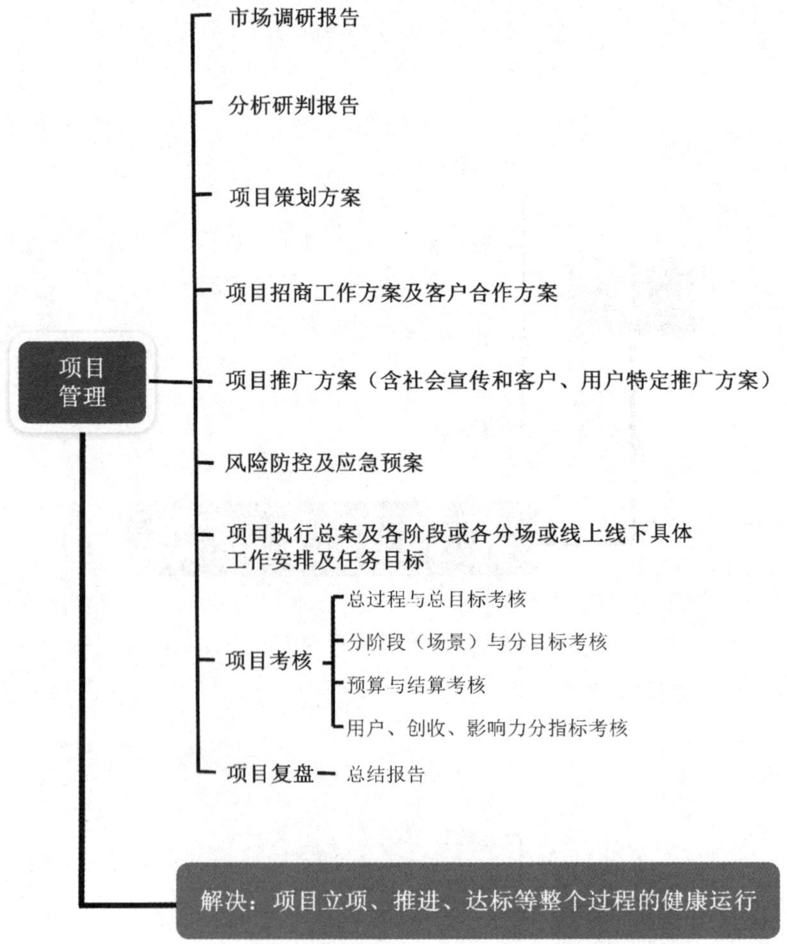
项目管理
市场调研报告
分析研判报告
项目策划方案
项目招商工作方案及客户合作方案
项目推广方案（含社会宣传和客户、用户特定推广方案）
风险防控及应急预案
项目执行总案及各阶段或各分场或线上线下具体工作安排及任务目标
项目考核
总过程与总目标考核
分阶段（场景）与分目标考核
预算与结算考核
用户、创收、影响力分指标考核
项目复盘
总结报告
解决：项目立项、推进、达标等整个过程的健康运行

图例 4－21　项目管理

第五章

赢利模式

能赚钱才是真成功

05

要 点

①不管是做 App，还是媒体融合，都同时要阵地，还要养活自己。平台能否赢利，反过来证明平台是否成功，证明团队运营能力高低，证明媒体阵地实际影响力的大小。

②“皇帝的新装”与“卡拉 OK”现象在有些地方还大行其道。“数据说话”的互联网思维理解与机制还在门口。

③赢利，需要特别的用户需求洞察力，需要制造需求的营销力。

④好的内容已经不仅仅在于内容素材本身，更在于你的创意思维与运营手段。

⑤充分释放互联网能量，植入互联网因子，善于利用平台，善于调动用户，有“粉”才有 IP，有“粉”才有所谓 IP 运营。

⑥风口上的模式，往往会带起一股电商旋风。特殊的模式，往往会让城市媒体电商运营更容易打开局面。

⑦整合资源、增值延伸能力是代运营的关键能力，其产生的业务也是代运营的真正价值所在。

⑧社群运营的目的是变现，它的本质是社交，是裂变。切不可把社群运营当作媒体影响力，或者为社群而社群。

账号运营，要走出传统媒体的发布模式，不要少了“网感”与“互动”。

⑨MCN 模式，对城市媒体来说，如隔一层纸，既熟悉，又咫尺天涯。

⑩媒体的“第三轮跨界”为何让城市媒体“犹豫不决”？直面在移动互联网这个新领域的“二次创业”，才是跨界实质。

跨界与融入则是城市媒体深度融合发展和转型的两翼。移动互联网消除了行业壁垒，又给了我们无限想象空间。

当前，困扰传统媒体的，不仅仅是阵地、渠道影响力的下降，还有收入下降带来劳动与创造积极性不足、人才流失、发展乏力等现实问题。

对于多数城市媒体来说，这两方面问题尤为明显，且容易形成恶性循环。经营创收模式的转型与创新，横亘在新媒体阵地建设和媒体深度融合发展等移动化转型的未知道路上，成为绕不过的关。

因为，这一代新媒体，是移动互联网生态下的产物，与其他各行各业一样，是革命性的新事物。革新，涉及方方面面，而赢利模式创新则关系我们的生存与发展。

第一节　变现率体现有效性

——用户的有效性，特别是用户发动力，才是媒体影响力的真实体现。它是阵地建设的需要，也是媒体机构赢利及持续发展的需要。倒过来说，对于大多数新媒体实践和媒体融合实践，赢利，是证明模式成功的指标。

不管是做App，还是媒体融合，都要壮大阵地，同时还要养活自己（才有可能持续发展与壮大阵地）。

宣传阵地成功与否，要看你有多少用户，更要看活跃度如何，平台影响力如何。用户，证明你理论上的覆盖面有多大；活跃度，证明你的实际触达率有多高；影响力，证明你对用户的发动力有多强。

试想，如果没有覆盖面，没有实际触达率，你传播的内容再好，能传播出去吗？同样的，你光有覆盖面，理论上有一定数量的用户（或传播渠道），但都是死粉，你的好内容没有真正触达用户，那能有实际传播效果吗？而用户发动力，则是一家媒体影响力强弱的真实体现。“主流媒体”不是自封的，由用户发动力形成的影响力，由扎实可靠的内容形成的权威性，这些都是基础。

当移动互联网已经走过10个年头，已经迎来万物互联及大数据、智能化的新一轮颠覆时期，作为城市媒体的新媒体“浪潮”，也到了必须撕开“皇帝新装”的自我麻醉面纱，走出自娱自乐的“卡拉OK”时代了。

相反，如果平台影响力上来了，说明产品上来了，运营上来了。而有了影响力和产品、运营的基础，平台的赢利模式也会不断创新和成熟——平台能否赢利（指财务上的利润盈余），反过来证明平台的影响有多大，媒体阵地实际效果有多大。平台是否赢利，反过来决定我们能否持续发展，能否不断壮大阵地建设，更好地完成党媒的使命。

为什么要赢利？从另一方面说，多数城市媒体都知道，自建新媒体平台都是“烧钱”的。但国有资产的“烧钱”是有限度的，这不是源源不断的“奶”源。自建新媒体平台不但要生存，要发展，要证明平台影响力，要证明平台的价值，更需要有自我造血功能，最终让国有资产“保值增值”，赢利数据无疑是最好的指标。

保定广播电视台“在保定”App负责人武晓然就坦然认为，“在保定”App的定位就是区域商业化融媒体平台，核心目标就是要赢利，开拓经营创收渠道，学会网上赚钱。所以，“在保定”的特点，一是区域融媒体，坚持深耕本地，聚集中青年群体，服务保定市民。二是商业化平台，坚持市场化运营，聚集政务、服务、活动、产业四大板块，利用媒体资源，实现快速赢利。三是全国广电联动，依托南京广电猫猫新媒体搭建的全国广电联盟，实现与全国60多个城市App的互联互通，形成发展合力。

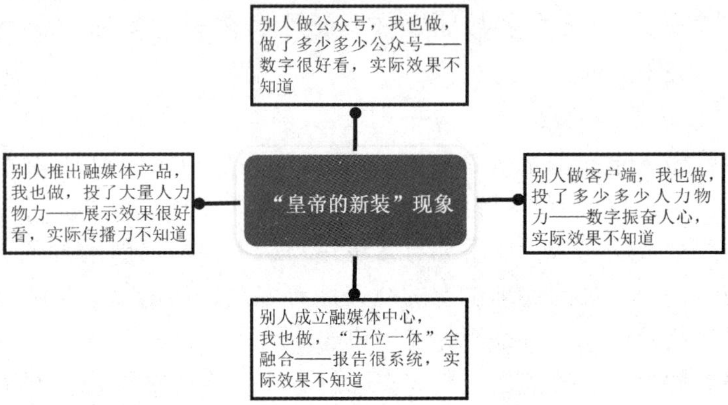

图例5-1　“皇帝的新装”现象

从上图我们可以看出，这种模式有以下特点：

别人有的，我都做，还要做得更多。

不计效果地投入。

沾沾自喜于所取得的所谓“成绩”，不管这些“成绩”对平台建设和媒体影响力是否有真正的价值。

从上到下都知道是在白白投入没有实际效果，所谓数据也是假的，但一层“骗”一层，从上到下，谁还都不会去说破。

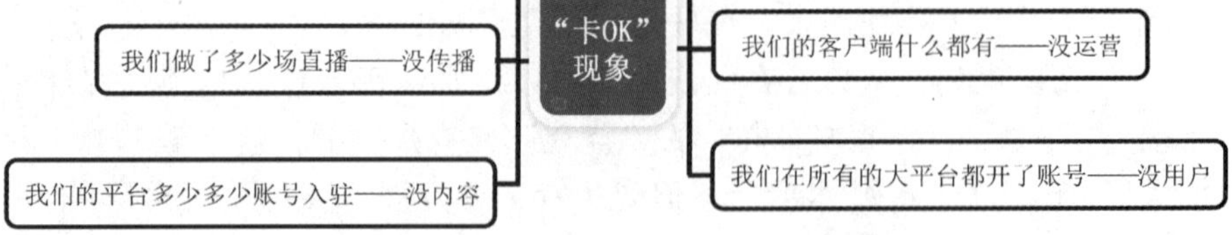

图例5-2　“卡拉OK”现象

这种现象，有以下特点，跟“皇帝的新装”类似。

不看数据——美其名曰：不要只追求浏览量，关键看影响力。

不看用户数——美其名曰：用户数多少不重要，内容才是关键。

不看活跃度——美其名曰：数据不能说明问题，做自己的特色，走自己的路。

自娱自乐——我唱即我听，自己做的都对。

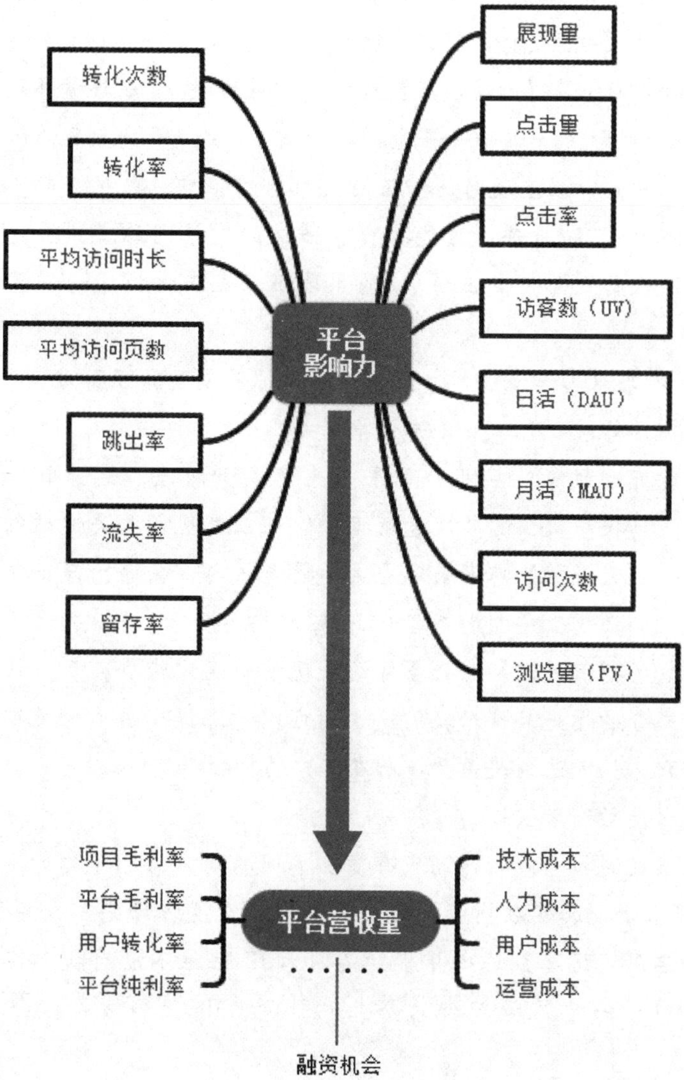

图例 5－3　真正的“数据说话”模式

【案例】什么是 PV（浏览量）、UV（访客数）、访问次数、跳出率、转化率、平均访问时长？

①什么是展现量、点击量、点击率

在百度推广后台可以看到消费、平均价格、点击、展现、点击率、千次展现费用等数据，这些数据是你全面评估推广效果，深入开展推广优化的基础。

在网民搜索查询时，如果您账户内符合网民搜索需求的关键词被触发，该关键词所对应的创意将出现在搜索结果页，称之为关键词和创意的一次展现。一段时间内您获得的展现次数称之为“展现量”。展现量体现了您的关键词质量度和创意的好坏（如果您的创意展现方式是优先展现的话）。

在您的推广结果展现时，如果网民对您的推广结果感兴趣，希望进一步地了解您的产品/服务，可能将会点击访问您的网站。一段时间内您获得的点击次数称之为“点击量”。简单地说，点击量指你的创意被点击的次数。

点击量/展现量＝点击率。点击率体现你的创意的吸引力。

②如何用好展现量、点击率让推广更高效？

展现量有助于您了解推广结果覆盖了多少网民，是一个数量上的概念。通过统计报告提供的展现量数据，您可以发现哪些关键词创意的展现机会较大，每天能够给您带来多少次的曝光机会，从而估算出您的推广活动能够覆盖到多少数量的潜在客户。

如果您的所有关键词每天合计的展现量一直比较少，无法让您的推广结果得到充分的曝光，那么我们建议您可以考虑提交更多的关键词，并采用广泛匹配，从而达到覆盖更多潜在客户的目的。

③什么是访客数（UV）

访客数就是指一天之内到底有多少不同的用户访问了你的网站。访客数要比 IP 数更能真实准确地反映用户数量。百度统计完全抛弃了 IP 这个指标，而启用了访客数这一指标，是因为 IP 往往不能反映真实的用户数量。尤其对于一些流量较少的企业站来说，IP 数和访客数会有一定的差别。

访客数主要是以 cookie（用户通过浏览器存储在计算机上的一小段文本）为依据来进行判断的，而每台电脑的 cookie 也是不一样的。有些情况下 IP 数会大于真实的访客数。有时候访客数也会大于 IP 数。访客数要比 IP 数更能真实准确地反映用户数量。

④什么是访问次数

访问次数是指访客完整打开了网站页面进行访问的次数。访问次数是网站的访问速度的衡量标准。如果访问次数明显少于访客数，就说明很多用户在没有完全打开网页时就将网页关闭了。如果是这样的情况，我们就要好好检查一下网站的访问速度了，看看到底是网站空间出了问题还是网站程序出了问题。访问次数一般会大于访客数。

⑤什么是浏览量（PV）

浏览量和访问次数是呼应的。用户访问网站时每打开一个页面，就记为 1 个 PV。同一个页面被访问多次，浏览量也会累积。一个网站的浏览量越高，说明这个网站的知名度越高，内容越受用户喜欢。但是一味地重视 PV 也是没有太大意义的（PV 和点击量含义相近）。

PV 是一个重要的指标，反映了网站内容是否对用户有足够的吸引力。对于竞价而言，只能是侧面反映，因为我们设置了访问 URL（统一资源定位器）。很多用户需求也非常明确，来到网站之后，往往只会寻找符合自己需求的产品，所以一味地重视 PV 是没有太大意义的。应该把重点内容展示给目标客户，没必要一味地追求 PV 值，转化率、跳出率、UV、转化次数等才是重点。

⑥什么是转化次数

潜在用户在我们的网站上完成一次我们期望的行为，就叫作一次转化。我们可以在百度推广的后台设置相应的转化页面，用户访问这个页面 1 次，就记为 1 次转化。

⑦什么是转化率：转化率 = 转化次数/访问次数

对竞价而言，是关键词和访问页面的精准的指标。转化率可以用来衡量网络营销的效果。如果我们在 A、B 两个网站同时投放了广告，A 网站每天能带来 100 次用户访问，但是只有 1 个转化，B 网站每天能带来 10 次用户访问，但是却有 5 个转化，这就说明 B 网站带来的转化率更高，用户更加精准，网络营销效果更好。

⑧什么是平均访问时长：平均访问时长是衡量网站用户体验的一个重要指标

平均访问时长是用户访问网站的平均停留时间。平均访问时长＝总访问时长/访问次数。如果用户不喜欢网站的内容，可能稍微看一眼就关闭网页了，那么平均访问时长就很短；如果用户对网站的内容很感兴趣，一连看了很多内容，或者在网站停留了很长时间，平均访问时长就很长。

⑨什么叫平均访问页数：平均访问页数也是衡量网站的用户体验的指标

平均访问页数是用户访问网站的平均浏览页数。平均访问页数＝浏览量/访问次数。平均访问页数很少，说明访客进入你的网站后访问少数几个页面就离开了。

⑩什么是跳出率：跳出率是反映网站流量质量的重要指标

跳出率是指访客来到网站后，只访问了一个页面就离开网站的访问次数占总访问次数的百分比。跳出率＝只访问一个页面就离开网站的访问次数/总访问次数。跳出率越低说明流量质量越好，用户对网站的内容越感兴趣。

【本文来源：百度，“爱萨萨”账号】

【案例】产品分析常见的数据项：PV/UV/DAU；转化率/留存率/渠道号/版本号

①PV

page view，即页面浏览量，是评价一个网站流量的重要指标。

计算方法一般只按次数，不区分用户、地域和频次。

一个网页每次被访问，都记为一个PV；假设同一个用户连续两次访问了同一个页面，一般会记为两个PV。

②UV

unique visitor，独立访问，UV的含义一般需要定义，即，你认为什么样的行为算作“一个独立访问”，常见的定义方式：按独立IP地址；按账户数、按其他的ID标识。

③DAU

daily active user，日活跃用户数量（亦简称日活），某一天访问过网站或者打开过应用的用户数。

④MAU

monthly active user，与DAU同理，月活跃用户数量（亦简称月活）。

⑤转化率

是指在一个统计周期内，完成转化行为的次数占推广信息总点击次数的比率，例如，应用商店的下载转化率可能定义为：成功下载的 UV/总 UV。

⑥流失率、留存率

在一个任务中，某步骤的 UV/上一步的 UV，就是这个步骤的留存率，如果相减后再做除法，则为流失率。

⑦渠道号

可以帮助产品经理识别流量的来源。

⑧版本号

衡量不同版本在功能改进上取得的效果。

⑨核心指标

指能够稳定的反映出产品核心价值，并动态地反映出用户活跃情况的指标。

【本文来源：知乎，“royal”账号】

第二节 常见赢利模式

——无限的网络空间，带来的是无限的想象力、无限的商机与赢利模式，这是新媒体与传统媒体不同的地方之一。它需要特别的用户需求洞察力，需要制造需求的营销力。

一、广告/活动模式

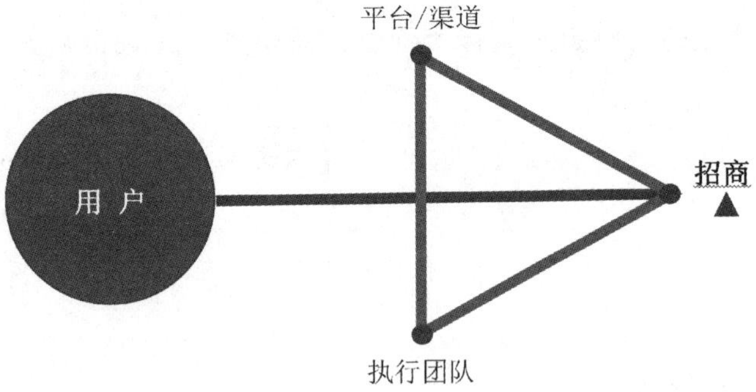

图例5－4 影响广告/活动运营的几大要素

①用户是基础。没有用户基础，就不可能有触达（浏览量），不可能有变现（转化率）。

②平台/渠道是用户的必备条件。没有好的平台/账号，哪来的用户和活跃度?

③招商是关键，也是目的。有招商才可能赢利。

④执行团队则是招商的必备条件。好的业务团队才可能提高招商效率，确保广告保有量，促进活动的落地。

⑤这也是传统媒体常见的营收模式，对新媒体更为有效。其一，互联网时代，客户更加注重广告的触达率和转化率——新媒体的数据化更能满足这一点。其二，新媒体比传统媒体用户群体更精准，相比之下获客和转

化成本更低，这也是客户选择的重要因素。

【案例】南京广电猫猫保供抗疫公益活动

2020 年 1 月 28 日大年初四，成立于 2016 年的南京广电控股新媒体公司——南京广电猫猫，即在南京广电集团的组织协调下迅速反应，策划发起了“战疫情、守‘胃’宁”保供抗疫公益活动。据南京广电猫猫新媒体有限公司“在城市”负责人周筱白先生介绍，本次活动全程在南京市农业农村局、南京市商务局、共青团南京市委、南京市工商业联合会（总商会）的指导下进行，吸引了众多商协会、涉农企业和农户的广泛参与，在关键时刻发挥广电融媒体平台的传播力、公信力、整合能力和执行能力，以媒体融合成效帮助解决“菜篮子”问题。

活动启动后，南京广电猫猫发挥自身新媒体技术特长，组织公司近 200 人团队放弃春节假期，通宵达旦地进行线上公益平台的开发，累计投入人力、物力、财力等成本近百万元。2 月 2 日，活动平台成功上线，具备完善的交易、结算、数据统计分析等功能，农户、商家可以通过活动平台发布产品，市民用手机就能下单购买，为“战疫情、稳增长”添加了全新武器。

新冠疫情期间供需矛盾复杂多变，南京广电猫猫从联系菜农了解蔬菜信息开始，紧盯蔬菜采摘、集中、分拣、装车、运输、“无接触”配送等环节，并根据市民下单情况及时整理、反馈供求信息，通过小区“团长”、“群主”组织协调降低购买门槛，试点“送菜到户安全保鲜站”确保市民安全取菜。一系列不断优化的保供抗疫举措既缓解了因疫情物流引发的本地农产品滞销难题，又减少了市民聚集购菜为防控带来的隐患。

南京广电猫猫同时发挥全媒体宣传特长，在南京广电集团的统筹下充分运用广播、电视、新媒体等传播途径对活动进行多维度宣传报道。其中《20 万斤！10 万人次！每天近 20 小时奋战！“在南京”与“宁”在一起！》微信引发 10 万 + 阅读量。“哨声”一经吹响，茉莉六合、荔优品、洲野天成、善田江宁、食礼秦淮、南农食品、社区团等市内更多农业品牌如雨后春笋般加入活动。

据周筱白介绍，疫情暴发后，截至 3 月中旬，平台共助力销售农副产品超100万斤（涵盖粮油、果蔬、禽蛋、肉类、水产等），总销售额近500万元，助力基地（农户）超100家。众多参与市民们通过活动平台客服系统对南京广电猫猫进行反馈，认为菜品价廉物美、配送安全及时；参与农户们表示食材滞销难题得以缓解，希望继续保持活动合作，参与到南京广电组织发起的更多民生服务中去。

在2月9日举行的国务院联防联控机制新闻发布会上，商务部表示，蔬菜套餐预售模式值得各地推广。而南京广电猫猫的这场活动也在其创立发起的覆盖全国24省区65个城市的城市广电融媒体联盟中引起反响，河北保定、河北邯郸、海南三亚、福建宁德等地复制推广了本次活动模式。

4月起，南京广电猫猫把已臻成熟的这一活动升级为“广电线上菜场”，先已在南京市秦淮区试点落地，紧接区内各街道和社区地气，设置固定“社区志愿者”畅通“毛细血管”，建立以“社区志愿者团长”为核心的“菜友群”作为“动脉节点”覆盖。在政府的引导下，初步展现基层社会治理共建共治共享新格局。

据周筱白介绍，疫情暴发后，截至2020年6月30日，南京广电猫猫的服务和产品已涵盖农副产品、精准帮扶、餐饮、旅游、汽车及周边产品等多种品类，拉动新消费6200余万元，并以融媒体平台助力所在地政府发放官方消费券180万元，发放各类官方景区门票25 000张价值超百万元，实现了社会效益和经济效益的统一。

【案例】无锡广电直播带货PK赛

2020年，直播带货成为互联网又一个风口，成为全民都在谈的年度热词。对于广电来说，如何抓住这样一个风口，拓展广电赢利模式，培育“直播+电商”的新兴业态，带着这样的问题，无锡广电组织了一场为期一个月以“登攀创新峰”为主题的直播带货 PK 赛。

“1024 融媒”作为大赛的观察机构也受邀参加了此次活动。其创始人林刚先生介绍，无锡广电集团领导很早就关注到了直播带货的这场热潮，在进行了多次的实地调研后，得出了必须抓住这场机遇的结论。但是广电应该如何迎着这个风口走，并没有可借鉴的发展模式。

“既然没有，那我们内部就先搞一次探索实验，玩起来，而且要快。”这是无锡广电集团总裁陈秋峰在调研完之后出现的第一个想法，并且在集团领导层中达成了共识。于是这样一场从调研到设想再到实践的比赛很快就推进了下去。所以，林刚说：我们总在讲做事情讲求天时地利人和，其实这三个要素里“人和”才是关键。集团领导层有强烈的顺应时代的理念意识，下面的执行者有着积极推进的“使命感”和“能量”，上下齐心，是无锡这次直播带货大赛圆满成功的关键性因素。

“开放性”的玩法，提供了自主发挥的空间。林刚说，举办这样一场比赛，会存在一些难题，比如说广电系统内有没有人能解决直播平台的技术问题；比如说主持人的时间都不固定，很难统筹；比如本身工作就很忙的广电人们会不会积极性不高。这些难题往往会被很多人总结为比赛还不具备成熟条件，从想法阶段就夭折了。而无锡广电用探索的心态和开放的规则，解决了这些拦在比赛前面的阻碍。

首先比赛的定调是“一场关于直播带货的实验”“鼓励大家玩起来”所以这次比赛的规则有三个明显的特征“不限时间”“不限平台”“不限组合”。各个部门的人都可以自由组合成直播带货的团队。这种“开放性”的规则给参赛者提供了开放自由的发挥空间。

最终有 170 名队员，组成了 38 支团队，平台问题、资源问题，包括选品、售后、宣传，以及直播中的灯光、设备等等问题，各团队自己解决，形成了全员创业、全员探索的比赛氛围。

比赛中出现问题是不可避免的事情，无锡广电在这一活动过程中也出现了技术、规则、财务、宣传等方面的问题。但是每个问题的解决都是快速且彻底，有力地保障了大赛的稳步推进。而之所以问题都能够快速解决，是因为背后有强有力的客服保障团队——大赛的组委会成员将自己定义成客服团队，在这个团队中有一个特殊的客服，花名为“许你前程—扬扬”——副总裁许扬。因为有这样一个有力的客服冲在各种问题的前线，当问题出现时，各个部门各种专长的客服，也都能在问题出现的时候迅速站出来解决问题。这种部门之间壁垒打破，紧密合作的场景，在以往的广电系统里并不多见。

林刚说，这次活动是完全从“0”到“1”的探索，每个团队都要在业余时间搞定这些问题，并且努力地提升直播的效果。这是一个很痛苦的过程，压力、崩溃也是这个过程中常有的情绪。但在和这些团队的交流过程中，能够感受到他们的热情，虽然痛但是也是真的快乐。很多团队把这件事当成一个新的起点，当成是一次创业，一次学习成长，也更希望真的能成为一个新的事业。有的团队说：“我渴望这样的成长，让我看到新的希望”，有的团队说“在广电这么久，已经有近十年没有这么激动过了”。我们总会担忧广电人会不会在舒适区待久了不愿意参加这样的比赛，却不知道很多广电人也渴望变化，只是没有这样的机会。

本次无锡“登攀创新峰”最终的数据是，170 名队员，组建 38 支团队，进行了 260 场直播，新增 500 万人气，成交总额 1500 万元，创造利润 150 万元。

其实在这些数据背后，这次活动最大的意义在于对新兴业态进行了探索，广电对开拓经济新蓝海进行了试水，以及给了未来以决心和信心。当你还在观望不动的时候，无锡广电已经得到了答案，奠定了基石。

【本组图片来源：“1024 融媒”】

二、内容定制模式

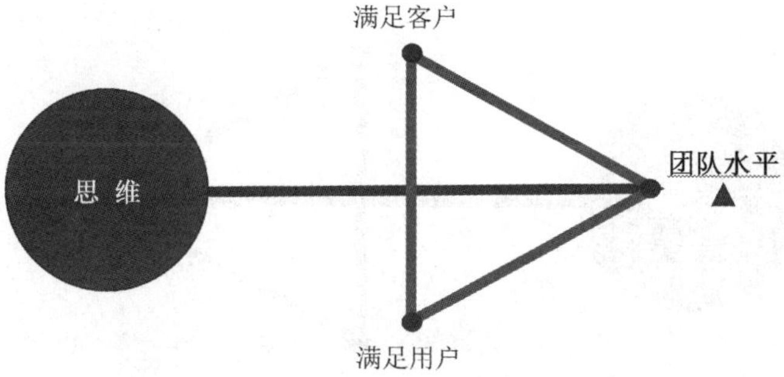

图例 5－5　影响内容定制运营的几大要素

①在新媒体时代，好的内容已经不仅仅在于内容素材本身，更在于你的创意思维——在于你如何在短短几秒钟内抓住用户眼球，挑起用户兴趣——这也是出现所谓“标题党”的原因。但除了恶意和真正的标题党外，一些所谓“标题党”其实是标题模式的创新者，人民日报、央视等权威党媒新媒体就是标题模式创新的标杆。除了标题，开头如何抓住用户、整个产品如何适应用户的消费习惯等等，都是新媒体内容生产的基础——互联网思维基础。

②有了好的创意思维基础，还要有好的团队能力才能实现——所以，这是关键。

③对于创收型定制内容生产，首先要满足客户需求，其次则要满足用户需求，只有前者没有后者，就是自嗨了——个别用途的产品除外。

④内容定制型创收模式，也是传统媒体常见的模式，比如宣传片、汇报片。但如今，随着对新媒体的重视，越来越多的客户，已经有了网络传播效果的要求——这也是在此类业务的竞争中，传统媒体常常输给民营新媒体机构的主要原因。

三、自主 IP 模式

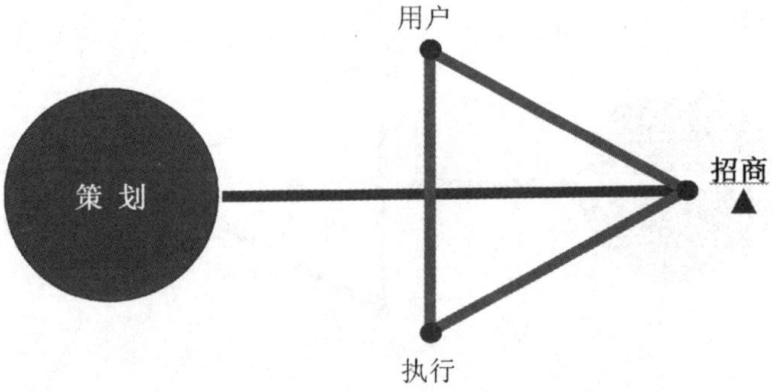

图例 5－6　运营自主 IP 的几大要素

①自主 IP 的生成，来自策划和创意——这是基础。

②自主 IP 的落地，关键在招商——个别长效 IP 除外。

③自主 IP 的形成，需要执行团队把策划落实下去。

④自主 IP 的成功，关键在于有“粉丝”效应——这是 IP 的互联网思维所在。好的 IP，会形成相对稳定的用户群体。

⑤IP，有 IP 地址和知识产权的意思。在这里，则是互联网界的引申（以下解释来源百度）——可以理解为所有成名文创（文学、影视、动漫、游戏等）作品的统称。也就是说此时的 IP，更多的只是代表智力创造——比如发明、文学和艺术作品这些著作的版权。进一步引申来说，能够仅凭自身的吸引力，挣脱单一平台的束缚，在多个平台上获得流量，进行分发的内容，就是一个 IP，它是能带来效应的“梗“或者“现象”，这个“梗”可以在各种平台发挥效应，因此 IP 也可以说是一款产品，能带来效应的产品。

所谓 IP，其实也不是新鲜的东西，不过以前叫作品牌——品牌项目、品牌活动、品牌栏目/节目都是这一类。但到了互联网界，它就有了“跨平台效应”的特点，有了线上的特点，有了“粉丝”的特点。因此，要做好自主 IP，就需要充分释放互联网能量，植入互联网因子，善于利用平台，善于调动用户，有“粉”才有 IP，有“粉”才有 IP 的运营。

【案例】“无线泉州”注重打造自主 IP

01 最泉州

这是“无线泉州”重点打造的一个内容原创频道，更是一个集策划、生产等服务的尖刀团队，原创内容包括：

- “榜单”系列
- “颜值”系列
- “我们的泉州”系列
- “百年变迁”系列
- “春夏秋冬”系列
- “我们的节日”系列
- “光影”系列
- ……

02 泉州市云艺术节

首届（2020）与泉州市艺术馆联合主办，参加作品共3256个，参赛人数达2000多人。六大类人气选手投票总量80万+，总访问量达300万+。纳入市委网信办“2020泉州网络文化节”，并登上中宣部“学习强国”平台，成为泉州少儿艺术领域的IP品牌。

03 泉州市云阅读节

首届（2020）邀请十余位泉州文化名人领读，采用线上云阅读活动与线上直播的形式，与泉州市民实现阅读互动与全民阅读氛围提升，活动目前已举办两场，阅读量达92.6万次。

04 青春说

“青春说”是由“无线泉州”打造的专属于包括泉州大学生在内的年轻群体的品牌栏目，通过辩论、音乐、舞蹈、朗诵等不同活动形式，传达年轻人的真实心声，致力于打造年轻群体的圈层文化。覆盖人群以高校为主，目前已举办“泉州市大学生朗诵节”两届、辩论赛一届，参与高校超过15所。

05 镇在说

由“无线泉州”团队打造的乡村振兴类项目，以“创意+活动+节目+短视频”等综合立体的融媒体项目形式赋能乡村振兴，全景式呈现改革发展过程中，泉州乡镇谋发展，人民奔小康的真实面貌。栏目获得新华网、中新网、人民日报等各大媒体平台的报道。

06 名师课堂

2020年疫情期间，为响应“离校不离教，停课不停学”的要求，“无线泉州”联合泉州市教育局开设了“名师课堂”直播公益课程。共开设106场直播，“新闻广角”微信公众号同步推广，观看量超1765万。

2020年10月至2021年1月，由泉州市教育科学研究所、“无线泉州”联合主办的名师课堂之“泉州市小学高年级暨小升初学科名师指导直播课堂”系列活动，共举行7场，总点击量超百万，其中，直播点赞总数达27万多，直播间互动留言数达2.6万条。

07 家长学院

“家长学院”为“无线泉州”为家长重点打造的栏目，旨在为初为人父母，或孩子已日渐长大，却不知如何进行亲子沟通教育的家长们打造一个既温馨，又有较强实用性的“学习沙龙”。

2020年9月至2021年2月初，“无线泉州·家长学院”栏目联合泉州市教育局、泉州市少先队工作学会等部门前后联手举办了5场中小学生心理讲座及访谈直播，直播总点击量超百万，点赞数15万，中国教育新闻网对此做了报道。

08 校长访谈

由“无线泉州”打造的“校长访谈”栏目主要是针对学校管理、德育教育、招生考试、校园热点话题等进行的访谈节目，旨在拉近家校间的距离，让家长、社会更了解学校，了解招考政策，与学校近距离沟通，从而互相协作，为孩子的健康成长联合助力。

09 学霸分享会

自2017年起，“无线泉州”推出“学霸分享会”系列活动，以泉州市各县（市、区）当地顶尖名校为单位，通过访问学霸及名师，分享学习心得，为中学生提供了一个向优秀学长学姐学习的平台，受到了广大学校及学生、家长乃至业界的广泛好评。截至目前已成功举办4届，共举办17场。

10 泉工惠

“泉工惠”是“无线泉州”与泉州市总工会合作运营的会员服务平台。平台以200万+工会会员实名制数据库为基础，以工会会员需求为导向，以“泉工惠”平台为载体，以普惠、特惠、主题活动为媒介，打造工会会员专享福利圈，撬动工会会员成为公司用户。

11 趣打卡

“趣打卡”是线下体验型商户服务平台，互联网营销新模式，解决商家获客难题，给用户提供趣味实惠的获得感。集全平台全流量倾力打造，以可玩性、互动性为主，网红式包装，注重用户体验，实现线上曝光、线下转化，指导商家做好流量承接，鼓励制定到店优惠，提升到店服务能力，将传播的数量和质量推向新高度，实现平台与商家的互利共赢。2020年上线至今，共签约线下门店2199家。

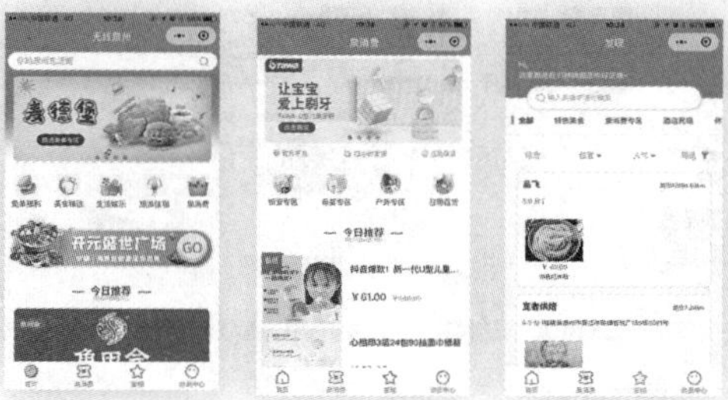

12 一起淘

“一起淘”是电商类生活服务综合平台，以泉州市本地强大的供应链优势为基础，延伸链接全国优质商家，多渠道链接打通，创新策划活动，为商户提供多元化的展示平台，为“无线泉州”用户提供更多的购物实惠和乐趣，同时也为“泉工惠”平台会员输送优质商户和产品，实现多方共赢。

四、广告带货模式

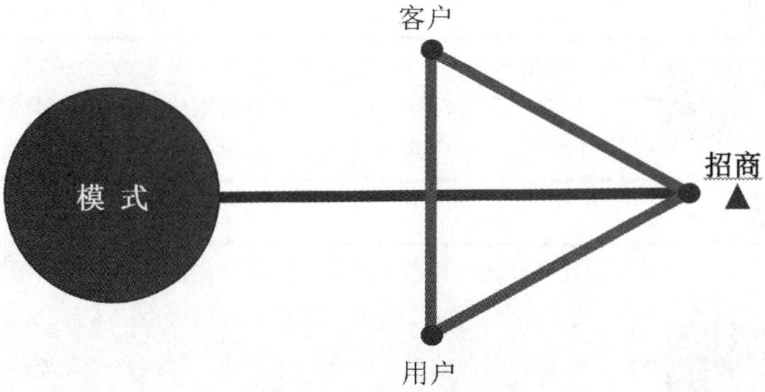

图例 5－7　几个要素影响你的带货能力

①商务销售有两种：一种是由广告带来的销售，另一种则是平台自有的商城销售（见另章节）。

②近二三十年来，媒体广告促销模式经历了多个阶段，详见下页图例 5－8。

③从图例 5－8 里的这些模式可以看出，随着新媒体时代的到来，媒体营销已经逐步带有销售的成分。这种变化，对媒体来说是面对市场的不利己选择，广告带货，成为城市媒体新媒体必须培育的新本领。

硬广模式
- 媒体最喜欢的，但现在除品牌广告外，已鲜为客户所选择

↓

软广模式
- 已经成为众多传统媒体的创收之道

↓

活动模式
- 通过活动扩大影响促进销售或为政府部门承接活动，已成为广大传统媒体和新媒体创收的主要方式

↓

货抵广告费模式
- 就是广告费不给现金，用商品抵扣，相当于置换。这种方式在前几年甚是流行，比如酒和饮料，有些地方甚至连房子也置换了
- 这种模式带来两个问题：一是媒体是否有销售能力，有则无妨，无则会带来商品积压和过期，曾经有媒体只好全单位发大米卖酒；另一个问题则是财务上、税收上的风险

↓

“广告+销售”模式
- 传统的促销广告，都只是播发促销信息，至于效果如何，只能由商家自行去比较。随着新媒体变现数据和销售能力的出现，客户就自然而然地提出广告带销售端口的需求

↓

效果数据对赌模式
- 效果数据主要指阅读量、链接转化量、实际销售量。这种做法就是“你实现多少数据，我付多少广告费”，对客户来说是保证效果，广告费不白花，对媒体来说却是作为乙方的“不利己”
- 正常情况下，媒体机构即使对赌，一般只赌前两个数据，至于第三个数据，就是下一种模式

↓

销售抵广告费用模式
- 这可以说是对赌模式的彻底方式，广告主不要阅读量、链接转化量，而是要实实在在的销售量
- 作为媒体方来说，要有足够的销售能力做保障

图例 5－8　媒体广告带货模式

④不管是广告带销售，还是自有商城销售，模式是基础。众所周知，从商城模式来说，大有淘宝、京东等垂直大平台，还有本土的小平台在竞争。从营销模式来说，近几年来，我们身边做电商的朋友们就已经变换很多种模式——微商、分销、团购……层出不穷。有区别于竞品的商务模式，才可能从这无所不在的电商营销中分一杯羹。

⑤有模式，还得有平台——活跃的平台才可能带动销售，这是关键。

⑥销售还必须要有相对精准的用户群体。比如，在新闻为主的新媒体平台上推广打折、优惠的信息，可能并不受欢迎，因为那是一个比较理性的人群。比如，吃喝玩乐的促销肯定要到比较年轻化的专业媒体平台。

⑦什么样的客户带来什么样的商品，我们的平台是否合适，这也是商务销售模式中必须考虑的因素。

五、电子商务模式

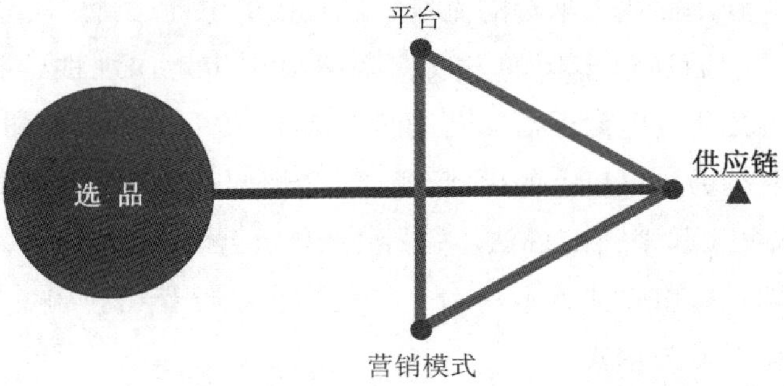

图例 5－9　无优势模式，不商务

①做过电商的都知道，选品是电商的基础，包括品类的选择是否符合大众需求，品质是否有保证，更关键的是价格是否有优势，还包括物流和售后服务是否能让用户放心。理论上说是这么复杂或简单，但实际操作中，选品更趋于是一种经验、一种感觉，一种由经验教训积累而产生的感觉。有这种感觉的人，往往洞察用户需求；而没有这种感觉的人，还需要更多的成功与失败来累积。

②供应链是选品的基础，有好的供应链，选品工作就完成了一半；同样，选品是供应链的基础，在选品基础上完成的供应链才是有效的供应链。对于城市媒体来说，有着本土企业优势。但在各种微商、直播带货

“刷洗”几遍过后，这些优势也就逐步消失。原因有三：首先，商家视野开阔了，面向全国全网，它不一定选择本土平台或服务。其次，通过多轮各种模式的“刷洗”，可能因为效果，可能因为服务，商家的信心和信赖度下降，同时也对各种运作规则“一清二楚”，在获得实实在在的效果之前，不再轻易“上当受骗”。再次，电商门槛低，大多商家自行实践，除非你能提供不一样的效果保障。

③电商销售，平台的选择意味着流量来源。对于外部平台来说，社会电商机构已经积累了很多成功与失败经验，我们就不细说。对城市媒体平台来说，一方面是自建平台的商城，前文已经说过原则：量力而行做商务，配合广告做商务，寻找机会做商务，创新模式做商务。虽然商务系统也是一种平台服务，也能为平台带来用户和活跃，但赚钱仍是商务的重要使命，没有赚钱的商城是无法持续的。另一方面，城市媒体还需要建设其他平台的销售渠道——通过内容运营，在其他商业平台上建设短视频或其他内容账号，利用商业大平台的流量，做自己的电商运营。

④虽然，电商通过多年的发展，必然会逐步走向理性、成熟与制度化，但纵观近几年的电商运营，营销模式却是真正带动用户和商家“玩”起来的最重要动力。风口上的模式，往往会带起一股电商旋风，这也符合“风口上猪也会飞起来”的说法。特殊的模式，往往会让电商运营更稳定更持久，特别是城市媒体 App 平台，立足本土，信誉比利润更重要，持续稳定的模式显得尤为重要。

有了创新模式，就可以改变本土供应链式微状况，发挥公信力、影响力优势，整合当地资源。“无线泉州”App“趣打卡”项目，切入本土线下消费市场，整合商家福利吸引用户，为商家引流带客，成为本土商家和用户都获益的模式。他们 2019 年下半年在中心市区试验，签约销售门店就多达 2000 多家。而“爱安吉”App 以“年货专场”试水电商，上架大米、鸡蛋、茶叶等日常必需品，商品集中减少了配送、招商等前期投入；商品大折扣、直播促销、限量秒杀、虚拟币等促销方式和家乡特产、区域配送的独特性，增强了用户黏性与归属感。“魅力贺兰”App 打造自有品牌商店“贺贺有名”。“大潮”App 在本地搭建“大潮商城”品牌店，介入本土商圈，实现线上线下一体化运营。

有了风口模式，就可以趁机撬动平台销售链的形成。“在南京”“在保定”等城市媒体 App，就是抓住了疫情期间线下销售—购买不便的风口，推出了自己的服务模式，迅速形成了“商家—平台—用户”链条，开启了平台商城之路。“天下泉城”App 利用主持人在本地的影响力，联合齐鲁鞋城，通过直播进行无接触式全网展销带货，四小时成交 300 多单。“在柳州”App 为缓解疫情导致的早春茶销售难，联合农业农村局组织 16 家茶企，主持人、县长在自建 App、抖音等多个渠道带货促销。为发展夜间经济，“看苏州”App 推出“姑苏八点半”IP 打造。“紫金山新闻”与相关部门合作，以乡村旅游“吃住行游购”为主题，发放 1300 万元消费券。

【案例】“在保定”App 抗疫助农做商城

2020 年初，新冠疫情袭来，“在保定”App 抓住风口，快速设置抗疫助农销售专区，搭建绿色销售通道，全面上线农副产品。随后推出“广电严选在保定”品牌，开展社区团购和单位团购，打通服务用户的“最后 100 米”，实现了农户与用户、产品与需求的高效对接。据保定广播电视台“在保定”App 负责人武晓然介绍，截至 2020 年年底，共帮助销售红薯、苹果、鸡蛋、草莓、麻山药、莲藕等 6 万余斤。

从助农角度，“在保定”充分发挥主持人资源优势，通过多平台直播带货，并邀请保定市农业农村局相关领导和农户走进直播间进行专题推介，让广大用户直观了解并购买产品。2020 年 6 月 1 日，“在保定”启动电商精准扶贫活动，帮助贫困地区销售特色产品，与多个农业企业达成合作，共同开发农产品深加工产品，形成常态化帮扶。

从本地服务角度，保定广播电视台实施“社区团购牵头人计划”，在主城区发展社区牵头人，宣传推广贫困地区优质特色产品，并通过打通平台下单、源头直采、集中配送等环节，实现了农户与用户、产品与需求的高效对接，既让广大市民方便快捷地享用优质农产品，又实现了农户的利益最大化。

从市场外拓角度，“在保定”通过全国 20 个省 38 个“在城市”联盟平台进行推广销售，将保定的特色农产品销往全国市场。

从平台优势角度，“在保定”进行全案策划推广，提升产品的附加值。以保定的山杏为例，今年市场售价在 0.3—0.5 元每斤，“在保定严选”的山杏售价达到 2 元每斤。顺平县异地搬迁项目的农户种植的普罗旺斯西红柿，通过“在保定严选”品牌市场售价超 5 元每斤。

【案例】各城市新媒体平台纷纷试水电商模式

【本组图片来源：“1024 融媒”】

六、代运营模式

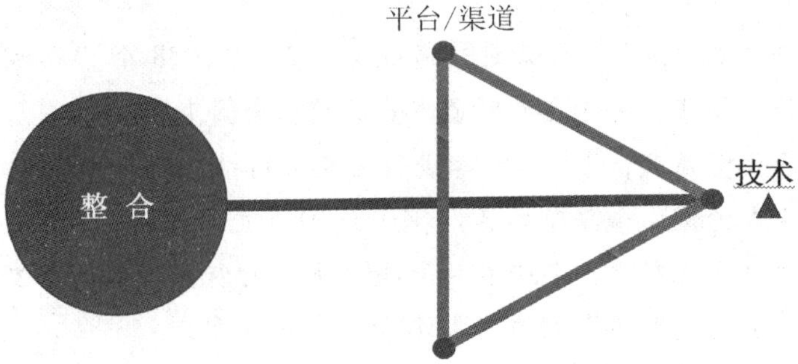

图例 5－10　代运营需要的几大要素

①以网站和微信公众号为标志，各政府机构和企业都开设了官网、官微，但实际上，这些机构或企业并不一定有专业人才，也不一定值得投入团队，加上近年来网络意识形态责任制的强化，很多官网、官微成了机构或企业的负担。两种情况，一种是形式必须存在，但安全和专业跟不上；另一种是政府机构或企业确实想做好并达到宣传等目的，但不内行。于是代运营的业务就开始出现。

②新媒体代运营市场，各地情况不尽相同，但总体比较乱，主要表现在价格战和质量把控缺乏标准。代运营方主要有两个群体，一是城市媒体，其优势是官方（公对公），是内行（起码多数这么认为），劣势是机制不灵活、没有真正内行。二是民营新媒体公司，与城市媒体的优劣势刚好相反。

③代运营的基础是服务能力，主要包括新媒体内容生产能力、传播能力，这是最基本的要求，比如为甲方生产内容并发布、传播；用户运营能力，一般代运营都会提出用户增长、活跃及由此带来的阅读量、活跃度之类的 KPI（关键绩效指标）条件；活动运营能力，一方面是要做用户运营必须做活动，另一方面则是甲方除媒体代运营之外的活动要求——当然这一般是增量，是好事；还有技术保障能力，平台需要技术和安全保障，活动需要工具支持等等。

④代运营的关键点在于拿单。前面说过，现在市场还比较乱，没有标准，所以拿单各有优劣势，各显神通。

⑤因为市场竞争，除特殊单子外，一般的代运营利润并不高，纯人力资源型业务。但对于民营小公司来说，代运营十个八个公众号，一年赚个几十万，相当不错。对于只算生产总值的媒体来说，积少成多，同时消化了一些富余劳动力，也是可行。对于核算成本利润的媒体机构或公司来说，可能就要认真算账了：一方面结合团队，算清人力成本，不能盲目跟风拿单。另一方面要考虑这个代运营业务还有没有增值空间。

⑥所谓增值，其实指的是两个方面意思。一方面是指，你能否为甲方带来增值，比如城市媒体就有官方平台和宣传渠道的优势，拿单子和后续服务加分。我们侧重说另一层意思：这项业务有没有增值开发的空间。可以从以下几方面考虑：

一是能不能通过这项代运营业务合作，拿下甲方其他业务，比如活动会务之类业务。

二是能不能通过这个机构的合作，带动其他机构的合作，并形成规模效应或相关业务体系，比如同类政府机构。

三是能不能通过这个业务，从甲方拿到其他资源，比如用户数据。

四是能不能通过这个机构合作，拿下它整个体系业务，比如下属机构。

五是能不能通过这个业务，带动自己的业务，比如商务互动。

六是能不能通过这个机构合作，带动社会资源整合，形成新的业务优势，比如通过教育系统合作整合并延伸培训机构服务，通过文旅合作整合并延伸旅游市场服务，通过卫健系统合作整合并延伸医疗服务，通过商务系统合作整合并延伸家政服务，等等。

整合资源、增值延伸能力是代运营的关键能力，其产生的业务也是代运营的真正价值所在。

⑦代运营业务中，团队因素其实很重要。有的人会说，我有业务了，可用富余人员，也可以招聘。其实不然，富余人员和招聘可以解决普通问题，但前面说的各种服务能力和资源整合能力，却不是这两种人员可以承担的，依靠的是团队的整体实力。

【案例】“无线泉州”“网上工会”代运营及其增值模式

“无线泉州”承接泉州市“网上工会”平台代运营，从两个角度推进项目进程并实现自我增值。

一是深耕工会体系整合资源。以市总工会为中心点，辐射13个县市区工会，拓展基层工会，形成工会体系的“网上工会”矩阵模式。通过活动运营和市总两微运营，形成市总工会的成功运营案例。借助“网上工会”推进会和探讨会，提升县市区工会的合作意向，有效将13个县市区工会紧紧聚拢在一起，形成新型传播矩阵用户群体。

二是延伸拓展形成增值服务。通过“网上工会”代运营的需求和规划，有效拓展各类资源生态链。如商会、协会等社交群体，增加资源链接，整合资源，组合拳形式拓展；如商家、商超等商家端，形成工会会员专享优惠商城；如教育、艺术等内容板块，给予职工群体不同板块资源链接……

此外，在代运营的过程中，形成“无线泉州”的增值模式，如工会新媒体矩阵、商家联盟、商会联盟、板块1 + N资源整合。

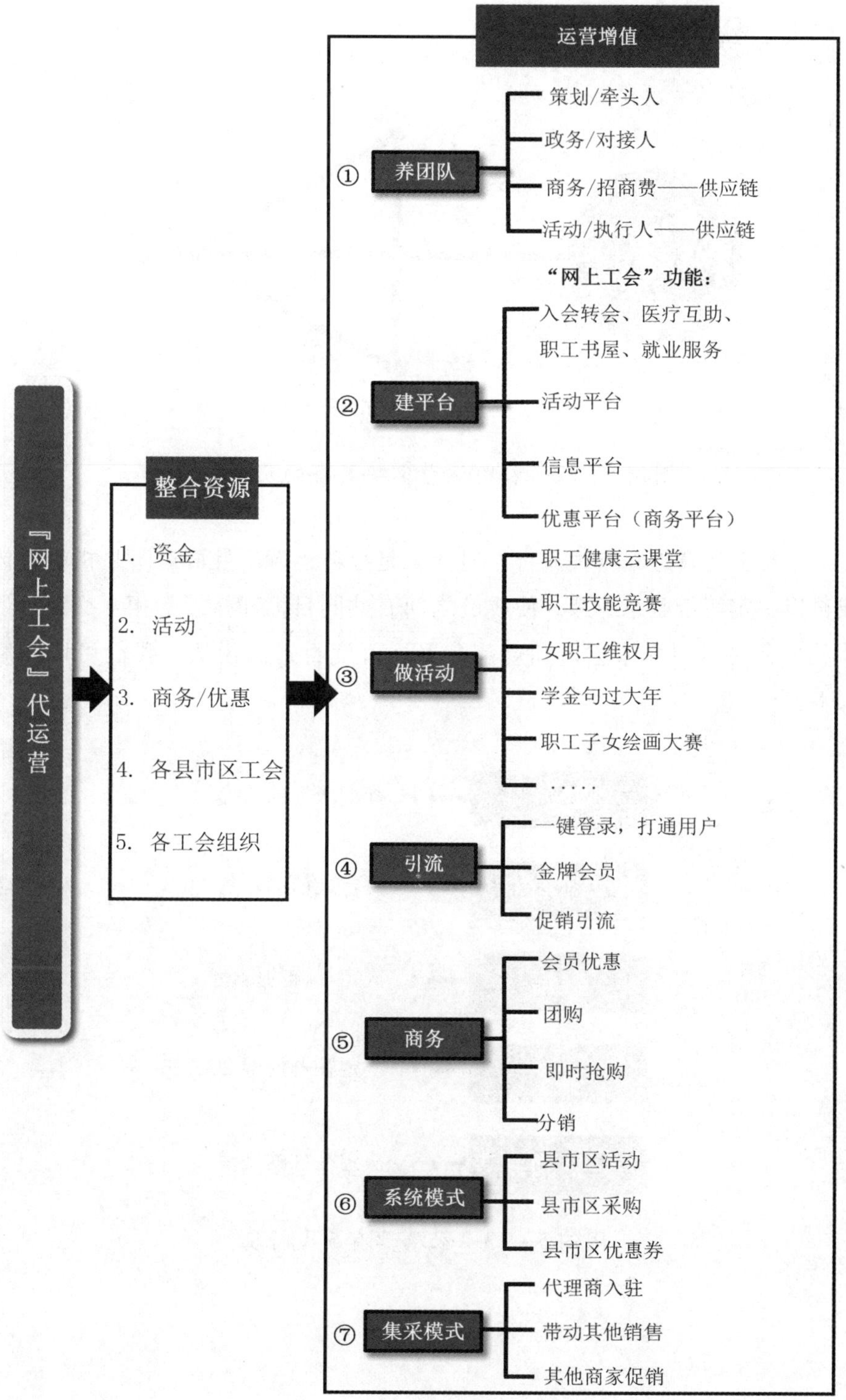

图例 5－11　“无线泉州”“网上工会”代运营及其增值模式

七、社群运营模式

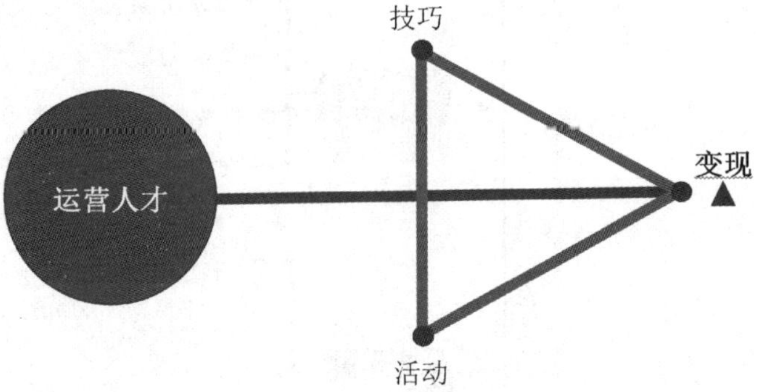

图例 5－12 社群运营需要具备的几个要素

①社群运营近几年很流行，但什么是社群运营？社群运营是指将群体成员以一定纽带联系起来，使成员之间有共同目标和持续的相互交往，群体成员有共同的群体意识和规范。根据百度百科的说法，我们可以图解如下：

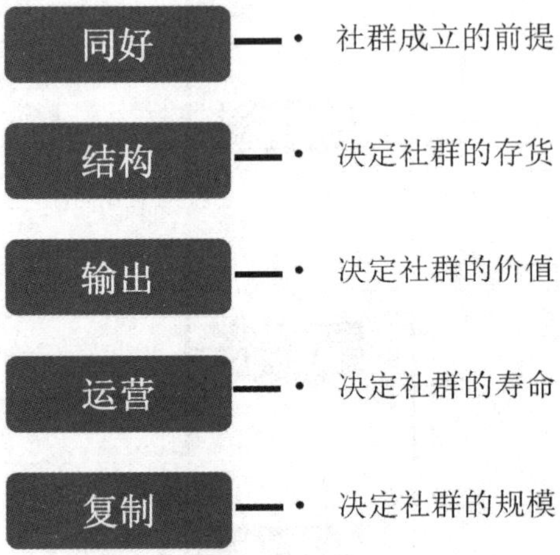

图例 5－13 社群具有 5 大特征

① 做有态度的内容，聚集起人气与共鸣。

② 要做圈层化互动，让社群产生大规模的互动，可以帮助创业者得到价值反馈。

③ 从共享中互利。每个人在社群中是一个获利者，也是一个贡献者。通过共享和互利，让这个社群变得更加长久。

图例 5－14　社群运营需要抓住 3 个关键点

社群构建：

第1步 重新定义目标用户群体，确立产品定位

第2步 寻找100位KOL（关键意见领袖）进行产品封测

第3步 策划社群活动，强化身份认同

第4步 构建一套极客文化体系，提升成员专业认知

第5步 社群裂变，培植自组织，布局线下体验场景

社群运营：

第6步 建章立制，健全社群运营机制：评价机制、激励机制、会员积分体系

社群变现：

第7步 完成从产品到品牌，再从品牌到产品的三级进化，设计“社群＋”商业模式：产品／内容／工具＋社群＋众筹＋共享

图例 5－15　社群运营常见 7 个步骤

②对于城市媒体来说，社群运营的基础是运营人才。千里马常有而伯乐不常有。传统媒体团队中，其实并不缺乏社群运营人才，比如有的人私下里微商运营就做得挺好的，有的人善交际朋友满天下，这些人可能都是社群运营的潜在人才。社群运营离不开各种运营技巧，它不一定如传统媒体一样阳春白雪高大上，但有效果的办法就是好办法。社群运营也离不开活动，不断地服务与活动，才能激活社群成员，才能让成员体验收获感。活动与技巧，其实都是运营手段，网上非常多，我们就不展开了。要特别提醒的一点：社群运营的目的是变现，不管是作为媒体运营的裂变手段还是电商成交，它都是变现。切不可把社群运营当作媒体运营，不可把社群影响力当作媒体影响力，或者为社群而社群。

③社群运营已成为网上培训的热点，各种技巧和方法都有，我们就不细说了。我们就说对于城市媒体来说要注意的几个事项：

一是社群运营不仅仅是建一些微信群、QQ 群，更重要的是群里成员的黏合度，包括与运营方的黏合，也包括成员与成员之间的黏合。

二是社群运营的目的是传播与成交，成员的多少不是最重要的，传播裂变率与成交率才是有价值的数据。

三是功能上不要把社群当作媒体，它虽然传播，但目的在于裂变。它的本质是社交，而不是发布渠道（媒体）。

四是用户上区别对待媒体用户与社群成员，不能带着传统媒体的思维来运营这些“用户”，社群成员也不能代替媒体用户。

五是运营上，社群运营也不等于媒体运营，但它是媒体运营的有效手段，是媒体发动力的有效补充，要引起足够重视——特别是媒体平台初创或影响力还不够大的时候。

④社群运营不仅限于网上说的微信群、QQ 群，对于城市媒体的新媒体平台来说，平台社群是一个努力方向，也是一个值得努力的方向。如果你把本土热门群体都引到你的平台上来，恭喜你：你太成功了！

【案例】影视报通过社群运营获得新生

泉州广播电视台旗下的影视报公司，在报纸式微之后，致力于社群运营，实现了扭亏转盈，找到了自己的赢利模式。其做法一是发展少儿社群。公司与共青团泉州市委联合成立“泉州市红领巾通讯社”，以“通讯社+媒体”的形式，搭建服务少儿的新平台。通讯社主要为少先队员提供写作、主持、音视频创作等全媒体实践，目前已经有43所学校加入其中。公司运用泉州广播电视台的全媒体资源，同时与今日头条、微信、抖音、校园媒体、自媒体等进行合作，将公司统一采编的内容进行分发传播。融媒栏目《少先队课直播》网上收看人数屡创新高。少儿励志栏目《少年强国》等为少儿所喜闻乐见。比如与泉州师院第二附小合作组织少先队员们到泉州师院航海实训基地，参观实训船，体验结船绳，听两赴南极考察的戴聪杰教授讲述极地见闻，体会“系好人生第一粒扣子”“构建海洋命运共同体”的理念。“少年强国·习语金句书法大赛”收到来稿8000余件，获奖作品通过融媒体传播和百校巡展，引发了强烈反响。

二是建设老年社群。公司顺应老龄化趋势，在细分了老年人的娱乐、旅游、教育等需求后，生成了泉州市老年记者团、老爸老妈旅行团、老年公益课堂、老爸老妈艺术团、老年梦工场等五个社群项目。为了让社群有吸引力和凝聚力，公司为每个社群都量身定做了一系列的活动。比如，泉州市老年记者团吸引了200多位新闻爱好者，他们在退休后重拾文笔，写出了泉州火热的生活，成了古城泉州一道亮丽的风景线。

【案例】“无线徐州”社群运营成为赢利模式

徐州广电注重社群运营，目前已拥有上百个社群，涉及家装群、车友群、小记者群、健康群、旅游俱乐部、帮问群等各个方面。他们瞄准精准目标客户，举办各种主题营销活动，培育成新的增长点。特别是“跟着广电去旅游”项目已经成为品牌。这是徐州广电联合旅行社开创的“社群+文化交流+旅游”的线上+线下活动经营模式。比如，2019年，“无线徐州”新媒体组织了4批共2000名粉丝，以主持人带团，一起游览韩国、日本和粤港澳大湾区，并在韩国仁川市举办了健步走大赛。这些活动，既是运营活动，更是经营活动，社群运营也成为“无线徐州”App的赢利模式之一。

八、MCN 模式

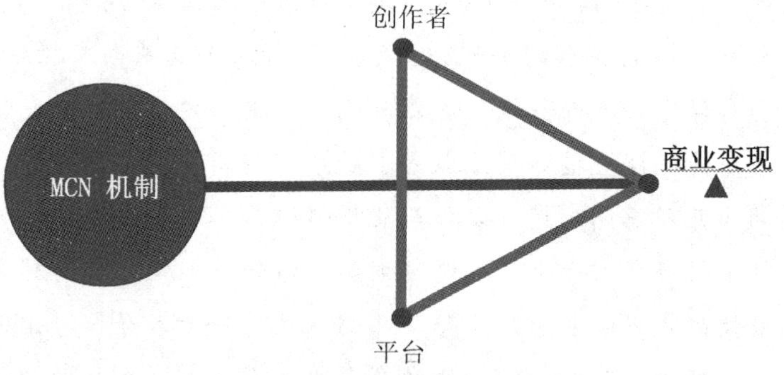

图例 5－16　热门的 MCN 模式需要什么条件

①MCN 机构可以说是传媒界这两年最热门的词之一。同样，相关的论述与培训充斥网络，也不再是我们展开细说的重点。简单地说，它就是一种内容服务机构，由国外传入，并实现了“中国化”。它以其专业性串联创作者、平台和商家，实现商业变现，从而让三者（连自己是四者）都获利。比如这两年热门的“短视频孵化机构”“‘网红’经济公司”等等。

②对于传统媒体特别是广电来说，随着“制播分离”与传统传播渠道的弱化，内容生产方式和传播方式必然产生巨大变化，这为向 MCN 模式转型创造了必然条件。据不完全统计，2020 年，全国各省级广电中，有三分之一成立了 MCN 机构，地市级广电中涉及 MCN 和直播带货的也数以百计。确实，对于城市媒体来说，区域限制思维看似并不利于 MCN 模式的发展，却又可能是最好的突围之举。因为这一模式之变，必然带来内容运营模式之变，带来媒体运营思维之变，带来平台渠道之变，带来经营模式和产业结构之变。就比如说，在 2020 年全国直播带货热潮中，各大城市媒体或多或少都进行了尝试，但获利者少，黯然收场者众，成功走出自己模式的更少，其中原因，就是缺乏 MCN 模式，缺乏全链条的专业指导包装，无法发挥出主持人、渠道和商家资源整合优势。

③MCN 模式，对城市媒体来说，既熟悉——道理很简单，似乎稍微转变就能捅破的一层纸；又遥远——说起来容易做起来难，咫尺天涯。比如内部人力资源能否真正转型？达标率多高？外部资源如何整合——在众多

垂直平台的布局下，内容生产者或“网红”为何会听你的？渠道如何建设？运营模式需要的高度灵活性在国有体制内能否实现？等等，问题相当多。转型 MCN，又须慎之又慎。

【案例】佛山电台的“爆笑学堂”

2019 年，佛山电台几个新媒体小伙伴以主持人名义注册了抖音账号“爆笑学堂”，试图让资讯内容娱乐化，实现音频到视频的转型。他们以市委宣传部推广佛山历史文化丛书的政务项目为入手，并从 MCN 机构争取流量，与 MCN 机构合作制作产品，逐步在本地打出影响。到 2020 年初，该账号的政务公益短视频待播业务已经排到了 8 月底。寻找内容出口和整合本土大 V 的想法，使他们迈向了 MCN 之路。疫情之后，他们组织大 V 连线直播进行扶贫带货。他们联系商业部门，对接本土“网红”，对餐饮、旅游、酒店民宿等行业进行短视频拍摄和网络直播，吸引市民出门，助推本土消费。通过这一项目的孵化，去年实现营收数百万元。

【案例】金华广电的 MCN 探索

2020 年以来，金华广电与浙江师范大学、金华广播电视大学联合，抢抓电商运营和直播带货热点，培育专业人才。与浙江广电、义乌融媒体中心战略合作，共同打造“主播金字塔计划”项目。与快手、抖音、今日头条、喜马拉雅等平台合作，策划“抖 in 金华”“闪亮星主播”等项目。其目的就是做好面向广电主播的公益直播品牌，做大面向社会“网红”的 MCN 经济。“无限金华” App 也推出“day day up 计划”，开设了“健身圈”“美食江湖”“指尖达人”等板块，加强与本土优秀自媒体合作。

【案例】成都广电：云上新视听

——打造西部文创中心

云上新视听是成都广播电视台确立打造的融媒体视听内容产业领域的龙头项目，该项目以 MCN 模式形式进行运营，以“IP 内容研发孵化、IP 商业化增值与运营、全媒体深度整合营销”为主要业务范围，致力于立足成都，面向全国扶持广大青年创作者，持续生产好内容，加速好内容的 IP

化和商业化运营。打造了“你不懂川菜”“云上星娱乐”“主持人的日常”“杰到摆”“鱼晓得”等系列 IP 项目，刘洋漾作为云上新视听的首位“网红”主持人，其“主持人的日常”账号在抖音平台粉丝达到 229 万，获赞 2720 万，其中最高一条短视频获得 230 万 + 的点赞。

【案例】山东广电：Lightning TV

——省级广电媒体与抖音的合作范本

2019 年年底，山东广电与抖音签署战略合作协议，推出“这就是山东”闪电 MCN 平台——Lightning TV，以及 IP 孵化赋能计划——“光芒计划”，这是山东广电深入践行“智慧广电”融合转型的重要实践之一。此次与抖音合作，Lightning TV 整合山东省内优质内容生产资源，利用垂直精准的传播能力和优质的整合营销能力，完成内容生产、内容分发、内容变现的闭环布局，同时抖音方面也提供亿级流量扶持，共同孵化 IP 矩阵。目前已经诞生了一批包含山东台内各频道、山东省区县优质栏目、主持人、正能量社会达人等优质内容抖音账号。比如“生活帮”目前粉丝 520 万，获赞 2.2 亿；“闪电新闻”目前粉丝 608 万，获赞 1.4 亿；“莒南融媒”目前粉丝 64 万，获赞 1901 万；“山东广播电视台主持人书匀”目前粉丝 38 万，获赞 183 万；等等。

【案例】黑龙江广电：龙广电

——全国首例与头部 MCN 机构合作的省级广电

在媒体融合过程中，黑龙江广电走出了一条个性化的发展路径，他们在建设融媒体中心过程中，为了探索更多融媒创新模式，打造了融媒创新中心，并在此基础上推出了龙广电 MCN 机构。在后续一系列动作中，黑龙江广电先与今日头条强强联合，随后又与贝壳视频携手共建 MCN 短视频品牌——“龙视频”，成为全国首个与头部 MCN 机构合作的省级广电。目前“龙视频”以有趣、有效、易传播的形式，发挥广电 MCN 品牌力；以“广电 IP”开发，大小屏深度互动传递黑龙江正能量；以主持人“硬核账号矩阵”，奏响融媒最强音；以“短视频赋能”“直播电商”等模式开启融媒新探索。

【案例】浙江广电：布噜文化

——体制内＋体制外的创新合作机制

布噜文化是由浙江广电集团新蓝传媒与民营广告公司思美传媒共同成立的合资公司，是体制内与体制外合作机制的又一次创新。新蓝传媒主要发挥其平台资源、内容创作、人才等方面的优势；思美传媒则利用现有广告客户资源，为布噜文化注入商业化运作模式。布噜文化定位是短视频的商业变现，目前有两种运营模式，一是电商＋广告，在抖音、快手等短视频平台上布局内容矩阵，二是版权＋广告，为爱奇艺、优酷、腾讯视频等长视频平台，提供微短剧和微综艺。在此基础上，培育网络红人，打造艺人自媒体矩阵，构建完整的 MCN 生态链条。

【案例】湖南娱乐：DramaTV

——全国首家电视媒体成功转型的短视频 MCN 机构

湖南广播电视台娱乐频道组建了全国首家电视媒体成功转型的短视频 MCN 机构，推出了“DramaTV”市场品牌。它依靠湖南广电强大的内容基因，结合市场化手段，搭建了完善的运营机制。去年，湖南娱乐 MCN 共签约达人 200 多个，范围横跨母婴、剧情、颜值、美妆、萌宠等多垂类，排名抖音第八。他们成功打造了“张丹丹的育儿经”“叨叨酱紫”“维密也小曼”“一个大金意”“张之助竟然”等 IP 矩阵，其中“张丹丹的育儿经”目前抖音粉丝 354 万，获赞 928 万，成为母婴知识分享垂类头部账号。湖南娱乐不仅自己攻占 MCN 主阵地，还提出“MCN 全国裂变矩阵”概念，希望广电 MCN 之间可以相互拥抱、相互融合，联合起来变为超级 MCN 矩阵。

- 成都广电 -　　- 山东广电 -　　- 浙江广电 -　　- 湖南娱乐 -

- 黑龙江广电 -

- 佛山电台 -

- 佛山电台 -

- 金华 MCN 机构 -

【本组案例来源：“1024 融媒”】

九、跨界合作模式

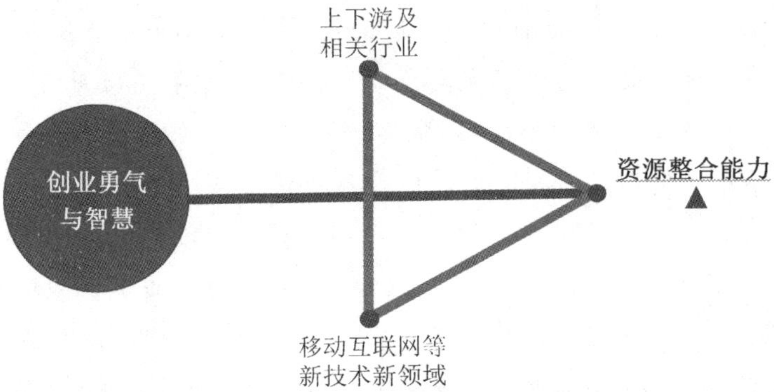

图例 5－17　运营上如何跨出媒体圈

①跨界发展，对城市媒体机构来说，并不是新鲜事物。早在 20 世纪 90 年代，传统媒体就进行了第一轮“多种经营”实践（我们且称为第一次跨界），一时间，大江南北，众多媒体机构纷纷开公司，办学校，或经营旅行社、酒店等第三产业——这不是跨界是什么？由于可想而知的市场经验不足等原因，这一轮“多种经营”成功者并不多。

其后的 21 世纪头十年，出现了第二轮“多种经营”浪潮（我们且称为第二次跨界），诸多媒体还涉足房地产等高风险高利润行业。相比上一轮，这次明显多了理智与经验。理智，让大家不敢随便插足。经验，让更多媒体机构拓宽了发展视野，或实实在在地得到了收获，积累了资本，积累了经验，与同行拉开了距离。

到21世纪第二个十年，随着移动互联网的兴起和媒体融合的提出，媒体界迎来第三轮“跨界”浪潮。只是在这一轮的跨界中，哪怕中央提出媒体融合方向，有些媒体大胆前行“一骑绝尘”，却还有很多媒体“冷静”观望或步履蹒跚。原因不外有二：一是受移动互联网的冲击，传统媒体行业下行，很多传统媒体人退缩了，甚至想退回“政府包养”模式；二是对移动互联网行业的不了解不熟知，感觉不可掌控，不敢或不懂迈出步伐。

②跨界是近些年的热门词，说白了不深奥，就是从某一属性的事物，进入另一属性的运作。跨界会热门的原因，其实还是移动互联网技术的出现，使整个互联网成为一个行业大熔炉，在这里，很多行业壁垒消失了，很多行业融合了。夸张一点说，互联网无界！试想，以前报纸与广电壁垒分明，现在到了互联网上，一切内容融合成图文、视频、音频，还分什么报纸与广电？

③对传统媒体机构来说，这一轮的跨界（已经过了上半场）浪潮中，首先要明白这是机会，媒体融合就是在行业洗牌中扩张与壮大的机会。其次，要拿出创业的勇气和智慧——为什么十多年来“创业”这个词屡见不鲜？就是因为不管哪个行业，都在移动互联网这个新的领域里“二次创业”。传统媒体，也必须直面这样的“二次创业”。至于市场意识不强等理由，已经不能再成为借口。

④城市媒体跨界发展，传统的上下游关联行业理论，仍然有效。但有个前提，要放在互联网这个大背景下去分析与布局。就如故宫淘宝，就是传统文化向文创、卖萌等方向延伸；味全果汁，就是果饮与“鸡汤”、恶搞，还有游戏、填空题的结合。

⑤城市媒体跨界发展，移动互联网等新技术、新领域，是其主要方向，这也是媒体融合的主要方向。退一步说，自建App平台和其他新媒体的运营，就是城市媒体最好的试验场。这样的试验，投入不多，却不仅能推进媒体深度融合，促进队伍的转型，更可以通过新媒体平台、渠道，重新连接用户，连接客户，连接政务、商务、社区等各行各业各个领域。

⑥城市媒体的跨界发展，整合能力是关键。包括媒体资源的整合、政

务资源的整合、社会资源的整合、行业资源的整合，只有通过发挥整合能力，整合各种有形资源和无形资源，才能在跨界中起到“穿针引线”“画龙点睛”的关键作用——这本是媒体就有的“中介魅力”之所在。

⑦人民网原副总裁官建文曾经说过：媒体跨界是媒体为了媒体的生存之道。他认为（大意），现在你媒体的地盘越来越小，你的广告份额越来越少，人家抢了你的地盘怎么办？你也可以跨界，你去卖商品，你可以连接政务，可以提供各种数字化服务。

事实上，在媒体融合进程中，传统媒体都在探索跨界发展。有进入上下游及相关行业的，比如，泰安日报社 2015 年就通过下属公司管理运营泰山国际会展中心，成功举办展会数百场。重庆日报报业集团下属发行公司，逆境重生，进军物流配送，从报社的“包袱”变身营收数亿元的新增长点，2020 年营收和净利润增长再次双双超过 50% 。

更多媒体进军互联网及相关行业，比如，2019 年国庆期间，新华社和“QQ 飞车”项目组合作上线“飞越神州”，首次在重大选题项目上与游戏产业展开跨界合作。通过“飞越神州”，用户可以以游戏的方式体验新中国成立 70 年来发生的重大事件，用游戏进行内容的传播。据了解，从 9 月 27 日到 12 月 7 日 70 天左右，累计超过 7 亿人次参与了游戏，时长超过 18 亿分钟。

再比如，2020 年，江苏广播电视总台、山东广播电视台等省级广电与快手签署协议展开合作。浙江广电集团与字节跳动成立“浙江广电 & 字节跳动新媒体产业孵化园”，在媒体 MCN 建设、大小屏融合传播、新媒体产业发展等方面进行全方位战略合作。四川广播电视台和百度签署战略合作协议，双方将以内容合作为基础，以产品技术赋能为抓手，开展全方位、多层次的战略合作。

【案例】徐州广电地铁传媒

徐州广电与徐州轨道交通公司合作，成立徐州广电地铁传媒公司，推进“电视屏 + 手机屏 + 地铁屏 + 人际传播”的全媒体营销模式，3 个月就带动电视签约 200 多万元。他们还与阿里巴巴淘直播合作，开设筛客宝贝淘直播带货销售平台；与苏州市徐州商会合作，联合成立广电有家房地产一站式服务平台，运营半年就实现纯赢利。

【案例】“禾点点”App 智慧停车项目

2018 年，嘉兴广电“禾点点”App 与嘉兴市秀湖实业投资公司、嘉兴市秀洲区保安服务公司合资成立了“嘉兴市秀湖点点信息科技有限公司”，实施“禾点点”智慧停车项目。

所了解，这个项目主要功能是“智能找车位 + 自动缴停车费”。他们在秀洲区洪合镇展开首批试点，依托当地全国闻名的毛衫市场，建设了七个智慧停车场。这些停车场经过智能化改造，与“禾点点”数据共享。车主可以在“禾点点”的停车模块上，获取停车场位置，查看空余车位信息，了解收费标准，并预订车位。“禾点点”智慧停车采用“无感支付”，大大提升了用户出入车库体验感。

【案例】南京广电：新媒体 + 体育

“在南京”App 所在的南京广电猫猫新媒体公司本身就是一个跨界发展的产物（广电控股），其商务平台完全走进了电商业务领域，“体育 +”项目更实现了跨界运营。据该公司“在城市”项目负责人周筱白介绍，2017 年 10 月，在具备深厚体育运动基因——拥有“中国第一家专业体育广播媒体”FM104.3 的南京广电集团的主动牵头下，南京广电猫猫新媒体有限公司代表南京广电集团与江苏省体育局训练中心就江苏男子排球项目合作进行了初步沟通，包括但不限于项目普及、俱乐部建设、职业化发展、市场开发推广等内容，江苏省体育局训练中心表达了以成立俱乐部形式进行战略合作的意向。2018 年 1 月，南京广电猫猫男子排球俱乐部有限公司正式成立，开创了中国体育顶级联赛中由官方主流媒体参与组建俱乐部的先河。

2017—2018 赛季，在南京广电新媒体入主后的宣传和带动下，俱乐部取得了队史最佳的“七连胜”，最终取得全国第六名的成绩。2018—2019 赛季，南京广电新媒体继续加大投入，为俱乐部聘请了一名高水平外援，江苏男排的主场比赛氛围不断推向新高，获得全国季军。2019—2020 赛季，更是获得了全国亚军的战绩。2020—2021 赛季，再次荣获全国季军。

在这个跨界合作中，南京广电发挥了媒体优势。据了解，在江苏男排每场比赛前，运营人员都通过融媒体平台开机画面、首页轮播、站内信等方式向热爱体育运动的用户推送赛事信息，并提供球票在线下单渠道；在比赛中，运用融媒体平台组织现场观众参与抽奖，并打造出具有互联网特征的俱乐部主场吉祥物进行线上线下互动。通过“融媒体 + 办赛”，江苏男排比赛到场观众人数不断创造新高，仅次于北京、上海两座一线城市，山呼海啸的加油助威声也为江苏男排主场的优异战绩奠定了基础。

“平台 + 产业”的媒体融合模式，一直是南京广电新媒体积极探索的路径，他们通过资源整合参与到餐饮、美丽乡村、体育、全域旅游等多种行业的发展之中，形成了独具特色的媒体融合局面。就比如“体育 +”项目中，他们在赛事经营中为党政机关、央企机构、社会团体、行业协会等策划发起具有融媒体特性的“排球”IP，餐饮、旅游、商业地产等看似迥异的不同行业在赛场饮用水、充气棒，甚至融媒体平台赛事资讯中轮番登场，借助融媒体的“融合性”和“平台性”优势打破了单一行业俱乐部经营的壁垒性和局限性，形成了互利、互动、高效的“异业联盟”。据周筱白介绍，通过“融媒体 + 体育”，未来南京广电新媒体将会进一步整合体育人才、体育场馆、观赛资源、体育培训、体育产品、专业知识等现有体育资源，以及足球、篮球、网球、棒球等更多体育项目，打造一个创新的“体育 + 新媒体”融合平台。

十、账号运营模式

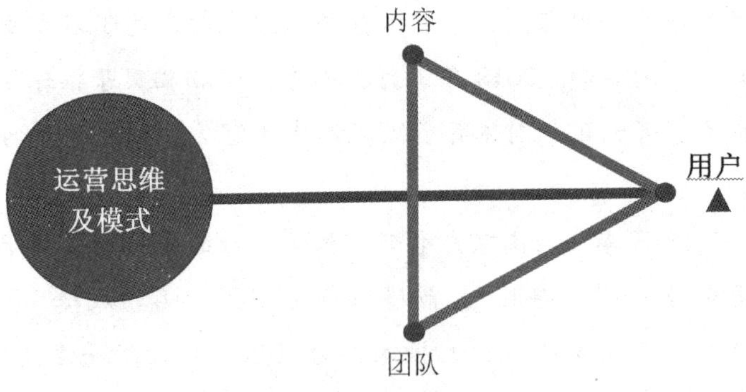

图例 5 – 18　大家都在做的账号运营如何出效益

①账号运营，城市媒体都非常熟悉。但很多人仅仅只是熟悉而已，一方面是知道，但没有参与。另一方面，参与了，却只是搬搬内容，做做编

辑，没有真正参与到运营中去。

账号运营，与自建平台是两个范畴，两种不同的战略思路，传统媒体机构的融合发展，几乎都绕不开“自建平台 + 渠道建设”模式。这里单说账号运营，它相比平台运营简单一点，对技术、平台规则以及生态构建方面涉及较少。而其他包括内容运营、用户运营、项目运营及变现等方面却有过之而无不及。可以说，如果一个账号仅仅专注于填充内容，没有把运营思维贯穿始终，那这样的账号就是没有价值和生命活力的账号，也不能称之为真正的“新媒体”。

账号运营，是传统媒体，特别是实力相对落后的广大城市媒体进行新媒体实践与探索、移动互联网能力培养、传统媒体深度融合转型的最好办法。因为这种模式，投入和风险相对小，培育成长期相对较短，却最接近新媒体平台运营规则，最有利于运营规律学习、团队培养，也最容易获得收益。在很多城市媒体账号运营默默无闻之时，也有很多媒体机构通过账号运营，打开了思路，打开了局面，获得了很好的收益。

这种例子不胜枚举。我们就来看看从去年夏天开始火爆抖音的媒体号“四川观察”。它作为媒体属性的官方账号，如何在竞争激烈的第三方短视频平台成功出圈，甚至获得“央视新闻”“自叹不如”的表扬呢？

②团队：机制 + 网感。团队在线，网感爆棚。这是“四川观察”的一个鲜明特点。他们的内容团队有 17 人（据 2021 年 9 月的消息，“四川观察”团队将成立公司，预计 100 人左右。现阶段 MCN 团队 30 人左右，年龄结构突出年轻化，多为“90 后”；审核及管理人员为“80 后”，有 10 年以上新闻媒体从业经验，确保内容安全），基本上是“90 后”，负责抖音、快手、B 站、微博等各个平台账号的内容创作及运营。他们跳开传统媒体的生产方式和内容思维，跳开传统机制规则，向外部的 MCN 机构学习，努力去接近用户接近市场。他们抖音运营团队对外宣讲时，会称他们的主编宋小川为“疯女人”，因为从 2019 年至今，宋小川几乎每天时时在线。而工作不用来台里也是这个团队的一个特色。据说，有些员工，宋小川也就见过四五面，样子可能都记不清楚。但他们在群里联系热络，他们在工作方面做到很严格的标准，但制度上宽松而有活力。

这样的团队，虽带官方属性，但自然融入抖音平台氛围，网感一直在线，这也是“四川观察”受粉丝欢迎最重要的原因。比如在面对央视新闻的官方点名表扬，他们发布一条“恶意剪辑之央视点名篇”，夸了自己一番不说，还借央视名义催粉丝关注。比如在粉丝破3000万时，他们发布了运营团队在融媒体中心大跳扭胯舞庆祝视频，严肃的工作环境配上时下流行的扭胯舞，展现出了传统媒体的新媒体团队一改严肃面孔亲近用户的一面。网友以“生产队的驴都没有你忙”这个梗调侃平台更新频率，他们自我调侃“生产队的驴多久更新一条视频”。

网感十足，圈粉无数。什么是网感？其实就是跟得上互联网的节奏，能从互联网规律上找到自己的“感觉”。“四川观察”追得了热点，玩得起自黑，还撩得动粉丝。这就是很多传统媒体在做新媒体时所缺失的。他们或许具备专业技术、专业团队，甚至灵活机制，但却没有找到移动互联网的感觉——也找不到规律，于是就出现了传统思维做新媒体的现象。

③用户：“一起玩”＋互动。“四川观察”总编辑岳学渊曾在一次短视频大会演讲中说，“你去关注用户，而不是让用户找不到你。”他说，媒体机构在短视频开号、做内容，其中一个难点就是用户达成良好的互动。据他介绍，从开号开始，对于用户的投稿，他们都会积极回复，“在你来我往的过程中我发现，其实用户特别希望和我们一块‘玩’”。

他们把直播间当成在线BBS（电子公告板），在“慢直播＋热点直播”中，大家在直播间留言、许愿、表白，他们从中发现很多话题，对用户呼声比较高的事件进行重点关注。他们把“媒体＋网友”共同孵化当作逻辑，希望所有的文创内容都有网友参与的影子，他们的口号是“努力成为大家身边的一个朋友”。2020年四川暴雨，记者到现场报道时，整栋楼都在喊：“四川观察”，我们这进水了，快来观察我们。

④内容：质量＋视野。作为官方媒体，在抖音这个极具娱乐化属性的平台，“四川观察”一如既往秉持着媒体的专业态度，比如“杭州女子失踪事件追踪”“2020全国两会”“新型肺炎疫情动态讯息”等热点事件报道，他们保持着极高的新闻敏感性，发布真实权威信息，第一时间传递给用户。2020年底，“四川观察”在抖音小程序里开设了爆料箱，投稿量从几百条猛增到5万条，但他们几乎所有新闻发布都会做采访。

从视野上，他们认为“生活中小事情，只要观众爱看，它也可以成为一种资讯”。这个他们称之为“泛资讯”，成为“四处观察”什么都观察的梗之一，也拉近了与用户的距离。从平台初步试水到当下的爆火，我们看到“四川观察”平台内容风格不断地调整，以当前发布的资讯内容来看，覆盖国内外大小新闻、各行各业资讯、娱乐明星、萌宠、情景剧等等，稿源渠道丰富，满足当下不同受众的喜好。

⑤运营：人设＋出圈。其一，“四川观察”IP人设鲜明，它叫“观观”，以活泼、温暖、“一个亿”小目标的形象示人，一直活跃在线，积极回复网友评论，比如“观观居然也会被催更，我太南啦”。其二，“观观”积极与友媒互动，为“一个亿”小目标奔走宣传，不断“出圈”。其三，推出“观观24小时不间断”慢直播，主打“全天候陪伴温馨”人设，“观观”与3000多万人在线看风景听歌，评论区表白留言无时无刻不在刷屏，互动很嗨。其四，“四川观察”抖音平台爆火之后，“四处观察”成为一个“梗”，“××观察”成为一个“现象”，出现了比如安徽观察、广东观察、甘肃观察、四川分察、四川观察拜把子兄弟等等。其五，账号火爆之后，“观观学院”开课了，涵盖全省10个市（州）、35个县（区）的培训拉开了序幕。

说到“出圈”爆火，“四川观察”成为传统媒体新媒体账号运营的一个“奇迹”。2020年8月，在抖音全网庆祝“人民日报”官方账号粉丝破亿之际，“四川观察”瞄准这个时机，发了一个祝贺视频，在真诚祝贺的“人民日报”账号的同时，以羡慕、渴望的态势希望全网网友助力，帮助粉丝达到2000万。结果一天不到的时间，网友纷纷加入助力行列，“四川观察”粉丝成功破2000万。一个星期之后，“四川观察”内容团队首次亮相，邀请全网网友参与“四川观察”粉丝增长的“一个亿”小目标，该条视频获赞61.3万次，网友纷纷留言打气。在此后长达一个半月时间里，账号继续保持高热度，这次“出圈”带来了1500万粉丝。

“四川观察”的火爆，颠覆了对传统媒体，特别是地方媒体的传统认知，也给我们传统媒体转型和深度融合带来更多的希望与启发。但它的背后，是运营，是全新的移动互联网思维的运营模式。正如岳学渊在前述的演讲中所说：“我们将广电业务拆解为节目、主持人、渠道三个组成部分。在新媒体时代，广电机构在做互联网媒体的过程中可能会遭遇的最大障碍是有节目没有IP，有主持人没有达人，有渠道不值钱，而我们运维全网品牌的核心就在于打造‘三个化’：节目的IP化、主持人的KOL化以及渠道的商业化。如果这三个路径都走通了，就可以实现盈利。”

据岳学渊演说，他们在转型的第二年年底到第三年年初的拐点上，收益开始增长。“我们当时把商业放在很关键的位置，在商业化的路径上上下求索。我们现在思考的是，新媒体业务是否可以造血？能不能给我们带来新的增长点？”

“四川观察”希望通过做 MCN，实现盈利反哺内容，并为此做了努力和探索。“我们希望用新的模式，让用户重新认识广电机构，找到我们。”可见，正处于融合转型传统城市媒体机构，对于“四川观察”的火爆，不应该只津津乐道于他们的成功，更应该深思他们的实践与思考：用什么模式，让用户重新找到我们？用什么模式，重新实现我们的价值？

图例 5－19　“四川观察”运营背后更值得学习与思考

十一、更多模式想象

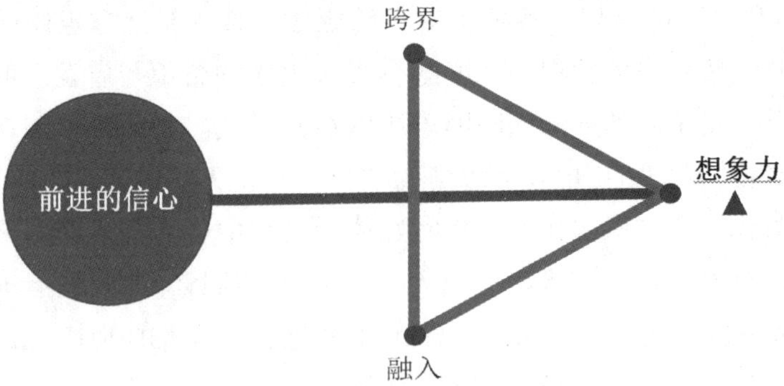

图例 5－20　无限的想象空间等着你我

①前文我们专门谈过跨界。“四川观察”给我们另一个启示：跨地域。其实，跨界、跨地域的实践已经非常之多。澎湃、新京报、芒果 TV 等等，都给我们“先行者一骑绝尘”之感。其实，在移动互联网时代，行业壁垒、区域壁垒都已经被熔化，现实存在的，是我们的地方体制壁垒、单位机制壁垒，更主要的是媒体人的心理壁垒。所以，前行的信心，是我们城市媒体深度融合发展和转型的基础。

②跨界与融入则是城市媒体深度融合发展和转型的两翼。这里的融入，就是让自身融入移动互联网世界——这也是融合发展的前提。在当前的移动互联到未来的万物互联中，寻求自己的生存之地与生存之能。在融入移动互联网这一大熔炉之后，思维更新，技术更新，壁垒就减少了，跨介质、跨业态、跨区域、跨层级，都不再难以想象。

③想象力是关键。成立于 2014 年底的南京广电猫猫新媒体公司，就以不一样的想象力，走出了城市媒体 App 常规的发展模式。

2015 年上线了自建平台“在南京”，起初以增强南京广播听众与节目黏性，创新节目收听收看为目的，功能涉及广播电视、新闻资讯、智慧政务、电子商务，与各城市媒体自建的 App 平台并没有大的不同。

2016 年，“在南京”尝试走出南京，陆续为兄弟广电提供融媒体服务，从软件开发、技术支撑到项目策划、创收增效，按照需求定制融媒体解决方案。

2018 年，“在南京”打造出了拥有城市广电媒体特色的“媒体 + 智慧城市”平台（即“在城市”），集行政服务、公共服务、便民服务、惠民服务、公益服务、资讯服务“六位一体”。随后，这一平台以阵地可控、技术可控、数据可控、经营可控“四个可控”优势走向全国。

2021 年初，已有来自 24 个省（区、市）的 65 个城市加入“在城市”联盟。2018 年公司实现营收 5999 万元，2019 年营收首次过亿达到 10 535 万元；2020 年实现营收 2. 2 亿元，同比增长 129%，入选国家广播电视和网络视听产业发展项目库，获得国家广电总局 2019 年全国广播电视媒体融合成长项目奖。

表5－1 “在泉州”联盟落地城市

序号	省（自治区）	市（州、盟）
1	江苏	南京
		江阴
2	浙江	宁波
		衢州
		杭州
3	海南	三亚
4	湖南	怀化
		常德
		邵阳
		永州
		娄底
		株洲
5	广西	南宁
		北海
		防城港
6	吉林	长春
7	黑龙江	哈尔滨
		鹤岗
8	安徽	合肥
		马鞍山
		蚌埠
		六安
		宿州
		阜阳
		铜陵
9	四川	自贡
		南充
		达州
		巴中
10	山西	朔州
		大同
		运城
		忻州
		阳泉
		临汾
		太原
		长治

续上表

序号	省（自治区）	市（州、盟）
11	辽宁	沈阳
12	西藏	拉萨
13	广东	中山
		珠海
14	陕西	商洛
15	河南	濮阳
		南阳
		郑州
		三门峡
		开封
16	河北	保定
		邯郸
		邢台
		承德
17	贵州	六盘水
		黔南
18	新疆	吐鲁番
19	云南	大理
20	福建	南平
		宁德
		泉州
		漳州
21	内蒙	锡林郭勒盟
		乌兰察布
22	山东	临沂
		滨州
23	青海	西宁
24	宁夏	银川

据项目负责人周筱白介绍，“融媒体 + 智慧城市”平台正式运营后，在充分展现政务属性的前提下，兼顾服务和商业属性，不断开拓经营，深化与党政机关、央企机构、社会团体等的合作范围，通过广告经营、活动营销、接口租赁等方式拓展市场，获得经营收益反哺平台，运营逐渐步入良性循环。

比如，和江阴广电打造的“最江阴”App，于 2018 年下半年上线后，成为江阴市集成改革试点工作的重要组成部分。项目还在多个场景获得应用，如为江苏省体育局开发的“江苏体育”平台，为江苏省妇联开发的“女性大学习网上公开课”平台，为南京市委统战部开发的“宁心聚力”平台，为南京市秦淮区政府开发的“夜享秦淮”平台，为南京市农业农村局开发的“金陵农游电子地图”平台，为共青团南京市委开发的“我的共青团”平台，为南京市工商联（总商会）开发的“会帮会企帮企”平台，为南京市秦淮区政府开发的“智慧民生工作站”平台，为南京市秦淮区中华门街道开发的“智慧中华门街道”平台等。目前，平台发展势头良好、成效显著，正向更多行业和全国更多城市地区拓展。

周筱白称，平台将不断积极探索“融媒体 + 产业”的经营模式，通过资源整合等方式，参与到乡村振兴、体育、精准帮扶、全域旅游、社群电商等多种行业的发展之中，为党政部门、金融通信、美丽乡村等机构策划发起具有便民惠民特性的 IP，形成互利、高效的“异业联盟”。

移动互联网赋予我们无穷的想象空间。正当本书收官之际，2021 年 5 月 21 日，国家广播电视总局批复设立三个实验室，分别是由上海市广播电视局申报设立的“智慧广电网络安全生态创新研究国家广播电视总局实验室”，由江苏省广播电视局申报设立的“5G 融合接入应用创新国家广播电视总局实验室”，以及由浙江省广播电视局申报设立的“智慧家庭创新研究与应用国家广播电视总局实验室”。

从名称上我们就可以看出，三个实验室将围绕智慧广电网络、5G 融合接入、广电特色智慧家庭产品服务等相关领域开展创新性研究。

他们，又将带给我们什么样的想象空间？

第六章

运行机制

迈进市场才是互联网

城市媒体怎么办?

06

要 点

①移动互联网的高度开放性，必然带来高度市场化。在“经纬切割”之下，城市媒体面临每个细分领域都可能成为市场竞争的角斗场。

②传统媒体做新媒体，要考虑很多因素，往往掩盖了市场因素。官方新媒体迈入市场，是运营机制的对接，而不是党媒站位的变化。

③不要“平台不足人来补”，不要盯着用户、客户收费，不要动不动就做年度规划。

④坚持“用户、营收、影响力”三个衡量指标（排序不定）。

⑤城市媒体 App，期望体现平台、用户、模式价值那一天的到来。

⑥媒体公司、互联网公司、创业公司三者合一，就是城市媒体 App 的企业文化。

⑦升级，必须永无止步；升级，更需要全面系统地升级。

新闻媒体，要履行党和人民赋予的职责与使命。市场与赢利，并非我们的终极目标。

但要占领互联网舆论制高点，我们必须大胆迈进互联网世界。唯有在互联网市场中奋力拼搏，扑腾出自己的水花，抢占自己的赛道，才能真正完成新时代的媒体使命。

第一节　难以回避的市场竞争

——移动互联网的高度开放性，必然带来高度市场化——不仅仅是传统的市场化。这关乎思维，也关乎机制。新媒体市场化是运营机制的市场对接，而不是导向与职责的市场化。

传统媒体自建和运营新媒体平台乃至媒体融合，都难免遇到机制问题。

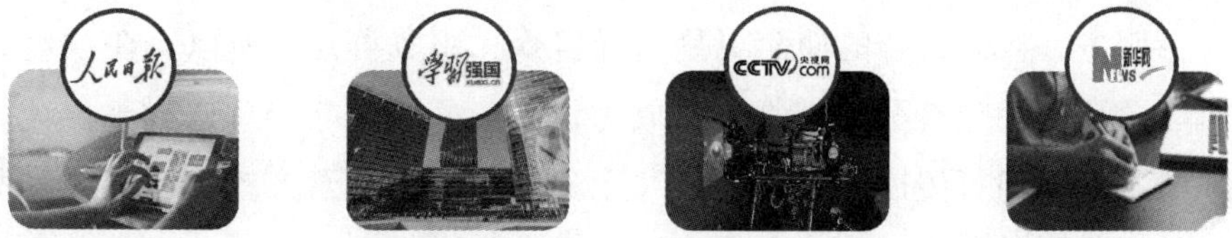

人民网股份有限公司（上市）　学习强国学习平台有限责任公司　央视国际网络有限公司　新华网股份有限公司

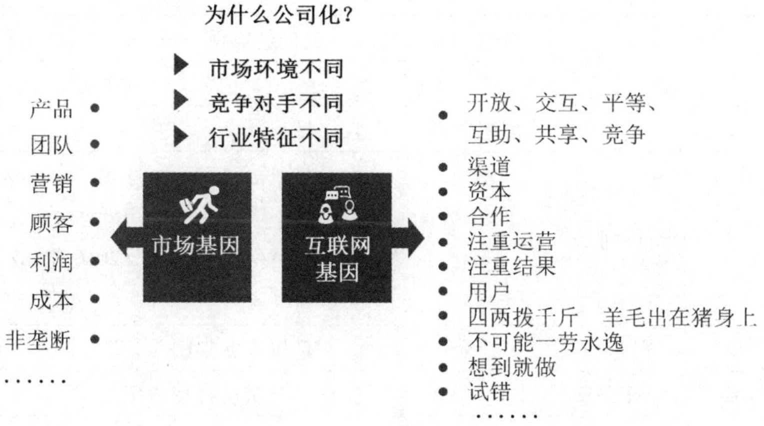

图例 6－1　为什么公司化？

一、市场环境不同

传统媒体时代，突出的是线下市场。传播是如此，运营也是如此。

而到了新媒体时代，一切在网上运行。线上市场的形成，带来市场细分的变化，带来产品形态的变化，也必然带来运行机制的变化。比如在传统的报纸、广播、电视行业，产品形态基本上以内容为主，并以版面、节目、栏目为主要存在形态。而在新媒体，它的产品可能是一个 App，或小程序，或平台账号。内容也更加突出产品特性，它可能是一条公益传播的新闻，可能是一个裂变传播的活动信息，一个付费的知识内容，也可能是一个变现购买的链接。

而市场变化的另一个显著特征，是垂直细分，反映在城市新媒体市场，生活可以分成好几类，美食、亲子、旅游、健身……它们又可以继续细分为好几类，就比如健身可以是跑步、骑车、打各种球。不要说生活跟我们媒体机构无关，一方面内容就来自生活，另一方面作为城市平台离不开生活服务，媒体融合的使命更是引导群众、服务群众。所以，在“经纬切割”之下，每个细分领域都可以成为市场竞争的角斗场。这对于传统媒体无所不包的内容传播方式、单一大笼统的粗放型经营方式、缺乏互动和维护的用户服务方式，是一个强烈的挑战。

表 6－1　这些先行的创新运用多数引入市场机制

中国应用新闻传播十大创新案例（第一辑）		
序号	创新案例	背景
1	人民日报社新媒体中心	人民日报社
2	新华网	所属新华网股份有限公司；获得中国文化产业投资基金、中金公司、皖新传媒、中国电信投资、经济信息社融资，2016 年 10 月 28 日 IPO 上市公开发行
3	“媒立方”	浙江日报报业集团
4	今日头条	北京字节跳动科技有限公司
5	澎湃新闻	上海东方报业公司，获得新闻晨报、上海国资企业、精文投资、东浩兰生集团、锦江旅行 +、上海仪电、百联集团、锦江国际等融资
6	梨视频	上海新梨视网络科技有限公司，获得 CMC 资本天使轮投资，人民创投、腾讯投资、百度投资融资和新华网战略资金入股

续上表

序号	创新案例	背景
7	上海发布	上海市政府新闻办
8	新京报“我们视频”	新京报和腾讯新闻合作
9	封面新闻	四川封面传媒有限责任公司，由四川日报报社集团100%控股，历史股东是四川华西都市网络科技有限公司和四川文化产业股权投资基金合伙企业
10	财新传媒数据新闻中心	财新传媒有限公司，获得浙数文化等融资
中国应用新闻传播十大创新案例（第二辑）		
序号	创新案例	背景
1	腾讯 Dreamwriter	深圳市腾讯计算机系统有限公司
2	抖音	所属北京微播视界科技有限公司，运城市阳光文化传媒有限公司100%控股
3	DT 财经	所属上海第一财经数据科技有限公司，上海第一财经传媒有限公司100%控股
4	看看新闻	所属看东方（上海）传媒有限公司，上海文化广播影视集团有限公司100%控股，后者又为上海市国有资产监督管理委员会100%控股
5	兽楼处	所属北京十万家文化传媒有限公司
6	侠客岛	人民日报海外版
7	现场云	新华社
8	长兴传媒	所属长兴传媒集团有限公司，长兴广播电视台持股100%，县级融媒体
9	华尔街见闻	所属上海阿牛信息科技有限公司，获得平安创投、奋毅资本、海通创意资本、字节跳动、芒果文创基金、CMC资本融资
10	正午故事	所属上海界面财联社科技股份有限公司，有上海报业集团和界面新闻背景

续上表

中国应用新闻传播十大创新案例（第三辑）		
序号	创新案例	背景
1	南都大数据研究院	南方都市报，是南方报业传媒集团系列报之一
2	人民日报抖音号	人民日报新媒体中心，于2015年成立
3	新华网融媒体未来研究院	新华网，获得中国文化产业投资基金、中金公司、皖新传媒、中国电信投资、经济信息社融资，2016年10月28日IPO上市公开发行
4	新闻付费“财新通”	财新传媒有限公司，获得浙数文化等融资
5	非虚构写作栏目“人间”	所属网易传媒科技（北京）有限公司，为网易传媒（香港）有限公司100%控股
6	人工智能多语种语音合成技术	所属科大讯飞股份有限公司，获得复星集团、复星创富、科大控股、中关村发展集团、华夏资本、光大证券、中国移动等13轮融资
7	喜马拉雅有声书	所属上海喜马拉雅科技有限公司，获得阅文集团、头头是道投资基金、证大集团、小米集团、普华资本、城市传媒、腾讯投资等9轮融资
8	“触电”新闻客户端	所属广东触电传媒科技有限公司，主要持股方为广东金视资产经营管理有限公司、广东南方传媒频道运营有限公司、广东南方电视新媒体有限公司
9	县级融媒体“爱安吉”	所属浙江文澜信息发展有限公司，安吉广播电视台持股90%，安吉广播电视台工会委员会持股10%
10	微信公众号“秦朔朋友圈”	所属上海那拉提网络科技有限公司
中国应用新闻传播十大创新案例（第四辑）		
序号	创新案例	背景
1	重大事件融合报道	中央广播电视总台新闻新媒体中心——中央广播电视总台
2	抗击新冠肺炎疫情报道	新华社武汉前方报道团——新华通讯社
3	湖北日报融媒体中心	湖北日报传媒集团
4	“长江云”	所属湖北长江广电传媒集团有限责任公司，由湖北广播电视台100%控股

续上表

序号	创新案例	背景
5	“四川观察”抖音号	四川广播电视台
6	新浪移动	新浪网络技术（中国）有限公司
7	内容付费探索	南方周末，所属广东南方数媒工场科技有限公司，广东南方报业传媒集团有限公司100%控股
8	原创数字内容产品	三联生活周刊，中国出版集团下属的生活·读书·新知三联书店有限公司主办
9	快手直播电商助农	所属北京快手科技有限公司，获得五源资本、DCM中国、腾讯投资、红杉资本中国、百度投资、CMC资本、中网投等11轮融资
10	“丁香医生”	杭州联科美讯生物医药技术有限公司

【以上资料来源：天眼查、百度，仅供参考】

二、竞争对手不同

传统媒体是一个相对封闭和垄断的行业，因为有影响的传统媒体平台，大多数都掌握在官方媒体机构手中。社会上的媒体运营机构，只能依附于官方媒体机构，为它们代理广告，外包活动落地，承接内容生产等等。这个时期城市媒体的竞争对象，是同城官方媒体。

到了新媒体时代，大到BAT掌控了大多数的流量，小到任何网民都可以做自媒体。加上移动互联网产品垂直化、个性化，城市媒体的传统优势被逐步蚕食而弱化，甚至成为发展的桎梏。这个时代，城市媒体就面临着“经纬切割”中垂直大平台和本地众多自媒体的竞争。而且这种竞争，“只有老大老二，没有第三第四”。

三、行业特点不同

新媒体行业，自然自带“互联网基因”，它要求开放、交互、平等、互助、共享、竞争。它注重用户，没有用户就没有一切。它注重产品，用户对产品的体验感是不息追求。它注重资本，是资本和风投的宠儿。它注重合作，合伙人制大行其道。它不再是“经营管理”，而是运营，运营思维贯穿一切过程。相比过程，它更在乎结果——你可以“想到就做”，可以不断“试错”，但只有结果才是有价值的。曾经看过一个知名网约车大平台创始人写过的一篇文章，说他在北京四处碰壁推广他的软件（产品）时，市场上已经死去了一万个同类产品。他成功了，也才成为此类平台的首创者。但它作为行业老大，将永远“在路上”接受后来者的挑战。

以上说的都是众所周知的“互联网思维”，没必要展开。但作为城市媒体 App，有三个思维对互联网运营很重要，却很容易被传统媒体思维所掩盖，影响新媒体运营效果。

1. **“四两拨千斤”**

纵观城市传统媒体近十年来的奋斗史，特别是在大量举办活动和承接内容生产的创收过程，这样动人的场景屡见不鲜：为一个活动，整个单位或整个部门全员出动，从搬桌椅到布置展台，维持秩序，记者编辑们在“挥汗如雨”；为了一个拍摄，演播车、轨道，加上一组组的摄像，记者、编辑、工程师们忙忙碌碌……按传统体制的算法，单位赚钱了，毛率还挺高的。但如果按企业的算法，结果可能不一样：项目收入本不高，扣除高成本的人力、设备投入，其实项目根本没有赚钱，甚至还亏本。这种项目做法在新媒体行业是不能做的。

这是传统体制和企业体制对成本利润核算方式的不同，更是运营的思维的不同。前者是“平台不足人来补”，后者则是强调平台思维。既然是互联网产品，它不应该用人力去做大量线下的工作，而应该把投入的重心放在产品的创新研发，放在用户的新增与活跃，放在平台机制的市场推动力建设上，最终通过平台的运行，实现客户所需要的效果——在这个过程中，活动/项目只是撬动支点。

2. **“羊毛出在猪身上”**

作为传统媒体的新媒体，往往会习惯性产生向参与的用户或客户收费（含其他收益）的想法。但作为互联网平台，这一做法却是急功近利而不可取的。其实大平台已经给了我们经验：免费、用户补贴、商户补贴等等。体制和国有资本的原因，或许让我们无法进行补贴，但好好地把用户、客户拉进来，把平台和项目做起来，自然有人来合作来买单。不要盯着用户、客户收费，这或许会让我们的运营工作更有效一点，让我们的招商视野更宽阔一些。

3. **“三个月先机”**

互联网市场瞬息万变，技术创新日新月异。大平台作为输出标准的

“引领者”或许还好规划一些，但作为城市媒体的新媒体，身处“经纬切割”市场的夹缝与末端，垂直平台机制在创新，本土竞争者“船小好调头”灵活多变，一切长远规划都赶不上变化。再者，互联网没有专利模式，只要“先机”能抢先三个月，这对于城市媒体来说，已经是不容易了。

【案例】“无线泉州”“1＋2＋3”机制

岗位自查“1+2+3”计划表

哪条可以进入年度总结？ 一月下来 哪条在团队中脱颖而出？

姓名：			计划年份：	部门：	
序号	月份	职责（固定）	细项任务及目标	为KPI项（√）	部门负责人评点批示
1			(1)		
			(2)		
			(3)		
			(1)		
			(2)		
			(3)		
2	次月&次次月规划	(1)			
		(2)			
		(3)			
3	次次次月起后3个月规划	(1)			
		(2)			
		(3)			
4	全年（固定）	方向			
		规划			
		目标			

图例 6－2　“无线泉州”“1＋2＋3”计划表截图

月份：“1”指当月，即指当月可执行落地的事项；“2”指随后两个月，主要策划已成事项，并即将在“2”所指月份执行落地；“3”指再随后三个月，主要计划已开始策划，并在 1 个月内完成策划，2 个月内落实，3 个月内落地执行的事项。“1＋2＋3”按落地时间不同、工作重点不同，共计划 6 个月。全年计划固定不变。

职责：简洁提炼，定后全年不变（除岗位、职责调整外）。

月度细项任务及目标：按逻辑分点填写（突出主要事项，勿流水账；可根据事项增减表格；主要事项可黑体加粗突出）。

KPI（关键绩效指标）项：并非所有项目都为 KPI 项，其中重点、关键项目，则勾选为 KPI 项目，列入考核。

部门负责人评价：完成情况评价。

第二节　常见困难与对策

——传统媒体做新媒体，新领域必有新困难。旧思维旧体系旧方法解决不了新问题。探索，就是在体制与市场之间找平衡点。

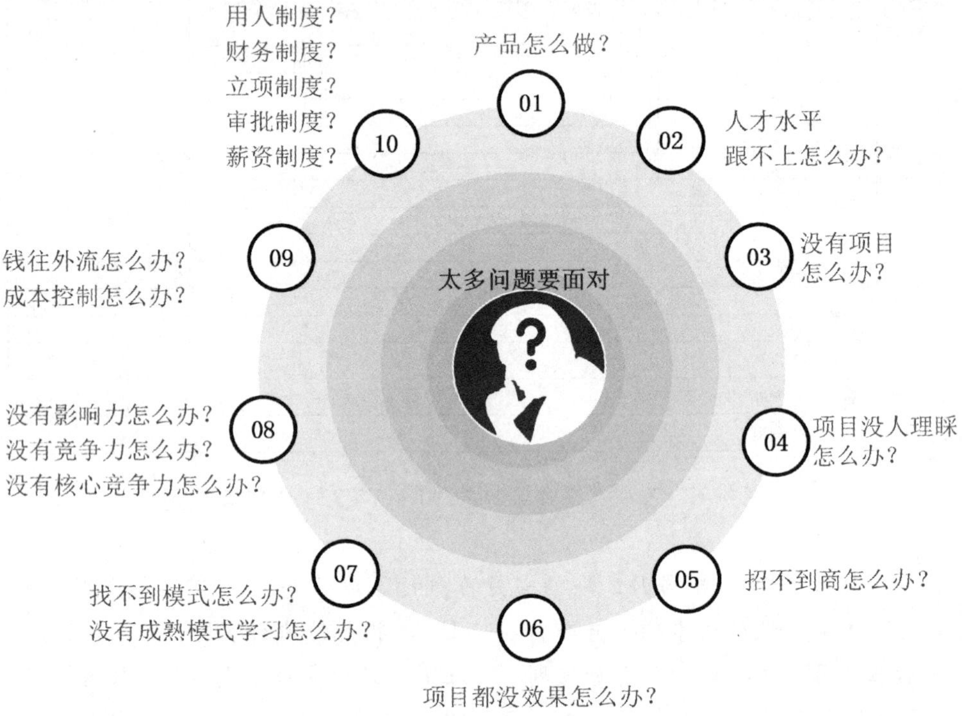

图例6－3　传统媒体做新媒体：新领域，新问题

一、产品怎么做

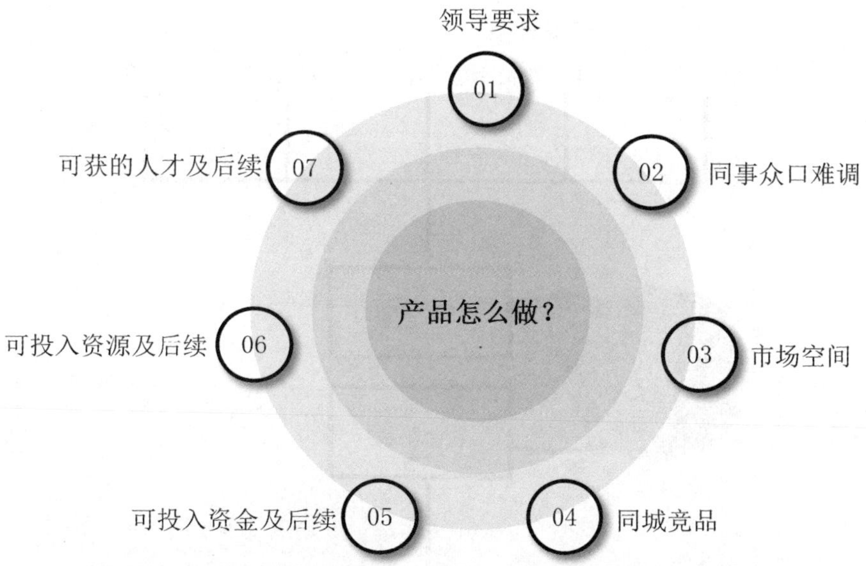

图例 6－4　传统媒体做新媒体，要考虑很多因素，
很多时候，这些因素掩盖了市场因素

做移动产品，对城市媒体来说，是一个新课题。我们建议如下：

①钱——没钱不要自己做产品。因为它多数可能是一个无底洞。

②人——没人也不要自己做产品。任何产品都是靠适合的人才才能运营起来——注意：适合＋人才！很多创意都可以做，很多经验可以学，关键是自己有没有适合人才；很多领域都有空间，关键是有没有取胜的人才。

③有了适合的人才，你的产品可能很快就能养活自己，或盈余再发展，或吸引资本投入。而相反，你的产品可能陷入泥潭，真正成为无底洞。前者是良性，后者是恶性，可能都是循环。

二、钱从哪里来，钱往哪里去

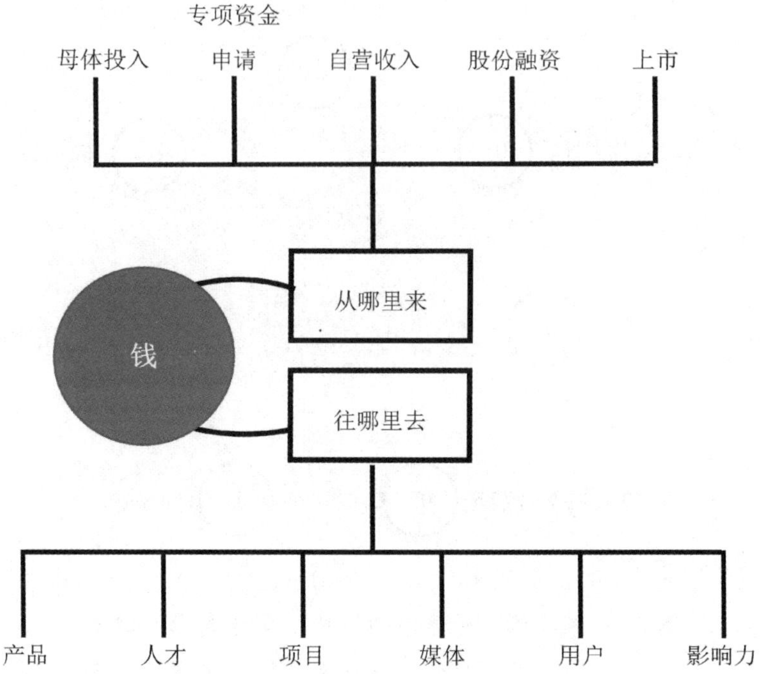

图例 6－5　对城市媒体 App 来说，钱的问题往往是一个根本问题，很多 App 的发展就卡在这里

互联网是一个“烧钱”的行业，还往往“白烧”。对于城市媒体来说，因为基础问题、经验问题、体制问题，要投入这个行业，纠结不小。

①前面说过，没钱不要自建产品，特别是要考虑后续的投入。所以，涉及母体投入的多种因素都要考虑在内。

②专项资金申请一方面是拓展渠道，正常有文化体制改革专项资金、媒体融合专项资金，还有文旅渠道、发改渠道、科技渠道等等。另一方面要善于生成项目，比如主题宣传类、助农扶农类、乡村振兴类、非遗保护类。

③要善于“讨钱”，但自营收入才是根本。赢利才能持续发展，或者迎来投资。具体见前一章。

④融资和上市都有政策。因为媒体性质原因，想融资的，一开始就要做好三个准备：一是机构、财务、内控制度要规范。二是对外合作要规

范，不规范的合作可能会影响后续融资。三是产品、用户及其影响力很重要，但真正吸引资本的是赢利模式和财务赢利结构。投资方只想知道一件事：告诉我有何回报，如何实现投资回报。

⑤钱往哪里去？钱永远都是不够用的。钱够多，那做好产品是核心。钱不够多？建议你紧紧围绕当前的赢利方式，紧紧抓住快速成长和效益的项目上，把钱投在能快速返利或能尽快形成模式的要素上。比如，做账号可能比做平台来钱快，简单平台比综合性平台投入少收效快等等，这里面就可以分个轻重缓急。

⑥因为体制因素，只要“影响力”的媒体，不在此列。

三、项目运行常见的问题

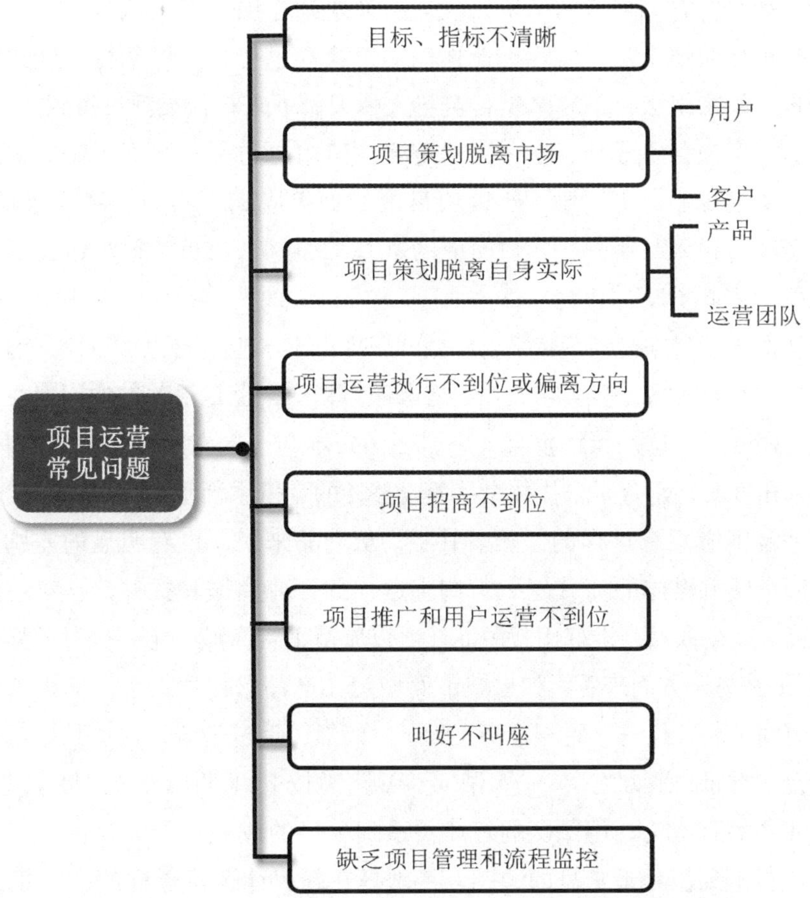

图例 6－6　项目/活动是平台运营必不可少的手段

①目标、指标不清晰。不管做新媒体，还是媒体融合，最终目标都是阵地+营收。分解开来，项目运营也是“用户、营收、影响力”三个衡量指标（排序不定）。那具体到做任何项目，都要明确，你的目标是这三个里的哪一个或两个，或三个，包括如何排序。只有明确了这个方向，你的项目从策划到落地，才方向明确，目标明确，所有资源、努力，都奔着这个方向和目标走，最终达到最高效益。就比如，“无线泉州”“最泉州”项目，首要追求就是影响力，那所有的策划、原创，其考评标准就是影响力。再比如，“无线泉州”“一起淘”商城项目，其方向就是营收，兼顾用户，那它就围绕这两种指标，在保证意识形态的前提下，确保营收指标和用户指标。

但事实上，因为衡量运营的“三指标”（包括排序）不清晰，往往导致项目策划、运营时出现两种极端，一种是什么都想要，另一种是根本不知道要什么。它们导致的结果，就是从策划到立项，再到执行、考评，表面上打鸡血激情十足，实际上迷迷糊糊，这样也行，那样也行，碰到困难绕着走。绕来绕去，最终辛辛苦苦热火朝天做下来却什么都没得到。

②一个项目要成功，平台固然重要，但用户与客户买不买账，多少人买账，买多少账，更重要。所以项目策划如果脱离了市场，脱离了用户，造成了项目投入与用户、客户回应的落差，那这个项目就很难运营了，或者只能“卡拉OK”了。

③对于项目来说，垂直平台能做的，理论上本土平台也可以做，因为各有优势，各取所需。但实际上并不是这样，其一，也是最关键的因素在于带头人与团队——这一点，垂直大平台因为资本与全国空间占了优势。其二，从另一角度看，垂直平台往往是从数以万计的竞争中活下来的成功者，相信本土平台不愿意有这样的经历。其三，从产品来说，也有明显的差别。你说，一个城市媒体的商城怎么与淘宝这样的专业商城相提并论？对用户来说，商城就是商城，谁好用就用谁（所以城市平台商城一定要进行差异化竞争）。但从另一方面来看，如果城市商城想在产品上比肩淘宝，那相信能坚持的时间不会太长——脱离自身实际了。当然，反过来说，这也是做城市媒体平台很委屈的地方之一——用户或旁观者总按BAT的标准来评价你。

④产品且不论，但团队的好坏关系到项目的成功与否。执行中偏离方向或执行不到位是最常见的问题，特别是在新媒体运营这样的“新模式+新团队”的状态下。

⑤任何项目都是要投入的，哪怕你只是投入人力或平台，那也是成本。项目能不能落地，最后有没有取得想象中的效果，招商是重中之重。

⑥做项目，做活动推广，包括用户运营，也很重要。这些做好了，有助于项目收益自不用说。即使最终没有收获用户，没赚到钱，但最少赚到了影响力。但事实上，很多传统媒体机构，掌握宣传资源，却往往不懂推广自己：其一，只会“宣传”，不会“推广”。其二，过度依赖自有宣传渠道，事实上的效果已经不好说。其三，不懂其他推广渠道，或没有按项目规律办事舍不得花钱。其四，没有掌握用户精准推广资源。

⑦当然，除了纯粹影响力项目之外，“叫好不叫座”不应该成为我们的追求。现实中，这种情况却是最常见，值得我们时刻警醒。

⑧有好的策划，有好的项目资源，但如果缺乏项目管理和流程监控，失败或收效甚微的概率就会成倍提高。

立项申报表

申请时间：

<table>
<tr><td>项目名称</td><td colspan="2"></td><td colspan="2">项目申请人
（签字）</td><td colspan="3"></td></tr>
<tr><td colspan="3">项目概述</td><td colspan="5">招商预期</td></tr>
<tr><td colspan="3">预计执行时间：</td><td>招商目标对象</td><td></td><td></td><td></td><td></td></tr>
<tr><td colspan="3" rowspan="3"></td><td>招商类型</td><td></td><td></td><td></td><td></td></tr>
<tr><td>招商目标金额</td><td></td><td></td><td></td><td></td></tr>
<tr><td>合计</td><td colspan="4"></td></tr>
<tr><td rowspan="4">项目需求
（包括部门配合需求、物料需求、技术需求、人员需求、外联需求等）</td><td>1</td><td></td><td rowspan="4">项目
效果评估
（影响力评估、用户增长评估、公司创收评估等）</td><td>影响力评估</td><td colspan="3"></td></tr>
<tr><td>2</td><td></td><td>用户增长评估</td><td colspan="3"></td></tr>
<tr><td>3</td><td></td><td>公司创收评估</td><td colspan="3"></td></tr>
<tr><td>4</td><td></td><td>其他</td><td colspan="3"></td></tr>
<tr><td colspan="8">项目费用预算</td></tr>
<tr><td>序号</td><td colspan="2">支出类目</td><td>数量</td><td>金额（元）</td><td>小计（元）</td><td colspan="2">备注</td></tr>
<tr><td>1</td><td colspan="2"></td><td></td><td></td><td></td><td colspan="2"></td></tr>
<tr><td>2</td><td colspan="2"></td><td></td><td></td><td></td><td colspan="2"></td></tr>
<tr><td colspan="3">预算费用合计</td><td colspan="2"></td><td colspan="3">（大写）</td></tr>
<tr><td colspan="2" rowspan="2">项目采购方式说明
（阐述预选采购方式的理由）</td><td colspan="6">□单一来源采购 □竞争性谈判采购 □公开招标 □邀请招标 □询价采购 □其他小额采购</td></tr>
<tr><td colspan="6"></td></tr>
</table>

图例 6－7　项目管理及立项要素参考

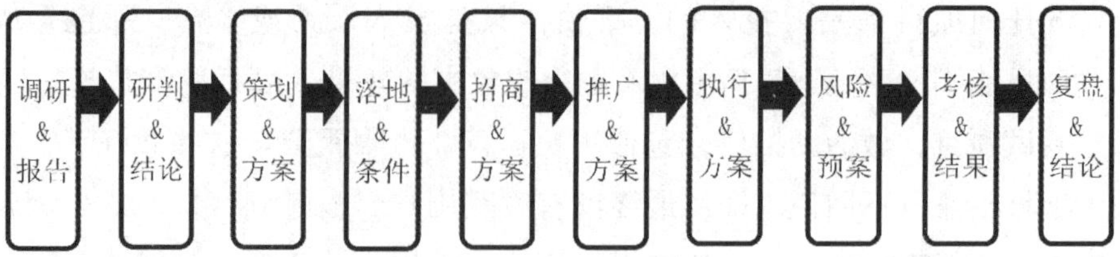

图例 6－8　项目流程监控参考

四、如何打造影响力

1. 建立产品反馈和优化机制

对于 App 来说，其产品成功的基础，一是产品定位、功能设置及其带来的服务能力和竞争能力，二是用户由体验感而延伸的产品反馈。

用户反馈，是用户对产品的认可，哪怕是把你骂得一文不值，也是看得起你。所以，要在用户中打造影响力，首先就要让用户乐意使用你，评论你，骂你，或者给你提建议。由此，畅通用户反馈渠道，常态互动，并由此延伸建立产品优化机制，是建立用户口碑的必要做法。而如果在此基础上，再建立忠粉圈，则是用户运营的方式了。

2. 建立常规推广机制

没有推广，不可能有影响力。推广可暴风骤雨，也可润物无声。

但不管哪种方式，只要舍得花钱，总会有收获，起码是一个品牌露出和告知。

常见 App 推广方式：

★装机推广：手机产商、销售商、维修商，帮你把你的 App 直接装到用户手机上。这是最简单有效的办法，但不容易做到。

★广告宣传：就是在媒体上宣传，告知 App 上线、更新，突显服务优势，通过二维码等方式引导下载。但实际情况是，真正有用的产品，用户才会通过这种渠道获知后下载使用。

★平台互推：平台与平台之间互相推荐下载，其实也是广告的一种，下载引导方便快捷。

★地推活动：在别人的活动或自己的活动现场，推广下载。这种方式效果明显，但留存率和活跃度不高。

★渠道推广：通过第三方公司，在一些渠道，比如医院、车站 Wi－Fi 免费使用前，要求下载 App。这种方式效果明显，但留存率和活跃度不高。

★应用商店：上架到各大应用商店是产品上市的必经之路。但根据各大应用商店的规则和运营模式，还有很多推广的动作可以做，比如评分、评论、排序等。排序，有助于露出；评论和评分，则会让本来要下载的人认识你——评论太差或评分太低，到门口的用户可能就走了。

★捆绑下载：这个常见了，大家手机常常莫名其妙多了某某 App——下载某个常用应用时，这种 App 也被捆绑下载了。

★搜索引擎：用户搜索某个词，你的 App 下载链接在可见排序中出现了——网络营销的一种。

【案例】再好的产品也要推广

3. **建立影响力活动机制**

对于城市媒体 App 来说，很难找到一个让用户非用不可的服务功能（理由），在此情况下，活动往往成为这些 App 吸粉最快的方式之一，原因不外乎是媒体的公信力尚存和媒体十几年来的活动实践经验了。

但反过来，不断地活动，就是在不同圈层里不断搅动。这里冷了那里热；今天不用，明天用。只要不把自己的品味做低级了，用户数会逐步累加，知名度会叠加，影响力也就慢慢起来了。当然，我们应有的追求，则是一边通过活动吸粉，一边加强产品优化和服务提升，把这些用户留下来，活起来。

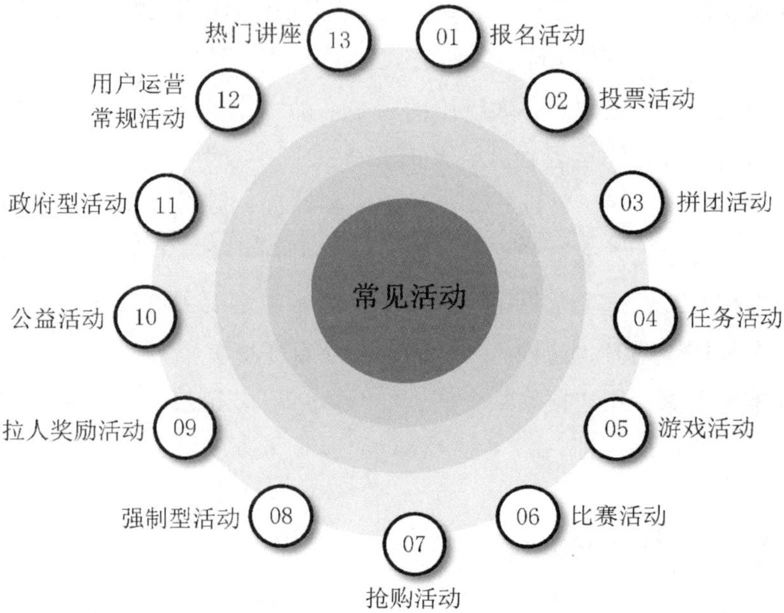

图例 6－9　活动形式很多，用户、营收、影响力侧重点不同，但都会不断提高产品影响力

【案例】学习活动带来用户增长

【案例】用户增长过快，“乡镇篮球赛”首场直播宕机

4. **建立优质内容生产和分发机制**

优质内容，是打造媒体 App 影响力最有含金量的方式。

随着新媒体，特别是平台账号和 MCN 机构的出现，优质内容的范畴也大大扩张，这也为城市媒体 App 的内容运营带来极大的挑战与机会。

因为，内容是无边界的，一个城市相对于全国、全网来说，太过渺小；也因为，新闻有限，而服务化本土内容则是无限的。

我们要做的内容生产，是优质的本土化内容。做快、做深、做全、做优，非事件内容做成系列，做成产品，事件性新闻做好引导与辟谣。

更需要做的，是为自己的用户群体做好挑选分发服务。

在这个过程中，社群、算法、订阅分发机制必不可少。

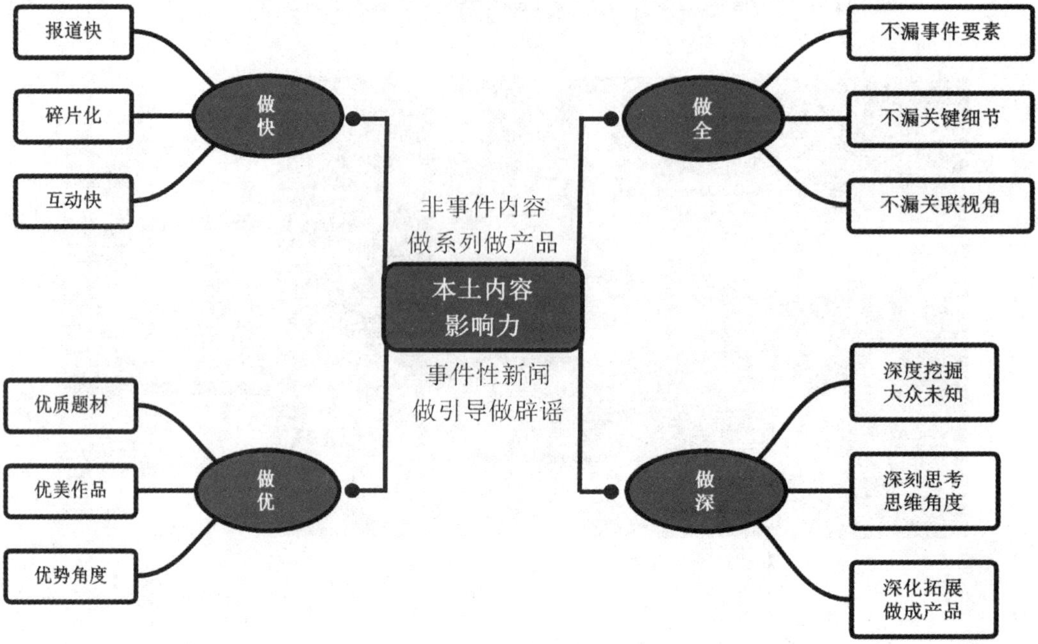

图例 6－10　做好优势本土化内容

5. **建立爆品诱发机制**

爆品，是互联网人梦寐以求的灵感，更多时候是商务人员口是心非的话术。但爆品，确实是打造影响力见效最快方法。

要多出爆品，需要有相关的培养和激励机制，让人以推出爆品为荣，让人念念不忘寻找爆品，并形成氛围。

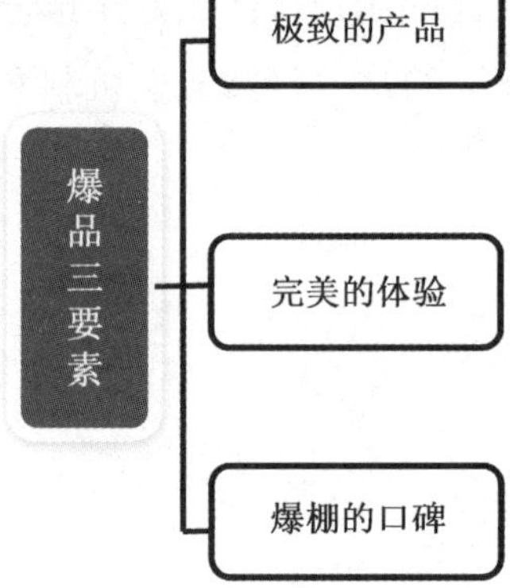

图例 6－11　爆品三要素

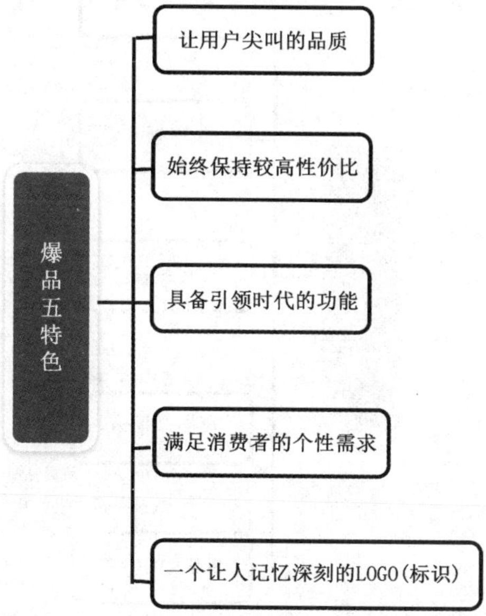

图例 6－12　爆品五特色

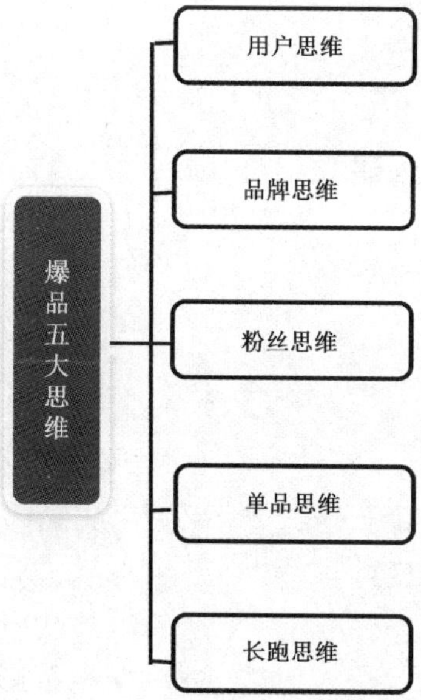

图例 6－13　爆品五大思维

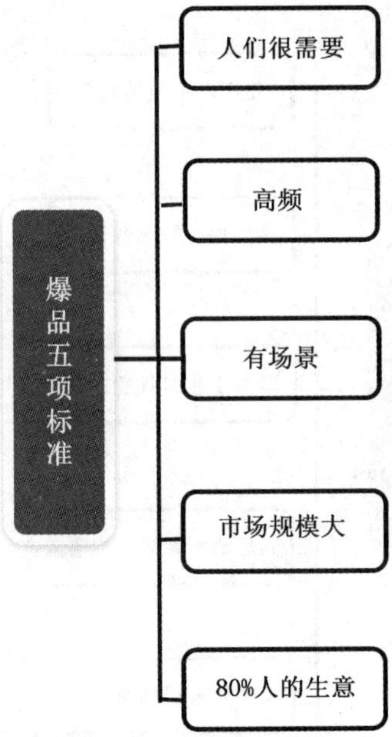

例 6－14　爆品五项标准

【本图例参考网络资料】

五、内控制度怎么建立

● 财务管理类

- 《财务管理制度（暂行）》
- 《劳务费报销管理制度》

……

● 经营管理类

- 《广告经营与运行管理办法》
- 《公司项目管理规定》
- 《公司招标采购项目管理规定》
- 《商务平台入驻政策规定》

……

● **行政管理类**

- 《会议议事规则》
- 《合同管理规定（暂行）》
- 《物品管理制度(暂行）》
- 《公司禁烟管理规定》
- 《办公室日常区域管理》
- 《印章使用管理办法》

……

● **技术和安全管理类**

- 《网络与信息安全事件应急预案实施细则》
- 《网络安全管理制度（暂行）》
- 《技术开发下单结算管理规定》
- 《技术采购管理规定》

……

● **宣传管理类**

- 《内容编辑部管理办法（暂行）》
- 《新闻审稿审核制度（暂行）》
- 《内容发布与审核管理规定（暂行）》
- 《网络直播管理规定（暂行）》
- 《广告内容审查规章制度》
- 《新媒体平台管理规范（暂行）》

……

● **人事管理类**

- 《考勤管理制度》
- 《薪酬管理规定（暂行）》
- 《绩效考核管理制度（暂行）》
- 《人事管理暂行规定》
- 《员工转正考核管理办法（暂行）》
- 《招聘流程（试行）》
- 《奖惩制度（修订）》
- 《兼职人员管理办法》
- 《员工退出机制》

……

图例 6－15　常见内控制度

城市媒体 App，哪怕成立公司运营，仍是国有资本，仍是媒体属性。内控制度很重要，既是约束新媒体发展的枷锁，又是保障公司健康发展的保护圈。

内控制度各地要求不一样。

内控制度规范与否，还牵涉到后期股权交易和融资问题。

六、业务体系怎么建立

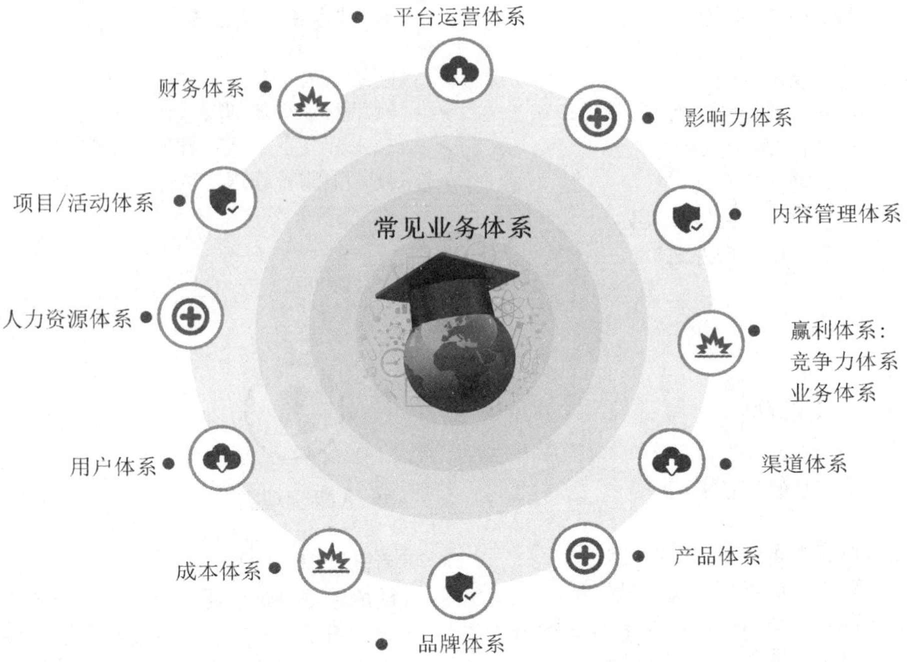

图例 6－16　常见业务体系

①要建立全新的运营体系。从传统媒体到新媒体，整个生产、经营模式都发生了变化。对于自建新媒体平台来说，如果沿用传统模式，那就是以传统媒体思维来指挥互联网了，可说必败无疑，这也是很多媒体成立新媒体公司的最主要原因。新媒体不能像传统媒体那样把生产、经营等环节拆散，而是要把从应用产品到内容到营销等整合环节纳入运营，不再以经营管理为主导，而是以运营为主导。

城市媒体 App 运营，因为其媒体属性和国有资本属性，必然让其运营方式与社会互联网公司的运营方式有所差别。城市媒体 App 不但要承担媒体建设责任和思想宣传工作责任，其资本性质也不可能像社会公司那样风险投入。社会互联网公司恰恰相反，短期大投入收获市场，获得融资，没有“保值增值”的硬性要求。由此，城市媒体 App 也不能学社会新媒体公司单独设立一个运营部门，而是每个环节、每个部门都得围绕运营来开展工作。比如产品运营部、用户运营部、内容运营部、活动运营部、商务运营部等等。总经理也就是总运营官。当然，为了强化或协调运营环节不脱节，是否设一个副总、助理或总经办来协助牵头，就根据实际需要了。

但不管是分散还是集中，运营必须是一个体系。可以是阶段升级，可以是年度规划。有方向，有目标，有措施，各方面方向一致、步调一致，实现“产品—营销—用户”的合力。

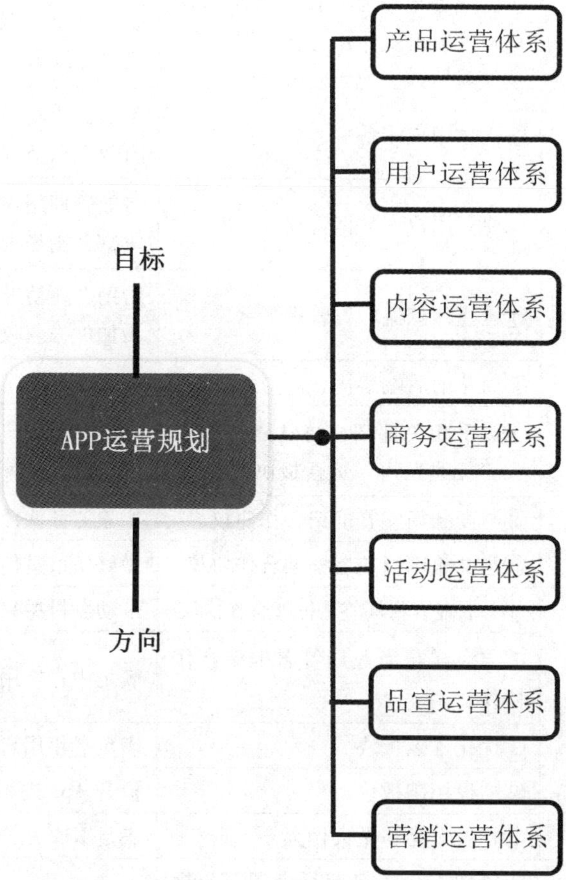

图例 6－17　城市媒体 App 运营体系

【案例】运营升级计划

××××××运营升级计划		
大项	措施	目标/目的
综合管理	①深化周会分享与学习分享制度	提升整体素质
	②建立人才培育工程	提升公司整体竞争力
	③探索前置审批制度	提高工作效率
产品运营	①梳理各矩阵号，针对各平台用户画像提出差异化运营计划	多点触达用户 提升 App 下载量 提升品牌影响力
	②优化用户体系	辐射优质新用户 有效获取新客
	③建立用户大数据管理平台库	有效管理用户 丰富营销场景
	④构建信息流广告管理平台	帮助企业精准获客 增加广告营收
	⑤简化前后端架构	优化产品使用体验
政务服务	①联手相关部门，将党建工作引入“无线泉州”运营板块	发展党员用户，增加用户体量，提升品牌影响力
	②与商务局签署框架合作协议	积累商务伙伴集群
	③与文旅部门签署框架合作协议	做好城市宣传和文旅项目
	④与农业农村局签署框架合作协议	带动乡村振兴项目
	⑤与海洋与渔业局签署框架合作协议	满足中青年用户需求
内容运营	①优化养老板块	满足老年用户需求
	②增设招聘板块	提升 App 内容与互动
	③将教育品牌做大做强	满足 K12 用户需求
品牌宣传	①梳理本台优势节目资源，分批分时引进 App 及各宣传矩阵	计划落地
	②与台内频道频率深化合作	提升各部门透明度
	③梳理品牌宣传按步走计划	提升公司整体竞争力

②内容管理体系对城市媒体 App 来说，相对简单。内容管理本来就是传统媒体的立身之本。

不同之处在于，随着用户生产内容，必然带来生产和审核流程的变化。媒体（账号）增多，必须建立新的分发规则。智能过滤减轻审核压力，短视频音频还需要大量具有较高审核水平的人力。

内容生产流程则属于再造过程，时效标准完全变化，内容形式完全变化，产品要求完全变化，传播方式完全变化，生产队伍完全变化，消费群体完全变化，传统的“记者—编辑—审核”生产模式与流程一去不复返。

值得一提的是，新媒体时代，一方面是信息过量、过滥，另一方面是消费者个性化要求提高，如何为用户挑选内容，也就是依照偏好推送内容，已成为不可回避的内容服务范畴。当然，我们并不提倡完全用算法迎合用户，更不提倡用算法去“算计”用户。

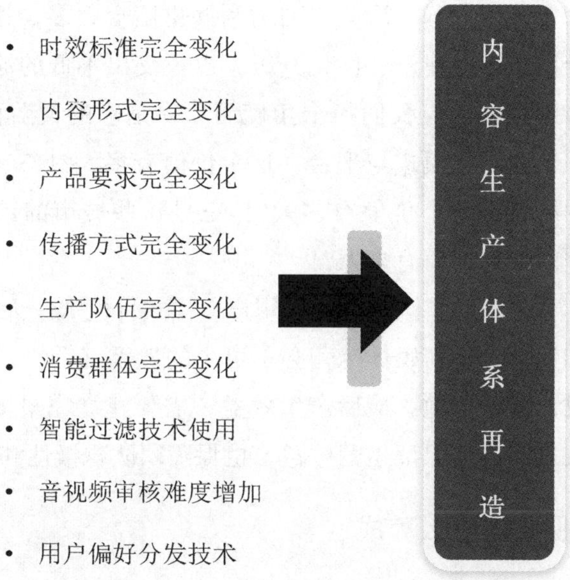

图例 6－18　一系列变化迫使内容体系再造

③城市媒体做新媒体，除了自建 App 平台外，账号作为传播渠道也不可或缺，媒体融合难以逃避。所以，重建产品体系、渠道体系、品牌体系和用户体系，就是建设新型媒体体系。

④成本、赢利、账务体系，也是“自收自支”或“事业单位企业管理”型城市媒体固有内控机制。区别之处在于，新媒体更重成本和利润，

毕竟已经过了传统媒体政府投资的美好时代了，更主要的也在于面对的竞争对手是数量巨大的社会公司。

但有一条还被广大城市媒体忽略，就是新媒体的虚拟性。传统媒体的“国有资产保值增值”，基本上只建立在固定资产和收入数据上。但互联网新媒体平台，它的平台价值、用户价值、市场价值、品牌价值是被市场认可并可交易的，这就是融资与风投。大家“忽略”的原因，是城市媒体新媒体平台鲜有成功案例，是变现手段缺乏，是对政策研究不透，是不愿意做大、冒风险。最主要还是“无知而畏惧”——因为不内行而失去信心。

我们来看南京广电猫猫的“在城市”联盟（详见第五章），它目前已通过技术输出、模式输出发展到20多个省（区）60多个城市，但大家可能只关心去年营收2亿多元，利润多少。表面分析看来，2亿多元的营收主要是商品销售，多方分润后，公司的利润也不会太多，相反，公司还要投入大量资金用于平台建设、优化升级，以及支出不低的流量费，公司很难有太好的账面赢利。但我们换个角度看：一是它的覆盖面已初具规模，有可能建成一个全国型模式与平台，这个价值有多大?！二是60多个城市媒体，有多少用户，这个价值有多大?！三是这些城市的销售流水全部进入公司，这个前景与价值有多大?！

城市媒体App，期望体现平台、用户、模式价值那一天的到来。

⑤项目和活动，是新媒体运营必不可少的抓手（前文已有章节论及）。从策划到生成，再到落地，最后产生效益，需要建立完整体系，既保证项目按时按质按量完成，保证运营效益，也保障团队积极性和创新持续性。

七、企业文化怎么养成

新媒体，肯定不再是传统媒体的性格、气质、文化，媒体如此，团队也如此。

真正的新媒体，不管它是否公司化，但它都必须同时是媒体公司、互联网公司、创业公司。这三者合一，就是它需要的企业文化。

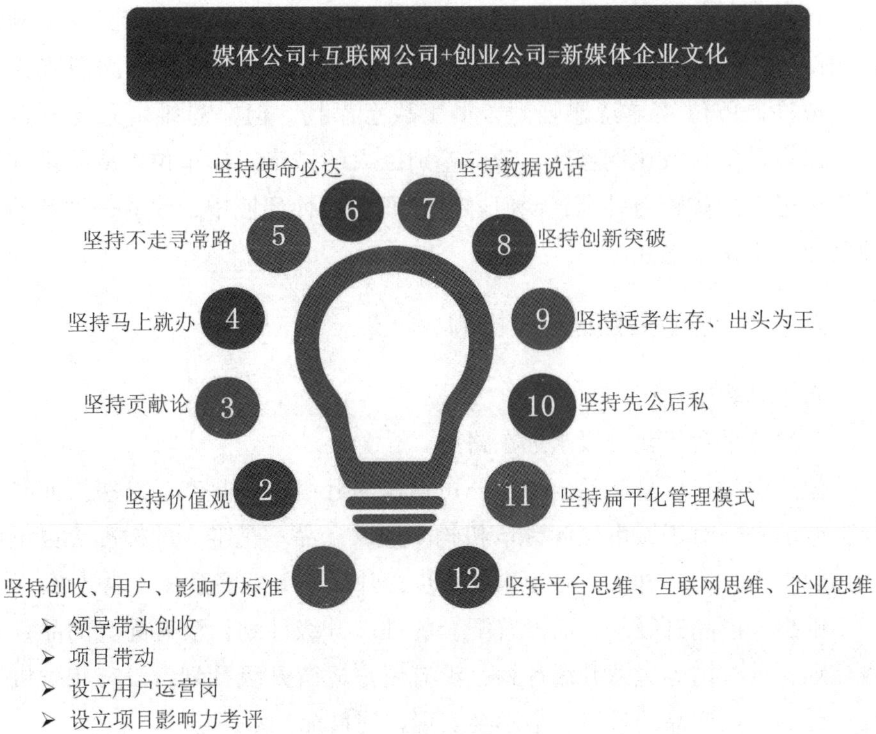

图例 6－19　新媒体企业文化举例

①传统广播电视追求收听率、收视率，再以此换取广告等经营收益，这两率也就是广播电视最重要的标准之一。新媒体的衡量标准是什么？前文说过，不管是 App 还是媒体融合，成功与否的衡量标准就是“用户、收入、影响力”（排序不同）。这是企业的价值文化。除此之外，对产品来说，“为用户创造价值”是其价值文化；对员工来说，“为公司贡献价值”和“为自己积累价值”是其价值文化。有衡量标准，有价值取向，这是企业文化的基础。

②企业还有行为文化，比如马上就办，强调雷厉风行的行事风格；使命必达，彰显的是公司对责任的强调和员工攻坚克难不达目的不罢休的进取精神。

③对互联网平台或企业来说，数据说话是基础习惯，创新永远在路上，适者生存则是互联网丛林原则。互联网思维的去中心化，使扁平化管理方式成为必然——领导也不再是中心，领导也不一定是对的。当然，扁平化管理，无疑大大提高了效率，大大提高了员工的主观创造性。

④作为城市媒体单位的新媒体，要建设真正的互联网企业文化，几乎

是不可能的。母体传统思维的影响甚至是干扰、干涉，终将导致很多新媒体团队迈不出步伐，抑或小心翼翼，抑或折戟沙场，抑或绕圈圈走回头路。或许，单位领导意愿强烈，员工战意昂扬，但是思维定式与利益纠纷，想在员工人数比例悬殊、身份差别巨大的城市媒体单位中取得新媒体或媒体融合的实践与胜利，谈何容易！而在这种环境中，建立一种新的企业文化，更是难上加难。

八、永远且系统的升级机制

系统升级中……

新媒体平台优化升级永远在路上。

但这说的仅仅是产品，很多公司重视的升级也只是产品升级。而我们要强调的是，对于城市媒体 App 机构来说，产品不是唯一的标准，也不可能撑起整个公司。升级，必须永无止步；升级，更需要系统性地升级。

试想，产品升级了，而没有配套的推广升级计划，没有配套的品宣升级计划，没有内容运营升级计划，没有用户运营升级计划，没有相关机制升级计划……产品的升级，会不会实现计划目标？

前文说过，系统的运营才是运营，升级也是一样，但却往往被人所忽略。

【案例】“无线泉州”2021 升级计划

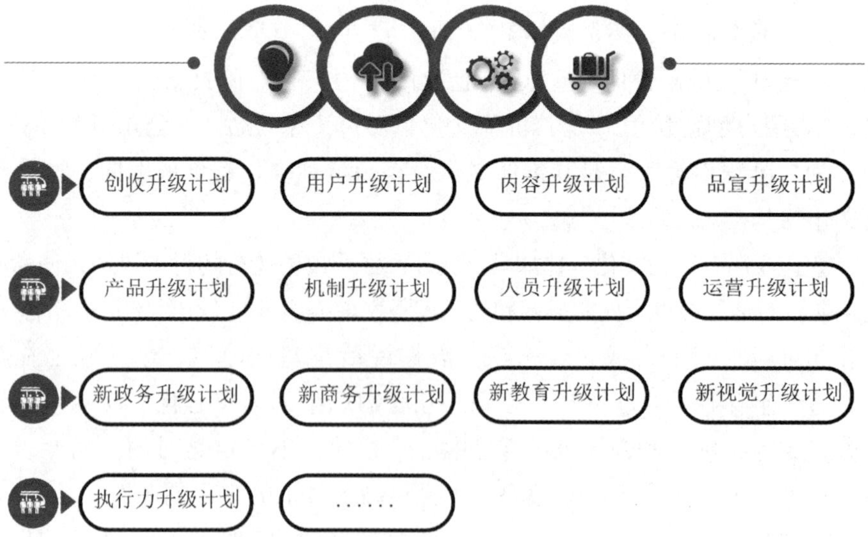

第七章

媒体融合

主动拥抱移动互联网

城市媒体怎么办?

07

要点

①媒体深度融合，对传统城市媒体来说，是一场颠覆性的变革，是一场“洗牌式”的行业重构。

②收入下降和产能过剩，成为多数城市媒体难以调和的新矛盾。媒体融合，是一次资源与产能的取舍。融合，就是重构新的竞争力。媒体竞争力，强调市场竞争力，更强调阵地竞争力。重整产能与资源是基础，方向则是把人变成用户。

③公司之后，个人的介入、MCN的出现，完全颠覆了传统媒体的生产方式、经营方式，它们还对媒体的存在形态、价值体现、运营方式产生前所未有的冲击。

④向成熟平台学习，向社会模式转型创新，或许是媒体深度融合背景下，城市媒体机构下一步的方向。用户营销是必学之道，平台营销是努力目标，互动营销则是前两者的实现方式，还有更多销售模式在你想象的路上。

⑤对于城市媒体来说，移动新媒体投入可大可小，关键是你有没有去做，是抢先还是落后。不要老是把5G、8K、VR、AI、大数据、物联网、人工智能等一溜长长的新技术名词挂在嘴上，或凡写必上。不要动不动就把“锅”甩给体制机制。体制机制、解放思想、统一思想、移动优先、新技术运用等等，关键都在“一把手工程”。

⑥媒体融合，赢利是一种能力，是打造媒体机构内容生产传播能力、媒体影响力、舆论引导力的重要能力。

⑦当省级媒体“统一全省”走向全国，县级融媒体中心全面覆盖之时，继续深耕本土，努力走出“城门”，或许是城市媒体面对“追兵”与“堵截”困境做大做强的办法。而报台合并，可能是“先破后立”的最好试验区。

众所周知，从党的十八大到十九大，以习近平同志为核心的党中央对媒体融合发展和建设全媒体高度重视，作出了一系列重大部署。

对城市媒体来说，这是政治任务，也是应对移动互联网变革的革新之路、求存之路和壮大之路，更是跳出媒体做媒体融合，介入城市治理的探索之路。

但时间已经过去近十年，“走过了上半场”，各地传统媒体特别是城市媒体还普遍面临着融合能动性不足、求新图变紧迫感不强、方向思路不清晰、方法模式太局限、“伪融合”现象依然存在等突出问题，等待我们去破解。

第一节 思想基础

——这是一场个人可能逃避但机构无法逃避的行业“大变革”“大洗牌”“大重构”。解放思想与统一思想，成为媒体融合的前提条件、困难所在与“战斗力”核心。“解放”，才能看清前路；“统一”，才能走在同一方向上。

互联网颠覆一切。媒体行业也不可幸免。

新闻不会消失，但媒体和媒体单位却可能面临“关停并转”。

商业平台崛起，新媒体涌现，对传统城市媒体来说，是一场颠覆性的变革，是一场“洗牌式”的行业重构。

但现实中很多传统媒体单位，还处于“纸上谈兵”的观望，会上强调的空谈，眼前利益的纷争。正如20世纪80—90年代的国企，明知前景暗淡，却害怕变革；明知还有机会，却不愿尝试；自己不敢下水，却千方百计阻碍他人游泳。结果众所周知，变革者生，观望等待者死。

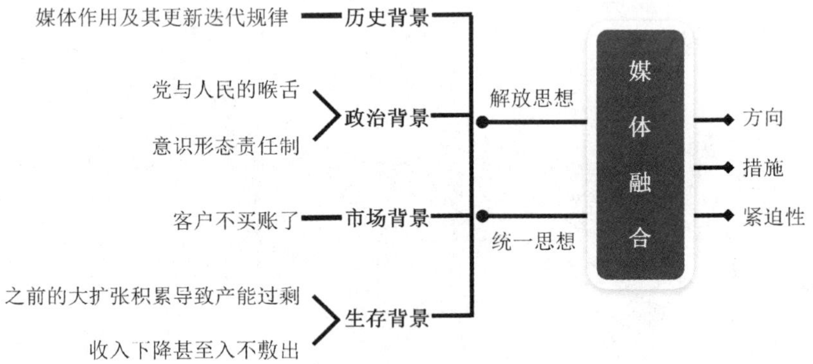

图例7-1 解放思想、统一思想缺一不可

媒体融合变革，需要的同样不是观望等待，不是脱离实际的空谈，不是尔虞我诈的利益争夺，而是解放思想，自我革命。

“一千个人有一千个哈姆雷特”，专业不同，位置不同，认识不同，利益不同，对媒体融合的理解和观点自然就不同。深刻理解媒体融合的历史背景、政治背景、市场背景、生存背景，结合所在城市的优劣势，看清现有平台和队伍的家底，接下去怎么办？往哪个方向走？统一思想，方能整合资源、集合力量，在媒体融合这新一轮“洗牌”中获得先机，在行业重构中取得一席之地。

第二节 体制保障

——体制机制，或许是障碍，但不应该成为理由和借口。面对央、省、县的大动作，面对“大变革”“大洗牌”“大重构”，或许，“先破后立”才是城市媒体的融合之道。

凡变革，必谈体制机制。

体制机制往往也成为城市媒体机构新媒体发展与媒体融合成效不显的借口与理由。

事实也是如此，要发展新媒体，必然不能沿用传统媒体的体制机制，因为整个产品形态、生产方式、生产流程、赢利模式都已经完全不同。此点，前文已经论述。

媒体融合，原意指的是传统媒体与新媒体的融合发展，传统体制机制变革是融合题中之义。

中共中央办公厅、国务院办公厅联合印发的《关于加快推进媒体深度融合发展的意见》（下称《意见》）明确指出，要深化主流媒体体制机制改革，建立适应全媒体生产传播的一体化组织架构，构建新型采编流程，形成集约高效的内容生产体系和传播链条。要按照资源集约、结构合理、差异发展、协同高效的原则，完善中央媒体、省级媒体、市级媒体和县级融媒体中心四级融合发展布局。

对城市媒体，《意见》没有明确指出实行怎样的融合体制。但从整个要求看下来，不管如何融合发展，一方面必须具备新型主流媒体的所有要素，建立全媒体传播体系，形成“网上网下一体、内宣外宣联动”的主流舆论格局；另一方面，那就是在新的布局和新的传播体系下，城市媒体要获得更大的生存空间和发展时间。

一、优势产能重组，竞争优势重构

①20 世纪末至 21 世纪初，随着市场化思维逐步引入媒体行业，媒体行业也走上蓬勃发展的“辉煌 20 年”。在这 20 年中，整个行业有三个普

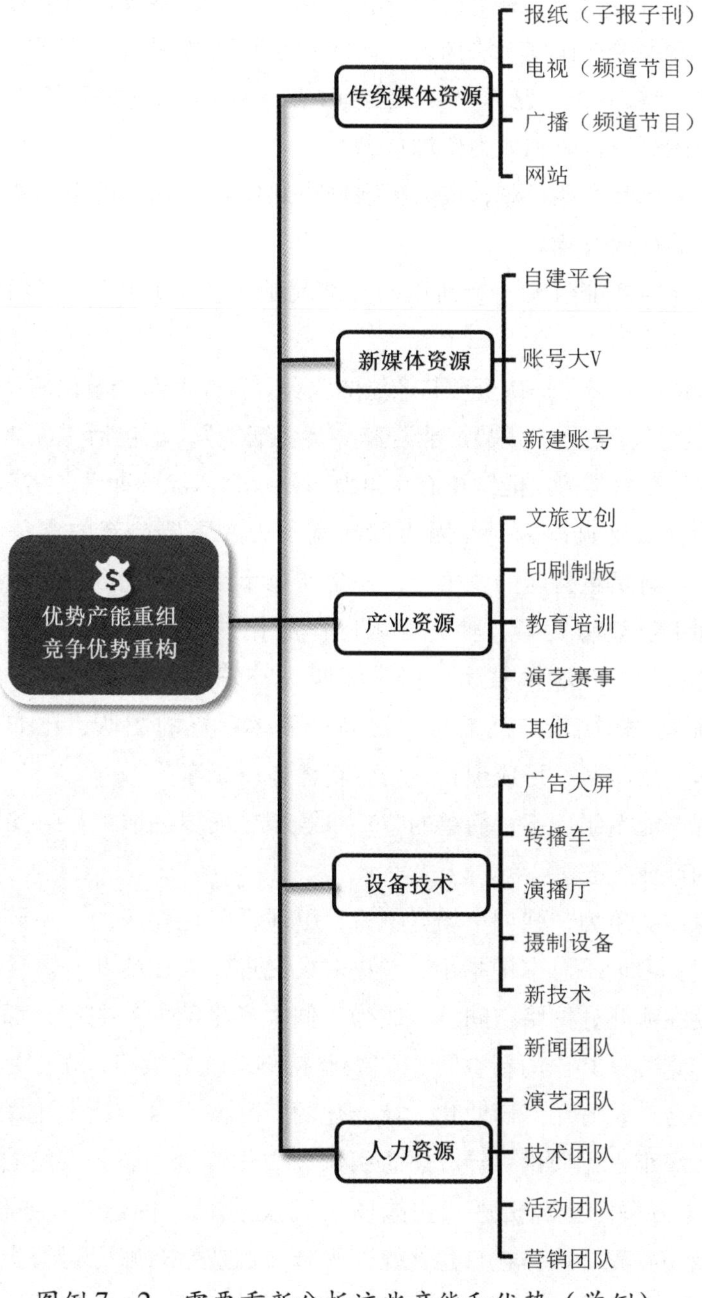

图例 7－2　需要重新分析这些产能和优势（举例）

遍现象：一是子报子刊、频道频率大幅度增加，一度被解读为创收渠道多和规模大实力强的体现，甚至有数量为荣倾向。二是因而引起的人员大扩招。三是产业探索多元化，黯然收场者有之，昂然向上者有之，有的媒体机构三产收入占比甚至已经过半，为下一轮发展提供了经济基础。

辉煌过后是沧桑。且不论前一轮大发展之功过得失，但其对媒体发展的积极探索和推进作用无法抹灭。而随着互联网特别是移动互联网对行业的颠覆性影响，“辉煌 20 年”也给现在的媒体机构留下了产能过剩现状——媒体资源过剩和人力资源过剩。

收入下降和产能过剩，成为多数城市媒体难以调和的新矛盾，也成为媒体融合的行业背景。

②什么叫产能过剩？最简单的标准就是“入不敷出”，当然新闻等宣传阵地不在此列。

③媒体融合，是一次资源与产能的取舍。首先要对全单位的产能、资源做一个大盘点，划分“优势产能”和“劣势产能”，也包括“优势产能”中的过剩部分和“劣势产能”中有竞争力部分，取“优”而舍“劣”。

④为什么要媒体融合？因为旧的竞争力在下降，新的竞争力没有形成。融合，就是重构新的竞争力，就是产能重组。好的内容、节目、频道频率，加上新媒体力量，使之互联网产品化；好的产业、项目，比如教育、演艺，加上互联网技术，提升竞争力；好的设备、技术，比如演播厅、转播车，嫁接新产品需求，提高利用率；好的团队，比如活动、营销、技术开发团队，形成项目，培育新优势；等等。

资源产能重组，不是简单的“1 + 1 = 2”，而要创造“1 + 1 > 2”，努力建立新的产业生态。

⑤媒体竞争力，强调市场竞争力，更强调阵地竞争力。主阵地、主战场在哪里？习近平总书记指出：“我多次说过，人在哪儿，宣传思想工作的重点就在哪儿，网络空间已经成为人们生产生活的新空间，那就也应该成为我们党凝聚共识的新空间。”“要坚持移动优先策略，建设好自己的移动传播平台，管好用好商业化、社会化的互联网平台，让主流媒体借助移动传播，牢牢占据舆论引导、思想引领、文化传承、服务人民的传播制高点。”“主力军”全面挺进“主战场”，就是团队、内容、服务移动优先。央媒以及一些先导媒体在自建新媒体平台和商业平台账号运营上的成功经

验告诉我们，移动优先，特别是移动互联网自建平台和账号运营，将是所有城市官方媒体新的核心竞争力之一。

⑥媒体融合，就是产能和资源重组的过程，就是重建宣传阵地，重占市场份额，重建核心竞争力的过程。人在哪里，宣传阵地就在哪里，市场也就在哪里。所以，城市媒体重建核心竞争力，重整产能与资源是基础，方向则是把人变成用户——吸纳用户，服务用户，建立用户数据，建立用户互动体系……再次把用户连接优势打造成媒体新优势。

⑦媒体融合，更是在产能和资源重组基础上的品牌升级与定位升级。比如，很多城市媒体 App 在融合过程中，都与政府部门保持了密切合作，在政务服务、百姓问政、城市形象等方面发挥了较大作用。比如，济南台“天下泉城”新闻客户端定位于官方政务发布平台，坚持双屏互动，掌上问政，以政务服务为突破口，搭建用户与政务部门之间互动沟通的平台，打造城市广电全新的掌上影响力。再比如，嘉兴台“禾点点”新闻客户端主动介入嘉兴新型智慧城市建设，利用已有的客户端数据优势，与各政府部门开展合作，共建服务，把“禾点点”打造成嘉兴智慧城市服务平台的移动端端口，为市民提供更加便捷的服务。

⑧媒体融合，还在于充分发挥传统资源优势，开拓新的产能优势。比如紧跟移动视频直播行业风口，以嘉兴台“禾点点”新闻客户端为例，嘉兴台从《行风热线》《12345 直播间》等广播节目的可视化直播起步，借助市两会、市党代会等重大主题报道时机，提升“禾点点”移动直播的影响力。在国家“非遗”项目“网船会”、嘉兴节庆活动端午节民俗文化和“排舞大赛”群众文化活动中推出“主持人 + 直播”的主题式直播，不断创新主流传播新形态，凸显融合时代主流媒体在移动直播时代的传播力、引导力。

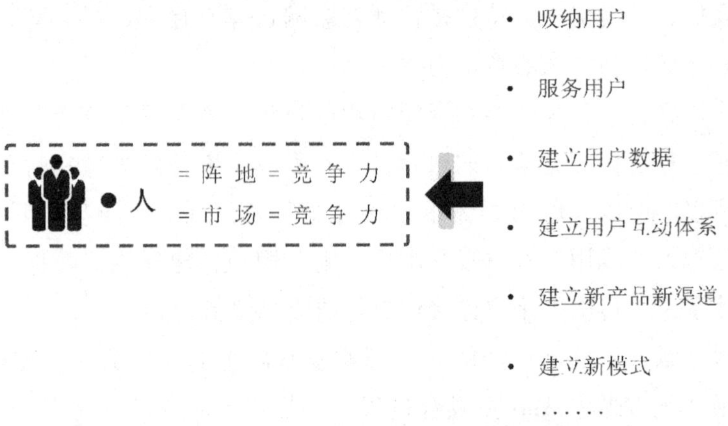

图例7-3　把人变成用户是竞争力重构的最主要方向

二、生产方式重组，考评体系重构

①“社（台）+公司”模式，或许并不新鲜，有些媒体机构甚至把它当作经营创新机制。但个人的介入，特别是MCN机构的出现，完全颠覆了传统媒体的生产方式。内容（内容不等于新闻）生产和传播，不再是记者编辑和传统媒体的专利，谁都可以生产内容，发布内容，经营媒体，建设平台，提供服务。这就是移动互联网对传统媒体行业的颠覆之一。

②MCN机构和个人生产者的出现，还颠覆了传统媒体的“策采编发”生产流程，更不用说报纸的组版、美编，电视的字幕、调控等一系列不显眼岗位，新的生产流程，可能就是一个人或一个团队不分角色不分先后地完成。新京报转战短视频后，一个人就可以“管”一个省：一个人+一部车+一台电脑+一台相机+一台航拍机+一台手机，就完成了整个流程的生产和发布，包括现场直播，甚至连续几个小时直播。传统媒体剪一个片子要两三天甚至一星期，MCN机构一个人一天可以剪几十个片子，一个3人组可以既当编导，又当演员，再当主持、摄像、剪辑、后期、发布、互动……粗制滥造？但它的影响力却比一些传统媒体“精雕细琢”的宣传片大得多。

③前文说过，传统媒体的销售，从坐等硬广，被市场逼到做软文、全员创收、活动营销、对赌销售等境地，但媒体融合的销售模式，还会有更大的变化，用户营销是必学之道，平台营销是努力目标，互动营销则是前

两者的实现方式，还有更多销售模式在你想象的路上。

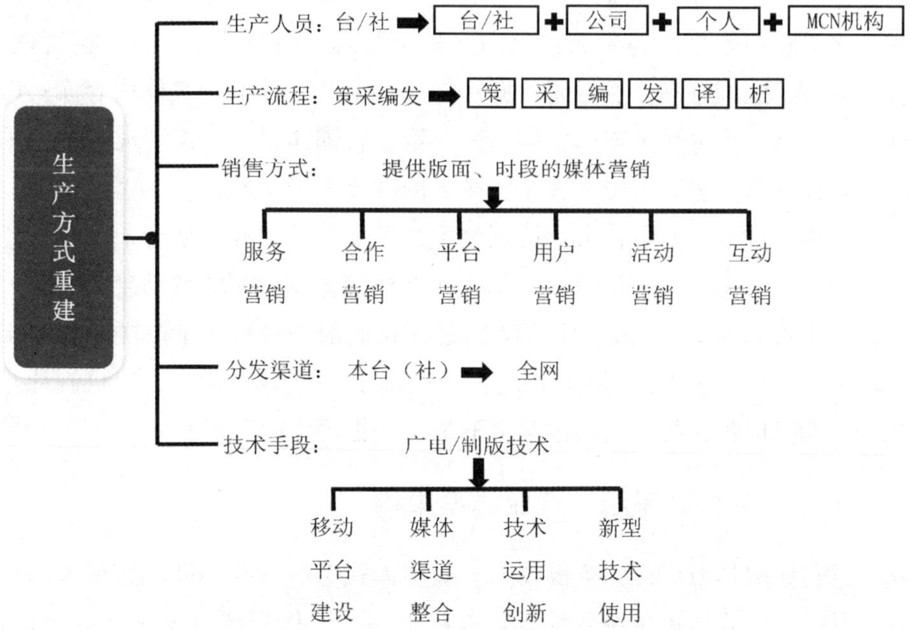

图例 7－4　生产方式发生深刻变化

④“新旧融合、一次采集、多种生成、多元发布”的“中央厨房”生产模式已成为多年来媒体融合的主基调。但“中央厨房”模式对城市媒体来说，它真的是最佳选择吗？静下心来，不妨从媒体实力、媒介体量、信息体量、专业程度、投入能力和运用效果等方面去衡量看看，它可能存在投入与产出不匹配问题，它可能有“大材小用”嫌疑，它更可能成为以本土服务为优势的城市媒体的“鸡肋”。与其相比，可能一个类似“一键发布”的多平台多账号发布机制或其他活动小工具可能更实用得多。

⑤说到新技术运用，不要总把 5G、8K、VR、AI、大数据、物联网、人工智能等一溜长长的新技术名词挂在嘴上，或凡写必上。更不要别人有什么就想引进什么，看看家底，看看实际符合度，看看效益与投入产出比。其实，对于众多城市媒体来说，技术无所谓最新，能用有用才是有效。成熟技术玩出新花样创出新效益，与创造新技术一样的可贵。

⑥生产方式改变了，就要建立全媒体融合生产模式。以青岛台“蓝睛”为例，顺应新闻融合生产需要，青岛台提出“共平台融合制作”的理

念，整合全流程资源，实现广播、电视、新媒体三位一体的同网、同平台制作。具体表现在构建统一业务平台，实现一次登录、多服务、多工具使用及多渠道内容生产与发布；集内容批量管理、内容检索、目录树管理、标签管理、空间管理、逻辑元数据管理等功能于一体的全媒体内容库；以融媒体指挥调度平台为载体，构建统一策划管理体系，真正实现“统一采集，多元共享、多元编辑、多元传播”的融合生产模式。

⑦生产方式改变了，考评机制的重构已是必然。媒体融合，不仅仅是媒介的融合，更是体制机制的变革。什么样的体制机制能调动生产力？一些商业平台和 MCN 机构的探索已经走在我们前头。另一个极端，就是不要动不动就把“锅”甩给体制机制——体制或许变动难度大，但机制却是媒体机构可以优化的——媒体融合不是“一把手工程”吗？

三、赢利模式重组，产业体系重构

①传统媒体以广告为主要收入。赢利模式重组就绕不开广告形式的变化。其一，很多城市传统媒体硬广在接近消亡。作为城市媒体 App 来说，要做硬广，则需要相当的用户数和影响力。有影响力的公众账号更容易有图文硬广收入——事实上，这也是城市媒体新媒体机构最主要和最普遍的营收模式。

其二，其他综合型推广（见前文）是媒体融合的广告转型方式。传统媒体的“团队 + 人脉资源 + 媒体品牌 + 新媒体平台渠道 + 新媒体推广”营销模式，则是媒体融合最容易见效的广告转型。

②历经一二十年的探索挖掘，加上传统媒体形态较为单一，其赢利模式的优势已经发挥殆尽，资源已日益消减。但媒体融合是优势资源和产能的重组，传统媒体的人才积累（要转型）、人脉积累，充实到互联网的模式中，可能会发挥出化学反应。观察一些成功的商业平台，还有一些成功转型的媒体机构，都可以看到传统媒体精英的身影。

有了互联网加持，媒体的营收模式空间将得到极大解放。比如流量变现，就是一门“永无止境”的学问，其间的模式，需要也值得互联网机构持续不断地探索。比如电商运营，虽然“经纬切割”瓜分天下，但城市媒体真没有介入机会了吗？各地城市媒体都或深或浅地进行了尝试，央视也介入电商。比如平台账号运营，投入小，见效快，是媒体融合初期试水、

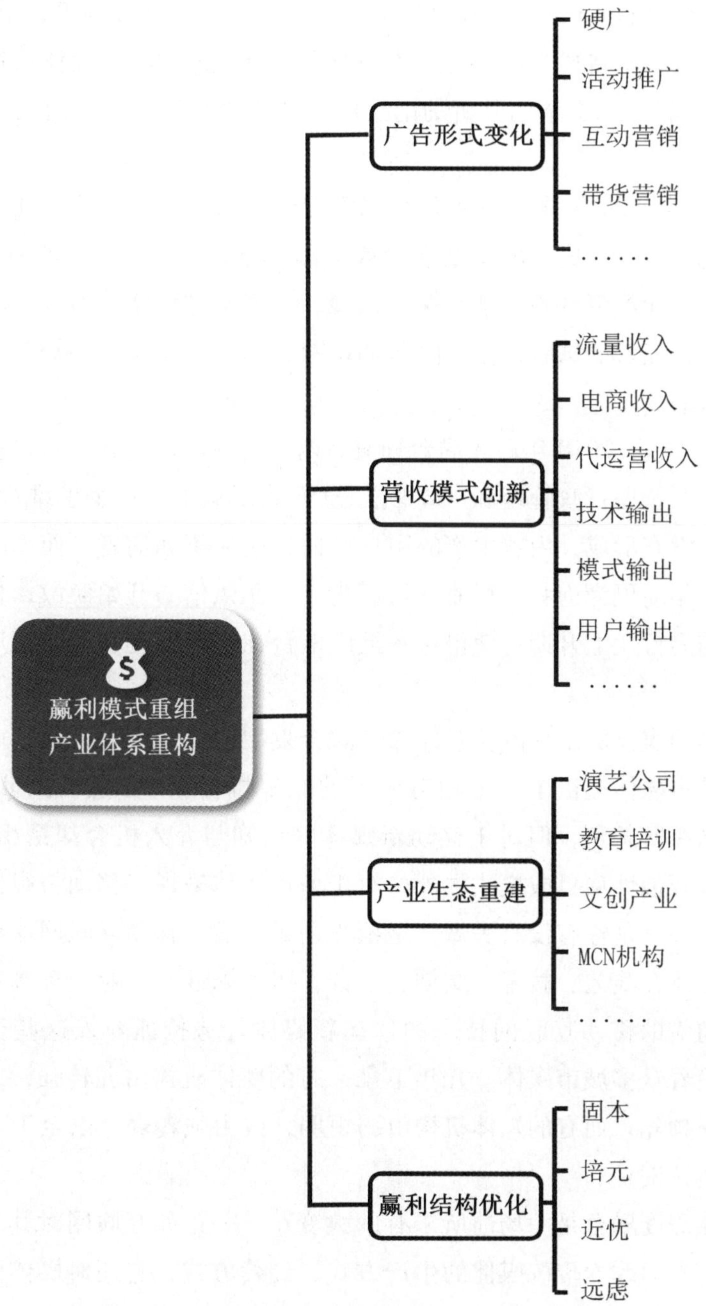

图例 7－5　重新分析建立赢利优势

思维转型和培养能力的不二法宝。

全国有数千家城市媒体和县级融媒体中心，随着媒体深度融合的“洗牌”，必将出现巨大的差异和变量空间，模式输出、技术输出、用户输出、跨区域发展，都将成为可能，这才是有实力有理想的城市媒体机构的下一个“竞技场”。前文举例分析的南京广电“在城市”联盟，就是一个很好的探索。

③20 世纪 90 年代，报业开始了多元经营探索。随后，一批广电开始广播电视的合并，成立广播电视台或集团，率先脱离“局台合一”模式，也开始了多元经营试验。这些探索试验，可能走过弯路，但其市场意识的觉醒，多种经营的试验，竞争团队的培育，乃至整体实力的提升，却都是无法否认的。

相比来说，2010 年后才局台分离、两台合并的广电台，却再没有这样的机会，在长期行政管理和“垄断”意识的影响下，竞争思维没有形成，市场团队没有形成，内容生产的用户倾向也明显不如前者。而面临的市场竞争比十年前更为饱和，行业下行压力下，队伍信心开始涣散，精气神不如十年前的行业上升期，使得这一批广电台在经营管理和产业拓展方面举步维艰。

但移动媒体的出现以及媒体深度融合发展方向的提出，为这两拨先后改革的城市媒体提供了一个相对公平的竞争机会——虽然在团队、思维、实力上已有所差别，但对于移动新媒体的认知与介入机会却是相差不大。除了重大开创性项目或模式之外，对于城市媒体来说，移动新媒体投入可大可小，关键是你有没有去做，是抢先还是落后。移动互联网颠覆一切行业时，媒体在演艺、教育、文创、平台、技术等近亲产业，有着先天的优势，如何借助移动互联网技术和移动新媒体优势抢抓介入这些行业的先机，考验着众多城市媒体。几年下来，有的媒体机构由弱转强，或由强更强，遥遥领先；而有的媒体机构由弱更弱，或由强转弱，以至于“政府包养”成为一时流行。

媒体深度融合是一场前所未有的大变革——正如互联网对其他行业的颠覆。它不但改变传统媒体的生产方式、经营方式，它还对媒体的存在形态、价值体现、运营方式造成前所未有的冲击。从网络内容及其生产方式的变化，到 MCN 机构的出现，以内容生产为主业的媒体机构，是否“春江水暖鸭先知”，开始感觉自己存在形态的“不合时宜”。向成熟平台学习，向社会模式转型创新，或许是媒体深度融合背景下，城市媒体机构下一步的方向。

④以前的“多种经营”，就是“赢利模式重组，产业体系重构”的基础阶段。要实现后者，或者可以从“传统”的前者入手。以“无线苏州”为例，该客户端一方面积极服务政务电子化、移动化工作，根据各个部委办局的不同职能，为其量身定制应用模块。比如，食药监的“食在苏州”、司法局的“E同说法”、文明办的“志愿苏州”等，提升了政府部门的在线服务能力和公众形象。另一方面，深耕本土垂直产业，服务商业企业，开通“美食·酒店”模块，提供优惠打折在线秒杀服务，市民反响热烈。

【案例】苏州广播电视总台

苏州广播电视总台自2002年1月1日起正式运行，作为区域最具影响力的主流媒体，拥有5个电视频道（高标清同步播出）、8个广播频率以及报纸、杂志、互联网站、移动客户端、网络电视、移动电视等全媒体传播平台。

苏州广播电视总台紧紧围绕苏州市委、市政府中心工作开展新闻宣传，牢牢把握正确舆论导向，为苏州社会经济发展和文明进步营造良好舆论环境，提供强大舆论支持。总台节目建设积极推进本土战略、品牌战略和创新战略，全面提升主流媒体公信力、影响力和竞争力。《苏州新闻》《新闻夜班车》《社会传真》《施斌聊斋》等一批主干品牌栏目，深受观众喜爱。苏州电视晚间黄金时段连续保持60%以上收视份额，苏州广播保持80%以上收听份额，均居垄断地位。

苏州广播电视总台积极推动媒体深度融合，坚持移动优先和用户思维，不断加大以内容为根本，技术为支撑的“新媒体+”产品的开发力度，形成了内容丰富、形态多样、传播多元的融媒体产品，培育了名城苏州网、移动客户端“看苏州”和“无线苏州”等高黏度、社群化、服务性的平台，推动了区域最大的全媒体矩阵和数据库的建立，新媒体总用户超700万。

总台自2009年起加快发展文化产业，自筹资金建设现代传媒广场、国际影视娱乐城、演艺中心二期三大文化产业项目，面积近68万平方米。2011年全资组建苏州广电传媒集团有限公司，加快产业运作，酒店管理、办公租赁、金融租赁、影视投资、教育培训、户外广告、艺术品投资等新产业的拓展，优化了产业结构，确保了总台经营创收总量在全国城市广电始终处于前列。苏州广电正朝着“建设全国一流的城市现代传媒产业集团”的方向努力前进。

【本案例资料来源：苏州广播电视总台官网】

⑤媒体运营，产业是一个生态，跨界更是一种必然。跨界是互联网思维之一，在移动互联网背景下，城市媒体打造自己的新平台、新内容、新技术，并由此跨领域突破，拓展自己的产业，形成上下游关联产品，形成优势互补的生态链，是媒体融合发展的应有之意。

⑥媒体融合，赢利是一种能力。如果媒体融合只是在事业单位性质里换汤不换药，那国家只需要像推行县级融媒体中心一样，在体制内融合各级媒体了。平台大小不同，体量不同，作用不同，诸多因素决定着城市媒体与县级媒体的不同。而关于省市媒体报台合一的试点，为何迟迟未能推出可供推广的模式？主要原因之一，就在于机构的赢利能力。动辄几百人、几千人甚至上万人的机构合并，都由“政府包养”，这可能吗？有意义吗？

赢利是运营能力的财务体现，它需要平台、用户、技术、模式、团队等要素的支撑。而这些要素，恰恰就是打造媒体机构内容生产传播能力、媒体影响力、舆论引导力的要素。除个别重要媒体外，无法想象一家没有赢利能力的媒体，能有很强的影响力和引导力。

媒体融合，要考虑媒体生态与产业生态的重建，更要考虑赢利结构的优化。哪些业务已经没有利润（比如有些频道已经亏本，需要关停并转），哪些利润是下行的，哪些是上升的，哪些又是未来的利润方向，要像分析产能一样，对自己的赢利结构进行不断优化，固本与培元相统一，近忧与远虑相协调，才能确保利润盈余，保障媒体深度融合发展。

【案例】天津海河传媒中心

天津海河传媒中心实现报台合并后，将原“两报一台”所属新媒体采编人员、平台、项目等资源整建制划入北方网，组建津云新媒体集团；主动关闭《中国技术市场报》《渤海早报》《采风报》《球迷》《假日100》《范儿》《育儿》《智力》《今晚经济周报》《今日天津》10个子报子刊；关闭国际频道、高清搏击、时代风尚、时代美食、时代家居、时代出行6个电视频道，调整区县联盟、音乐2个广播频率定位；停更合并天津网、今晚网、今晚海外网、天视网、天津广播网等5个新闻网站和“新闻117”“前沿”“问津”3个客户端，优化传媒资源结构。同时整合经营资源，全面清理无关主业且亏损严重的经营性公司，关闭51家企业，裁减安置冗员563人。

【案例】绍兴市新闻传媒中心

绍兴市新闻传媒中心成立以来，也在整合资源上下功夫：加快产业整合，拓展传媒领域，完善经营机制。

整合产业资源，他们对原绍兴报业集团、绍兴广电集团下属26家公司全面清理整并，对没有发展前景、经营效益不佳的下属公司坚决关停，对业务雷同的下属公司实行整合。成立一年来已清理整合下属公司10多家，形成传媒服务、广告会展、延伸产业、投资业务等四大板块，努力实现“瘦身健体、突出主业、规范运行”。

拓展传媒领域，面对传统媒体广告下滑的态势，大力拓展会展、文化创意、户外广告等传媒新产业。筹建浙江越牛会展公司，积极参与市内、市外重大活动的策展服务，2019年实现营业收入8500万元，利润1200多万元，成为绍兴会展的“金字招牌”。目前正在规划实施总投资4000万元的越王城文创园项目。

完善经营机制，对经营主体考核逐步从成本控制转变为利润考核。

2019 年先试行对广播事业部进行净利润考核，年底考核结果实现净利润 900 多万元。2000 年进一步对会展、创意、网媒、影视投资 4 家公司实际利润考核，推动下属公司实行独立核算、自我发展、自我约束、自负盈亏。

【案例】珠海传媒集团

珠海传媒集团旗下拥有报纸、广播、电视、杂志、网站、新媒体、户外媒体等全媒体生产链条。产业方面则整合原报业集团、原广电集团经营资源，以项目为突破口，打通全媒体资源，打造立体化营销模式，组建了 12 家下属公司，明确各下属公司的业务边界、资源配置以及内部结算机制，推动各公司发挥资源整合协同效力。

珠海传媒集团进入了出版发行、广告经营、新媒体运营、教育培训、会展服务、文化产业投资与孵化、文化产业园区管理等文化产业全领域。在传统业务经营上，重点围绕重大活动节点尝试采编经营联合策划机制；在新媒体业务板块，整合集团技术资源成立的融创科技公司在 2019 年营收同比增长近 8 倍；开发建设拥有自主知识产权的“九霄”融媒体平台，加快打造新媒体“第三极”；整合市属国有传媒类资源，布局户外媒体产业链，拓展原创活动、会展、教育培训等多元业务。2019 年，集团新媒体主营业务营收同比增长 51.9%，新媒体广告业务收入同比增长 66.5%。

【案例】大连新闻传媒集团

大连新闻传媒集团 2018 年报台合并后，优质资源“做加法”——大连日报提质增效，广播电视做精做优，大连晚报改版，天健网技术团队整体转型。落后产能“做减法”——休刊《地铁时报》和《新商报》，《东北之窗》杂志、《海燕》文学期刊转企改制，依据收视收听和经营创收数据，按照末位淘汰原则逐步裁减一批广播电视节目。

【案例】河南济源新闻传媒中心

济源新闻传媒中心积极探索“媒体 +”的运营模式，聚焦报刊发行、影视制作、文化创意、演艺活动、旅游服务、传媒培训、电商贸易等业务，发挥传媒优势，做大做强传媒品牌。未来重点是打破壁垒，探索融媒工作室等运作模式，通过机制打破人员、资源等生产要素的壁垒，促进更深层次的融合。

四、组织机构重组，体制机制重构

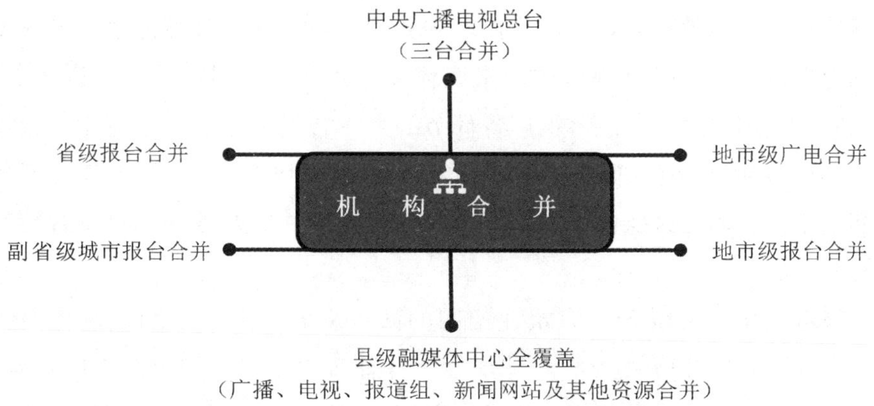

图例 7－6　机构合并是对媒体整合的探索

①2014 年 8 月，中共中央全面深化改革领导小组通过《关于推动传统媒体和媒体融合发展的指导意见》，吹响了媒体融合发展的号角。

在过去的上半场，包括城市媒体在内的传统媒体机构，纷纷放活管理体制，进行了不懈的探索。比如前文说过的工作室模式，无锡广电为激励员工投入融媒建设，建立以兴趣专长为纽带的媒体人工作室——“百室千端　智慧联盟”。该项目产品旨在聚集社群圈落，通过“我中有你，你中有我”的融合运营，进一步活跃受众和用户，提升无锡广电的聚合引领力量。据了解，无锡广电首批 13 个工作室包含短视频生产发布、公益活动、电商运营、维权项目、婚恋亲子等多个领域。工作室入驻无锡广电官方客户端“智慧无锡”App：好的内容＋好的技术支撑＋好的平台呈现，“主持人＋”的力量充分体现。工作室模式开启了无锡广电在媒体融合方面的新试水。

②在过去的上半场，中央和众多省级媒体凭借政策、理念、资金、技术、人才以及实力等多方面优势，使强者更强。

来看央媒，人民日报首创“中央厨房”建设，为媒体融合树立了标杆；人民网、“人民号”账号为新媒体做了样板；一大批的融媒体工作室脱颖而出，为主流媒体如何做好新媒体指明了方向。

新华社媒体融合更具国际视野，它在实战、实用、实际方面，做得很到位；借助新技术力量，新华社的平台更加强大，突出了新闻的时效性，以及传播的快捷性；同样，它的媒体大脑板块，开创了我国媒体融合运用大数据和人工智能的先河。

中央广播电视总台打造适合于媒体服务应用的智媒数据链产品，利用云计算平台提供数据处理、数据提取和数据交换等核心计算能力，形成整个动力中枢；产品平台提供覆盖融媒体新闻生产、节目制作、融媒运营、台网联动、用户服务、品牌推广各环节的六大智能数据产品；应用平台提供“新闻智播”“节目智作”“融媒智营”“品牌智推”“决策智控”五大智能应用，驱动融合媒体向数据化、智能化发展，更好地为总台融合转型目标服务。

来看上海。隶属于上海报业集团的澎湃新闻、上观新闻以及界面新闻，以及上海广播电视台的阿基米德、看看新闻，它们的成绩毋庸置疑。其中，上海报业的澎湃新闻去年已经有 3 亿元的收入，界面新闻去年的收入达到 4 亿元，上海报业的新媒体板块去年已取得了 7 亿元的营收。而上海广电则取得了更大的成绩，其广告收入只占到总收入的百分之二十左右，百分之八十左右都是产业板块的收入。

“看看新闻 Knews”进一步明确将现场直播报道和视频产品生产作为品牌的核心竞争力。它分别在“短”视频和“长”视频两处布局，融合推进，成绩显著。实现产品 IP 在大屏、中屏、小屏等介质上的全面覆盖，积极拓展在其他平台和渠道的内容分发与深度合作。

再看湖南。芒果 TV，作为湖南广电旗下互联网视频平台，以视听互动为核心，实现“多屏合一”，是独播、跨屏、自制的新媒体视听综合传播服务平台。2017 年，芒果 TV 扭亏为盈，率先实现中国视频行业盈利 4. 89 亿元。2018 年 6 月，快乐购（300413. SZ）重大资产重组正式获批。

芒果 TV 作为湖南广电“双核驱动”战略主体之一，与芒果互娱、天娱传媒、芒果影视、芒果娱乐五家公司整体打包注入快乐购，正式成为国内 A 股中首家国有控股的视频平台。同年 7 月，快乐购正式更名“芒果超媒”。芒果 TV 由湖南快乐阳光互动娱乐传媒有限公司（简称“快乐阳光”）负责具体运营，连续五年获评中国互联网企业百强，连续四年获评“世界媒体五百强”。（注：此案例参考百度词条）

对于城市媒体来说，央媒自来就是可望而不可即的存在。省级媒体往日与一些发达城市媒体还存在着“如胶似漆”的竞争，但在这一轮媒体融合的竞赛中，省级媒体的站位与优势突显，“出省”则是其最大亮点与优势。而当省级媒体“统一”全省，走向全国时，城市媒体的空间似乎在不自觉中减缩了。

【案例】天津海河传媒中心（省级）

2018 年，天津日报社（天津日报报业集团）、今晚报社（今晚传媒集团）、天津广播电视台、天津广电传媒集团，组建天津海河传媒中心，实现“报纸无社、广电无台”运行。

作为首个省级媒体“报台合并”，备受业界关注。

天津海河传媒中心将原 6 个厅级单位重组为 1 个厅级单位，是典型的报业与广电组合的融媒模式。局级领导职数由 8 正、32 副，大幅削减为 2 正、11 副，削减 6 个正局、21 个副局。内设机构由改革前的 117 个压缩至 57 个，处级干部职数由改革前的 433 名压缩至 197 名。

【案例】大连新闻传媒集团（副省级）

2018 年 8 月，经过近两年筹备推进，大连新闻传媒集团挂牌成立，将报业、广播、电视、门户网站、出版社、京剧院等 11 家单位 5000 余人整合到一起。

大连新闻传媒集团推进“六个分开”：

★剥离印刷、发行、广告，避免采编与经营相互交叉，实现事企分开。

★集团编委会管宣传，控股公司董事会管经营，实现业务分开。

★经营性资产划入控股公司，公益性资产留在事业集团，实现资产分开。

★宣传考核社会效益、社会价值，经营进行社会效益、经济效益“双效同考”，实现考核分开。

★事业身份人员向采编播管岗位集中，其他人员向企业流动，统一理顺合同关系，实现人员分开。

★重大事项决策权和监督管理权在集团党委，采编权、发稿权、播放权在各媒体单位，广告经营权在控股公司，实现“三权”分开。

③而另一个层级——县级融媒体中心的全面覆盖政策，使县级媒体能够充分运用政策优势，深耕本土。它们或享受政策红利，大多数县级融媒体中心都是由财政兜底的；或发挥单项优势，尖兵突围，比如尤溪县融媒体中心；或利用政务优势，形成本土板块，如长兴模式。它们的兴起，分割着城市媒体的影响力和市场份额。

【案例】尤溪融媒体中心（县级）

据《媒体融合发展观察丨尤溪县融媒体中心探索新时代县级融媒体发展新路径》一文介绍，2018 年 9 月 21 日，尤溪县融媒体中心挂牌成立。该中心在“机制创活、技术创新、内容创优、产业创效”等方面形成了“尤溪模式”，被中宣部、国家广电总局列为县级媒体融合改革发展典型案例。

究其特色，一是全县合力在政策、资金、人才等方面对中心建设予以扶持。县委主要领导挂帅县融媒体中心建设工作领导小组，明确中心优先参与全县的智慧政务、智慧城市等建设，并将人员工资、办公经费等列入每年度县级财政预算。将户外公益广告牌、城区公共阅报栏等县域公共媒体和国有广告资源统一划拨给中心管理经营。县财政投入 6000 多万元建设全媒体采编中心、演播中心、运营中心，推动各乡镇、县直部门入驻“智慧尤溪”App 客户端。

二是技术创新，打造平台。与第三方机构共同研发融媒体中心指挥平台。“智慧尤溪”App 汇集新闻资讯、政务矩阵、直播点播、便民服务、扫码支付、智慧城市等功能，在全国县级中心率先运用 4K 技术、AR 技术、云服务。开通掌上政务、预约挂号、求职就业、智慧旅游、文明实践等多项服务功能，与“主播带货”等活动结合运营，着力打造“指尖上的行政服务中心”。

三是内容创优，做精影视作品。纪录片《守摊人》等 60 多部作品获奖，如《距离一米　因为爱你》入选 2020 全国新冠肺炎疫情防控主题公益广告二类扶持项目，《点滴积累　守护“粮”心》入选全国优秀广播电视公益广告作品库，《“战士”林上斗》等入选 2020 年第三季度优秀国产纪录片推荐播映作品，短视频《武汉记“疫”》等 4 件作品获第八届全国市县电视台推优展播一等奖。特别值得一提的是，龙溪融媒体中心突破地域限制，与中国市县广播电视台“长城协作联盟”合作，打造“互联网＋广电＋旅游”的“游视界”平台，出县跨省承接业务。依托“中国市县电视台影视研发基地”品牌，承接外省100多个宣传片、纪录片、微电影的拍摄制作业务——这或许是龙溪模式的真正竞争优势。

④央媒、省媒与县级融媒体中心的改革先行一步，彻底改变了原有的媒体格局。央媒更加突出其权威、实力与政治背书；省媒纷纷“内统外拓”，打造全国型移动媒体；县级融媒体中心一方面守住“末端”，另一方面又以模式形态走向联合，最终将使“末端”固化。

在移动互联网背景下，地域已不再成为约束。以前以城市为“一亩三分地”的城市媒体，外不跨地域抢地盘，内经营好县（市、区），已经成为城市媒体的“本土优势”。如今，外对省级媒体，内对县级融媒体中心（此处不谈各种商业平台了），双向挤压，必然导致“空心化”风险，城市媒体的“本土优势”还存在否？

固本培元——继续深耕城市，努力走出“城门”，或许是城市媒体面对“追兵”与“堵截”困境做大做强的办法。但要走向全国，或者成为区域媒体，对城市媒体固有的不跨界习惯、经验，对领导视野、理念，对城市影响力、资源，对突破方向选择、竞争力，都是一个相当大的挑战。

⑤“报台合并”已经成为城市媒体落实媒体融合发展要求的“潮流”做法，其实也是城市媒体面对省、县上下双向挤压的突围之举。试想，在以前，城市报、台之间的竞争更甚于与上下层级的竞争，如今焉能不抱团取暖，不整合资源一致对外？

【案例】中卫市新闻传媒集团

2014年8月，中卫新闻传媒中心成立，整合原中卫日报社、中卫广播电视台、中卫新闻网的媒体资源。2017年6月，更名为中卫市新闻传媒集团。投资500多万元建成“中央信息厨房采编平台”，经营收入连续3年逆势上扬，每年增速达30%以上。

【案例】银川市新闻传媒集团

2016年12月26日，银川市新闻传媒集团揭牌成立，整合原银川日报社、银川市广播电视台资源。经过3年多实践探索，银川市新闻传媒集团确立了“中央厨房”“银川发布”客户端两个核心，挂牌成立了12个工作室，推出“银川晚报”“直播银川”“这里是银川”抖音号。

【案例】营口新闻传媒中心

2017年6月挂牌成立，由原营口广播电视台、营口日报社、营口晚报社等市直新闻媒体融合组建而成。营口市财政对营口新闻传媒中心实行员额制补贴。

营口新闻传媒中心参照现代企业管理制度，引进麦肯锡绩效管理模式，推行“AB岗”和全员绩效考核，以“财政兜底+绩效考核”的方式对人员经费进行二次分配。每名员工身兼至少两个岗位的职责。合同制员工参照事业身份人员标准发放，实现同工同酬。

【案例】湖州市新闻传媒中心（集团）

2018年6月上旬，湖州正式启动市新闻传媒中心和市传媒集团的组建工作。2019年12月9日，湖州市新闻传媒中心、湖州市传媒集团有限公司正式挂牌。中心（集团）对湖州日报报业集团（湖州日报社）、湖州广播电视传媒集团（湖州广播电视总台）两家单位进行整合，不再保留湖州日报报业集团（湖州日报社）和湖州广播电视传媒集团（湖州广播电视总台）。

湖州市传媒集团有限公司则由市新闻传媒中心（事业身份）出资组建，保持了“两块牌子、一套人马”模式。

【案例】芜湖传媒集团

2018年9月，芜湖传媒集团成立。

它的成立走过了一个较为漫长的过程，是先逐步整合再挂牌模式。据了解，2015年芜湖市委市政府提出报社、广电要进行跨媒体融合发展，鼓励芜湖日报报业集团和芜湖市广播电视台在打造新媒体上进行探索和尝试。2018年2月，芜湖报业集团和芜湖市广播电视台开始“两块牌子、一套班子”运行。2018年4月，集团全媒体新闻中心成立，统筹管理报、台、网、端的宣传；全媒体编委会统一管理调度报社、广电各媒体。8月，集团全媒体文旅专副部、时政新闻采访部、民生新闻采访部先后成立。

【案例】晋城市新闻传媒集团

2018年10月9日上午，晋城市新闻传媒集团成立，该集团整合太行日报社和晋城广播电视台资源，属于具有公益属性的国有独资公司。太行日报社和晋城广播电视台作为党的意识形态的重要载体和财政投入的主体，保留事业单位性质和事业单位法人，由市委、市政府授权传媒集团管理。传媒集团、太行日报社和晋城广播电视台实行“三块牌子、一套人马”的运行机制。

【案例】珠海传媒集团

2019年4月28日正式挂牌，整合了珠海报业集团、珠海广电集团和其他国有传媒类资源，属全媒体国有文化传媒企业集团。

珠海传媒集团采编部门从改革前的18个融合为改革后的7大中心，融媒体中心一期工程已建成，“中央厨房”全新升级；“九霄”融媒体生态系统首期开发已基本完成。

【案例】齐齐哈尔市新闻传媒中心

2019年5月10日，齐齐哈尔市新闻传媒中心揭牌成立，这是黑龙江省首家地市级融媒体中心。该中心成立后，首任党委书记、主任一职由曾任县委书记的王书伟担任。

【案例】绍兴市新闻传媒中心（传媒集团）

2019年8月，绍兴市新闻传媒中心（传媒集团）正式挂牌，整合绍兴日报社（绍兴报业传媒集团）、绍兴广播电视总台（绍兴广播电视传媒集团），实行“两块牌子、一套班子”，有员工1200多名，全面实行企业化管理、考核、监督。

中心（集团）建成后大幅压缩调整机构人员，内设机构从原来的49个压缩为25个，中层从原来的112个核减到75个，分步推进全员岗位双向选聘工作。建立“三个条线、五大中心”整体架构，即行政、采编、经营3条业务线，调度中心、采集中心、编发中心、新媒中心、技术中心5个二级采编中心。

据了解，整合后一年多时间，旗下报纸发行逆势增长，广播电视收听收视率在浙江省领跑，新建的移动客户端“越牛新闻”用户突破400万，年度净利润比融合前增加2000万元。

【案例】张家口市新闻中心（传媒集团）

2019年9月，张家口市新闻中心、张家口新闻传媒集团正式揭牌，将各类传播渠道统一整合，建立集宣传报道、信息发布、便民服务为一体的融合传播平台。

【案例】淮北市传媒中心

2019年10月，淮北市传媒中心正式成立，整合淮北日报社、市广播电视台等媒体资源。

淮北市传媒中心由指挥中心、采集中心、节目中心、编辑中心和数字媒体中心等组成。原淮北市广播电视台党委书记、台长的盛磊出任淮北市传媒中心党委书记、主任，原淮北日报社总编辑李少华担任传媒中心总编辑。

【案例】汕头融媒集团

2020年5月10日，汕头融媒集团正式挂牌成立，定位为市政府直属国有文化企业。集团整合汕头日报、汕头电台、汕头电视台、汕头橄榄台、“汕头Plus”、大华网等“报、台、网、端、屏”媒体平台矩阵。

汕头融媒集团机构设置实现扁平化，内设部门从65个精减为25个，大幅减少62%；正科级职数从47个减少为24个，减少了近50%。深化分配机制改革，聘请第三方专业机构制订绩效考核薪酬管理办法，实行“以岗定薪”“以绩取酬”。以建设融媒体指挥中心为抓手，由编委会统一调度指挥的新闻生产机制，建立支撑内容策、采、编、发软硬件设施和运行机制。拓展发展新空间，携手华为公司、电信公司、移动公司、联通公司、广电网络公司、铁塔公司等六大基础电信运营商、互联网企业，推进前沿技术与媒体融合发展深度融合，牵头成立“5G＋4K＋AI融合应用协作体”，建设5G直播实验室、“美丽汕头”5G＋VR直播平台和4K/8K高清视频制作中心，构建融媒产业生态圈，大力拓展数字经济产业。归纳起来有如下几点：

★4K/8K 内容资源与 5G 网络优势紧密结合。

★利用 AI 技术重构媒体的生产传播。

★推进 5G 在高清高速、智能制造、智慧城市、便民服务等领域落地。

★拓展媒体的产品边界。

★拓展媒体融合发展新空间。

【本章案例部分参考网络资料】

⑥报台合并的优势毋庸置疑。从政策体制上说，党委政府以及用户只要对应一个官方媒体了，政策红利不用考虑报台平衡了，政府补贴不用一分为二了。从资源上说，报台各有优势，取长补短，可以重构新的竞争力；不再重复建设——比如广电做报纸，报社有电台——可以最大限度节省成本，形成合力；人力资源也形成了互补，在互联网产品生态下形成全链条生产优势。从发展方向和打造竞争力来说，资源的丰富性，必然提升整体实力，从而使打造本土优势与走出“城门”并行成为可能。

⑦报台合并还有另一个“被动”原因：媒体融合发展，是一个时代性命题，同时也是传统媒体的一次自我革命，谈何容易？报台合并，等于是打碎原有格局，“先破后立”，优势重整，重新“试错”的一次机会。

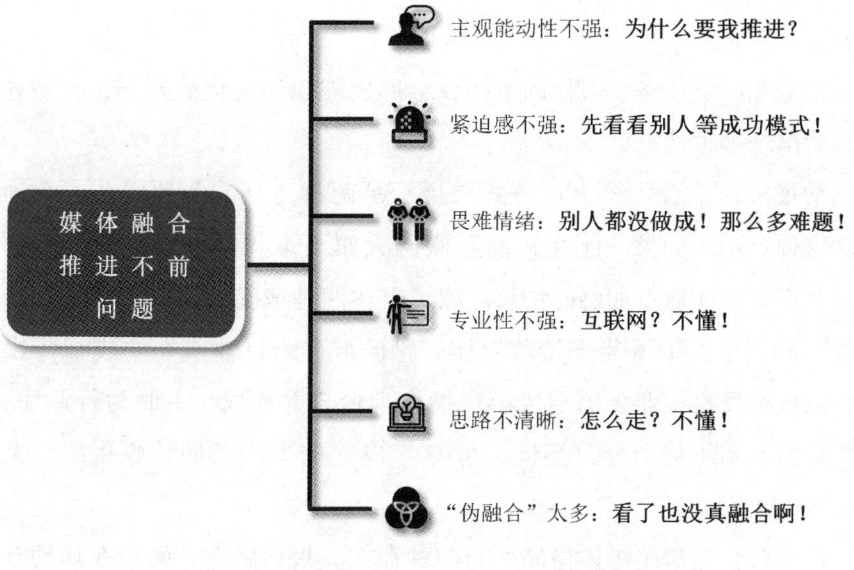

图例 7－7　城市媒体面临融合推进不前问题

⑧当然，报台合并也存在很多现实难题。

一是领导职数的改变，看看前面天津的案例，一下子减少那么多领导职数怎么安排？这是市里该有的犹豫。

二是班子成员难分工，很容易形成报社领导仍旧管报社，广电领导仍旧管广电的局面——那跟宣传部管着报社与广电有什么差别?

三是队伍难融合，报台各有各的员工群体，如果合并后未能真正重新设立融合部门，很容易导致报纸、广电“特色”部门的存在，那就仍是报纸和广电了。

四是思想难融合，做了一辈子报纸和做了一辈子广电的员工，思想上、思维上、习惯上、方式上都存在着巨大差异，思想文化的融合，不是一时三刻可以做到的。

五是主次说不清，虽然并不存在谁融合（兼并）谁，但谁当“一把手”，总部设在哪里，以哪一方为主体，等，都会让人联想到“谁兼并了谁”，并由此产生一系列本不必存在和发生的问题。

六是机制和分配难调和，虽然大同小异，但两家单位机制上总是存在不同，合并后，分配上也非常难拿捏，你能轻易说报纸（或广电）哪个业务不重要或重要?

七是同样的，裁撤弱势产能、人员，扶持优势产能、人员，都很难有“服众”的标准。

报纸和广电业务、习惯的不同，会形成理念和文化的差异，容易导致合并后出现多种情况。

⑨报与台，就传统生产方式来说，是两种方式，两种团队，两种文化。这种差别，如果没能在移动互联网大旗下取得应有的一致，报台融合，并不见得能取得如愿的结果。除了上述四种情况外，也出现了“合久必分”的现象。2006年开始跨媒体、跨区域、跨行业成立的成都传媒集团，由成都日报报业集团与成都广播电视台合并而成，一时为行业注目，却在我们不知不觉中分道扬镳。2010年成立的大庆新闻传媒集团，也在2019年报台分离。

报与台，是传统媒体格局下的两种存在。报台融合，必须在移动互联

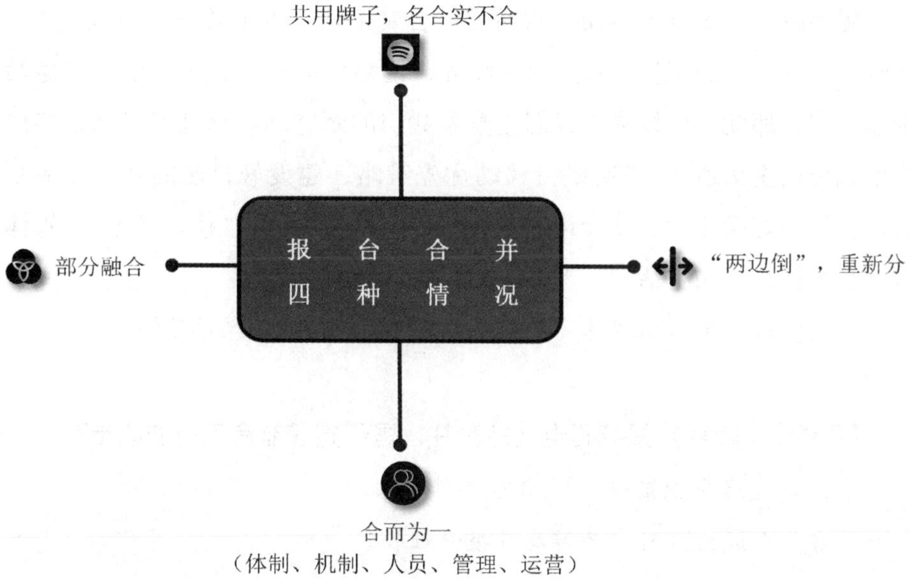

图例7－8　“报台合并”存在的四种情况

网大背景下，实现媒介形态的大一统，从而形成全媒体格局，才有可能获得成功。同样的，报台融合，也必须真正把体制机制、生产方式、生产流程、媒体结构、产业结构、价值取向、团队建设与企业文化，都放在移动互联网这一大熔炉里，熔化重构，才有可能获得成功。这或许才是报台合并的标准。

⑩报台合并，并不是媒体融合的唯一路径。媒体融合，原意是传统媒体与新媒体的融合。顾名思义，城市媒体内部机构优化重组，也是解放生产力，也同样可以走出融合之路。这个我们将在下一章继续涉及。

⑪相比报台融合和内部结构重整等形式，“一把手工程”与“移动优先”才是真正的制度保障。

媒体融合发展是“一把手工程”，是一级党委“一把手”的责任，也是一个媒体“一把手”的责任。这个“一把手”是仅仅站在完成政治任务的角度抓，还是同时站在传媒行业的角度抓；是用传统媒体的思维抓还是用新媒体的思维抓；是从解决眼前问题抓，还是着眼长远去布局，由此导出的体制机制不一样，结果自然也不一样。

媒体融合，是基于移动互联网的融合。正如习近平总书记所说，“人在哪儿，宣传思想工作的重点就在哪儿，网络空间已经成为人们生产生活的新空间，那就也应该成为我们党凝聚共识的新空间。移动互联网已经成为信息传播主渠道。”“要坚持移动优先策略，建设好自己的移动传播平台，管好用好商业化、社会化的互联网平台。”脱离了“移动优先”，媒体融合就可能是一句空话。

让我们以一个城市媒体“一把手”的感言作为本章的结尾。

【案例】（转载）报纸和电视台合并，是否到了非合不可的地步？

来源丨《城市党报研究》2020 年第 12 期

作者丨袁成文（作者为蚌埠日报社社长）

导读：为深入研究报台合并情况，2020 年上半年，笔者通过实地考察、面谈、电话、微信交流的方式，了解了多省多地报台合并的情况。作为媒体融合的重要探索，在没有统一要求和部署的情况下，地市报台合并目前仍是百花齐放的状态。鞋子是否合脚，要自己磨合了才知道。

01

头雁领先，模式各异

报台合并从“试水”走向“潮起”

地市报台合并之风已有多年。

查询网络和业内刊物，2018 年，天津组建海河传媒中心。

同年 8 月，大连新闻传媒集团成立。

2019 年 3 月，张家口新闻中心临时党委在张家口报业大厦成立。

同年 8 月，绍兴新闻中心、绍兴传媒集团挂牌成立，“两块牌子、一套班子”，全面实行企业化管理、考核、监督。传媒中心是市属正县级事业单位，传媒集团是市政府直属国有文化企业，从启动到组建完成用了 3 个多月。

当然，业内合而又分的实例也有，如：

2010 年 10 月，大庆报业、电视、广播合并组建大庆传媒集团。经过 9 年实践，2019 年 4 月，两家分立：报社和广电分别为市委、市政府直属事业单位。牡丹江、成都大张旗鼓地合，悄无声息地分。

为深入研究报台合并情况，2020 年上半年，笔者通过实地考察、面谈、电话、微信交流的方式，了解了多省多地报台合并的情况，了解的单位有已经合并一年以上、正在实施合并和未合并等状态，了解的对象有报台和新机构的法人代表、中层员工等。样本包括并不限于：

A 市：市委支持，给钱给楼。

2019 年 10 月 9 日挂牌成立 A 市新闻传媒中心。2020 年 1 月正式报台合并运作。供给上，合并后的中心收支“量入为出”。市财政按 307 个编制，每年定补 3600 万元。新上项目另行报告研究。

员工薪酬按全额拨款事业单位套改，由“基本工资 + 日常绩效（按岗位）+ 专项绩效 + 年底一次性奖励”构成，比党政机关略高。目前，原报社员工收入没有下降，原广电员工收入有所增长。至发稿时，新机构已接到省编委批复，性质为正县级事业单位，企业化管理。

B 市：市属报台两家媒体供给上都较困难。

2019 年做媒体融合方案，由宣传部副部长一人兼任报社、广电“一把手”。2019 年 8 月，将两家媒体的新媒部分合并办公，成立市新媒体中心，没有机构编制，共 25 人，新媒体各平台架构模式不变，人员和供给渠道不变。

C 市：高层意志坚定，态度鲜明。

财政保障从高从宽，充分保障。操作过程稳妥扎实，先易后难。报台员工薪资差距不大，合并后只升不降。总体是人员、供给、业务真正融合，上下皆大欢喜。思想上，认准合并是方向，由广电台书记、台长兼任报社书记、社长。

第一步，2017 年 7 月，整合成立 C 市新媒体中心，合并报台新媒体业务。2017 年 9 月运行“今日 C 市”App。

第二步合并报台的时政新闻报道板块。

第三步合并报台文化副刊旅游板块。2018 年 9 月 29 日挂牌成立 C 市传媒集团。最后合并机关管理板块。薪酬体系设计“就高不就低”，均取原报台各项的最高值，稳定了队伍。省编委批复名称“C 市传媒中心”，正县级事业单位，9 个县级干部职数。其中党委书记、主任、总编 3 人为正县职。

经过 3 年整合，现在，薪酬统一，采编统一，经营统一，行管统一。财政每年保障中心正常开支，2018 年为 4500 万元，2019 年为 4000 万元。记者每月有向全媒体平台供稿 8 篇的任务。考核办按 ABCD 等次评分计酬 75—25 元，点击量过万另加 100 元。

02

有长有短，见仁见智

报台合并利弊分析

世上没有两片相同的树叶。

作为媒体融合的重要探索，在没有统一要求和部署的情况下，地市报台合并目前仍是百花齐放的状态。鞋子是否合脚，要自己磨合了才知道。根据有限的样本，笔者试对报台合并作利弊分析。

利的一面：有利于形成城市党媒宣传合力，提升内宣、外宣、网宣整体力量和水平；有利于降低上下级之间和媒体内部管理成本，提高效能。两单位同类部门可以合并，结构性减员可以互相调剂，减少震荡；有利于增强党媒与社会媒体在内容制作、舆论引导、媒体运营等方面的竞争实力和能力。

不利的一面：在党媒各自本已多样化的人员身份、薪酬模式基础上，更增加了变数，加大日常管理难度；运营收入会形成“$1+1<2$”的效应；其他。

关于合并后的机构性质，也有多项选择——

如果选择全额拨款事业单位，合并前后须逐步剥离广告经营、文化产业、纸媒印刷等非核心业务，通过自然减员消化人员。单位瘦身健体，集中力量于“一端两微、一报两台”。保障上由财政全额供给，管理模式上全面对接党政机关。

这个模式“利”的一面是，符合十八大以后中央关于党风廉政建设的各项规定，没有上下级的管理理念碰撞乃至摩擦；

“弊”的一面是财政增加支出，各地因财力不同，承受能力会有区别，进而影响决策。

在薪酬体系、激励机制上全面对标党政机关，会形成新的“大锅饭”，也会造成一部分原薪资在社会平均线以上的采编、经营业务骨干的离职。

如果继续选择自收自支、企业化管理事业单位（这是目前各级党媒普遍实行的财政供给模式，也是报台合并为传媒中心后供给模式的首选）：

“利”的一面是市级层面减少财政供给的压力，方案易于在决策层通过。单位内部会继续保持“自我加压，争创一流”的管理文化，大部分人会坦然面对岗位、薪酬的变化；

“弊”的一面，主要是会继续延续与若干主管部门的对接障碍。如：

（一）企业化管理带来的逐利本能，不符合中办、国办《关于深化事业单位改革试点工作的指导意见》（中办发【2020】13 号）。该文件明确“事企分开”“如期完成从事经营活动事业单位改革，推进事企分开”“鼓励各地通过整合、脱钩、转企、转型等方式，加快事业单位改革。面向社会提供公益服务，要突出主责主业，破除逐利机制，从事与主业相关活动取得的收入按照国家相关规定使用和监管”等。

（二）不符合政策条规对国家公职人员的管理要求；不符合对新闻单位采编经营分离，防止有偿新闻、有偿不闻的规定；不符合公益性事业单位“社会效益与经济效益统筹，以社会效益为主”的规定。

除了上述技术性问题，报台合并更要深入思考：是否到了非合不可的地步；它们各自在合并前有哪些核心问题；是否能够通过合并解决；为什么合并前解决不了，合并后就能解决；报台合并准备达到什么目的，是全国同行大势所趋，还是准备用一种改革举措争取政策和资金临时“纾困”；面对一项前所未有的重大改革举措，整个城市是否有一种鼓励创新、欣赏创新、敢为天下先的行政文化。

03

试水容错，千帆竞发
开创媒体融合新篇

凡举大事者必起于细，“慢决策、快实施”的理念同样适用于当下面对报台合并的各阶层。

作为事关媒体融合的大事，注定充满挑战和变数，即便有市级的总体谋划，也需要操盘者们实时的智慧与变通，不可能时时处处有“依据”。

要符合深改的精神，就应予以放行，鼓励闯和试，芜湖、绍兴等先试先行城市的实践也很好地证明了这一点。

同时，也希望上级在充分调研的基础上，像指导全国县级融媒中心建设那样，适时出台关于新时代地市党媒机构设置、供给模式、发展方向等“顶层设计”文件，推动党媒事业更好发展。

第八章

团队转型

提升移动互联网运用能力

08

要　点

①媒体融合既需要顶层设计，也需要发挥群众创造力。坐等顶层设计和成功模式，是借口，是在浪费时机，最后吃亏的是员工与财政。媒体队伍的移动互联网应用能力转型，是发挥群众创造力的基础，也是每个媒体机构当前力所能及的。

②移动优先是规律，更是思维。主力军挺进主战场——没有让大多数从业者去接触、试验新媒体，就不可能获得应用能力。运营账号和自建平台是媒体机构培养人才的首选。

③移动互联网市场是新“用户池”“传播场”和应用场景。接触、了解、掌握移动互联网市场，目的在于运营，更在于用户——没有市场就没有用户。

④“移动优先”不仅仅指移动首发，还在于优先投入，优先建设，优先运用，更在于思想导向和价值取向的优先。

⑤新闻可以通过8种转型带动9个变化。较早接触市场的媒体机构、人员，转型较快。重点在时政新闻，难点也在时政新闻。

⑥内容产品化，是媒体融合过程中必须迈过的坎。它需要符合6大标准。就如不能用传统媒体思维做新媒体一样，内容产品化，不要以自己的“价值观”喜好去替代用户的“价值观”喜好。

⑦跳出传统媒体做内容产品，或许也可以获取一定的比较优势。内容产品生产与媒体运营分离，正如与渠道、平台分离一样，也将成为必然趋势。

⑧把赢利点埋在整个项目的各个环节，是整个“整合→分销”模式的关键之所在。

⑨如何跳出地域思维，面向全国广大用户与市场，重新定位生成新的内容产品IP，或许是媒体融合背景下城市媒体做大做强的途径之一。

⑩媒体融合，要用做产品的思维来做内容、做媒体，新闻与“内容”仍然是媒体的核心，作用甚至比以往更加重要。

网络化、移动化社会，加速了新兴媒体生态系统的生成。我们所说的新型媒体阵地建设与媒体深度融合发展，就走在这一新生态生成的路上。

媒体生态变革，带来的不仅仅是政策和顶层设计的变化，也会引起万千从业者的不安与调整——这就是职业能力与职业观念的变化。

这也是为什么媒体融合工程已过上半场，却仍有很多媒体领导与从业人员还在观望、等待，或者迷茫或者绕圈而停步不前的原因。

其实，纵观历史成功变革，无不在于“上下同欲者”，群众的创造力才是真正的变革推动力量！

城市媒体的从业者，在这场大变革中，也同样不能缺席。

第一节　能力条件

——媒体深度融合时代，一切谈在口头上的，都是虚的。能力与实力才是真的——对城市媒体机构是这样，对个人更是这样。只要想想20年前的国企改革1.0，你就知道，能力，对于一个行业人或者单位来说，有多重要。

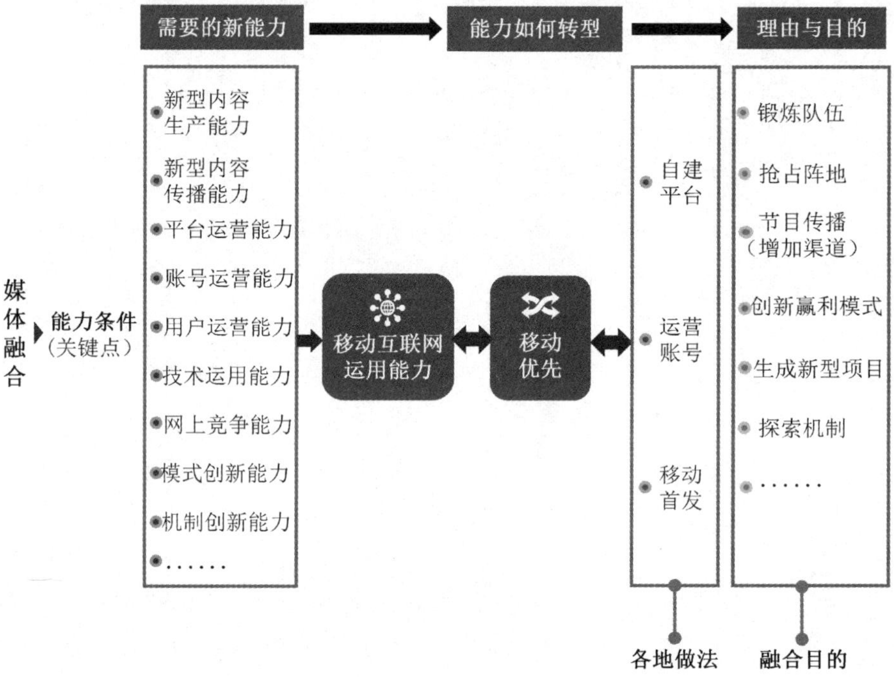

图例 8－1　媒体融合需要能力转型

①媒体融合发展，不是简单来个“报台合并”或做一个机构调整就能解决问题的。

媒体融合发展的关键还在于人——人的融合与团队能力转型。

人的融合，是人从原有的报纸、广电的行业文化中、生产方式中走出来，走进移动互联网文化和全媒体生产方式中，走入移动互联网大“熔炉”中，最后融合成一种人、一种文化。

而能力的转型，实际上就是提升移动互联网运用能力。

只有让传统媒体从业者充分尝试新媒体，才能逐步实现能力转型。这是传统媒体机构当前力所能及的。坐等顶层设计或他人成功模式，白白错失时机，等到自己的媒体功能已被取代或挤压，那就尴尬了。

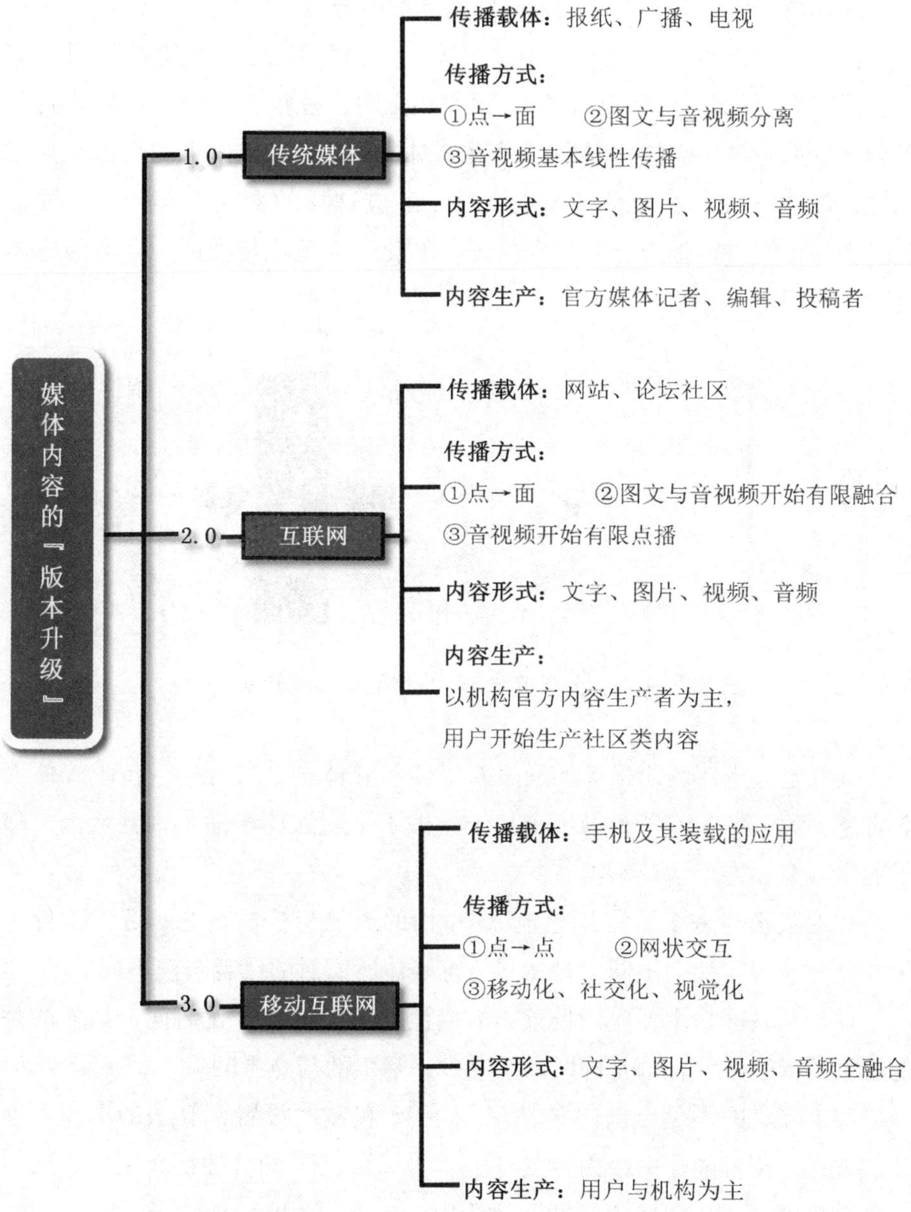

图例 8-2　媒体内容的“版本升级”

移动优先，不仅仅是媒体行业的事，它是社会规律，也是必备思维；媒体融合发展需要顶层设计，更需要渗透到媒体从业人员的血液里，激发员工积极性、创造力，让它成为一种能力，更成为一种文化。

②对传统媒体人来说，首先要提升的是新型内容生产能力与传播能力。

媒体内容生产与传播，套用互联网的版本分级，已经进入了3.0阶段。

由“固定渠道”到“移动化”，从“点到面”到“点到点”网状交互，从“我说你听（看）”到社交化，从文图、视频、音频单一形式到全融合内容形态，从媒体官方生产到用户创作发声，媒体内容的形态、需求标准、传播方式，发生了颠覆性变化。顺应这样的变化，碎片化、视觉化、产品化的内容生产能力与全网式、IP化、渠道化传播能力，成为媒体融合过程的转型必然。

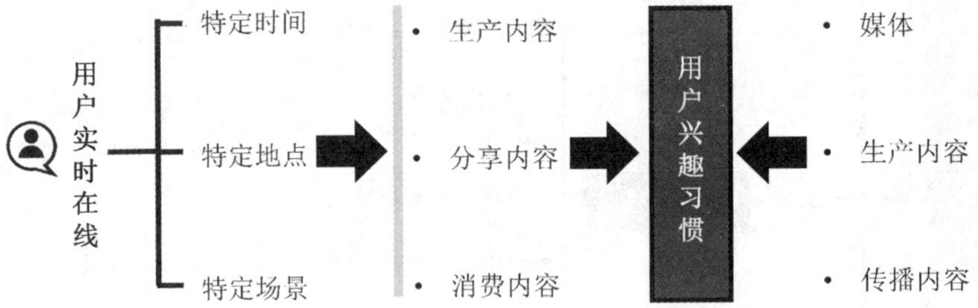

图例8－3　根据用户消费习惯生产和传播内容

③在过去十年纷纷扬扬的迎战新媒体和媒体融合过程中，传统媒体人常常感到无奈：辛辛苦苦做了个片子，做了个新媒体产品，推到网上，却如泥牛入海，连个水花都没有。

移动互联网是个新“用户池”，里面的人的想法与观念、习惯与价值取向，都与现实社会不同，自然与传统媒体所面对的读者观众不同。

移动互联网是个新应用场景，人们消耗更多的碎片化时间，消耗的是对手机的依赖，消耗的是即时的互动——陌生的与熟悉的。

移动互联网还是个新“传播场”，平台机制的设置，算法的干预，推送的选择，都可能让一个内容置身于“身不由己”的传播链条之中，或收获大众粉丝，或在传播“运载”过程中，成为撒落路面的沙子。

在这样的用户个性化选择、应用场景与传播渠道下，我们必须了解市场，了解用户，必须学习新型的内容生产方式与传播方式，才能让我们的内容产品，符合消费者的消费习惯，才能满足用户的需求，也才能引来用户的围观、分享与消费。

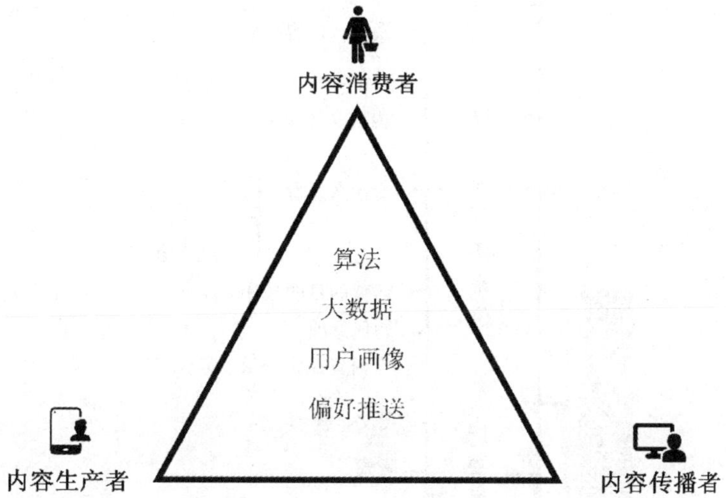

图例 8-4　“生产—传播—消费”三者关系

④在央媒、全国性新媒体、商业平台与本土新媒体“经纬切割”市场的今天，作为城市媒体，账号运营成为一种标配，一种必须，也成为一种能力。这种能力常常被一些传统媒体的资深从业者“不以为然”，自认为作为一名单位的“名牌”哪有玩不转的。结果自然可想而知。事实上，只要百度一下，就可以搜出一堆的账号运营技巧，有各平台官方培训的，有培训机构广告推广的，都有账号达人总结的经验。他们在告诉你各个平台账号运行机制的不同，算法的不同，定位的技巧，包括标题的做法等等。可以说，玩转了账号，你已经是一个移动互联网运用的“初级达人”。

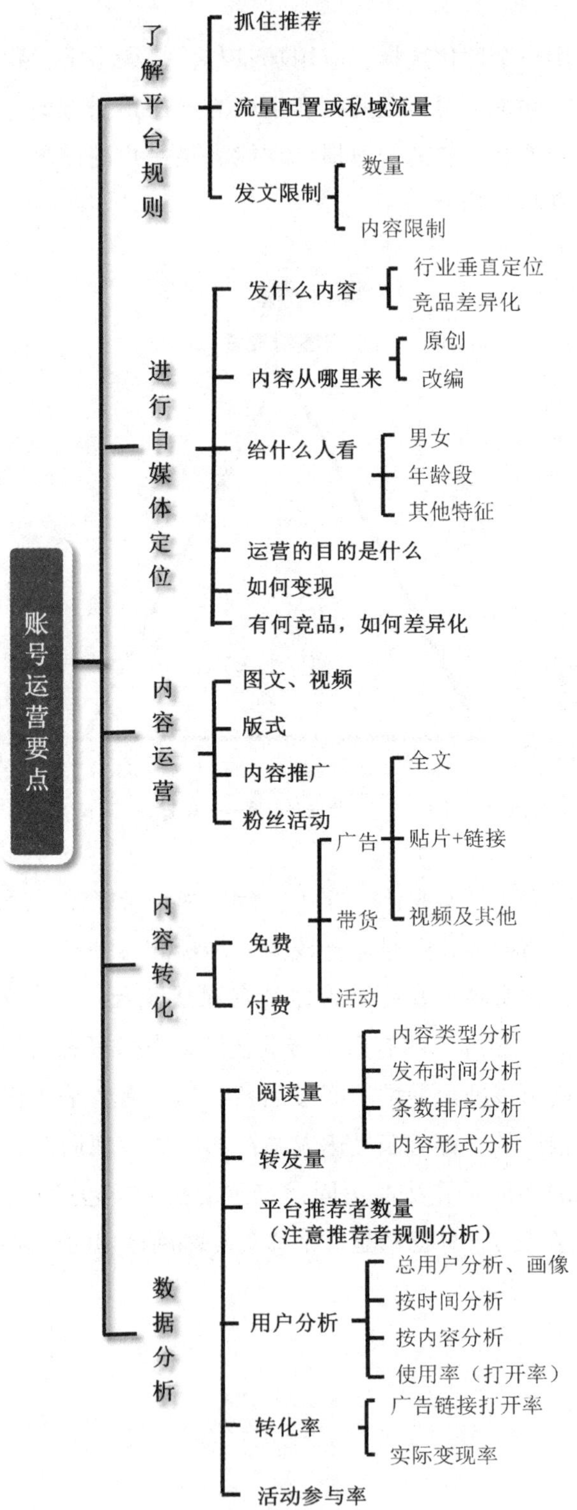

图例8－5　新媒体账号运营的常规要点

【案例】谈公众号日常运营及推广方法

近几年微信端的流量获取越来越难，整体打开率（头条阅读量/总粉丝数）跟阅读量都在逐步下降，这是大家的共识跟行情。基于目前的情况，作为一名公众号运营者，应该怎么来实现用户的逆势增长呢？

一、谈谈定位

账号定位：如果把公众号比作一艘在大海里航行的船，那么定位就是航向。方向错了，可能离目标越来越远。换句话来说，后公众号时代，一味地搬运泛娱乐内容，除了流量获取会越来越难之外，粉丝黏性也会持续下降，后续的运营难度就会提高。

定位，其实就是给自己贴标签的过程。运营者需要明确，读者是谁？他们感兴趣的内容是什么？我的内容可以给读者带来什么价值？我的风格调性是什么？独特之处是什么？这里简单谈论几点：

①这里我们举个例子，如果你综合分析目前已有的资源跟优势，明确你要做一个母婴类型的公众号，那么你的主要受众就是年龄30—40岁之间的女性。作为运营者，就要开始调研这部分用户的内容偏好、价值点等。

而在调研过程，你势必会在互联网上找到一些受众的聚集地。比如，你在寻找0—3岁孩子的妈妈比较关注的商品，你发现在小红书上，有很多你的受众在分享交流，那么这个聚集地，就是你后续要重点关注的推广渠道。

明确受众且聚焦，那么后续的整个公众号账号的运营都围绕这个基础来进行，无论是推广还是后续粉丝留存，都会事半功倍。

②定位内容方向，明确行文风格，找到“空缺点”。

有了合适的定位，基本就能保证你的内容范围。作为运营者你会清楚知道，什么样的内容你需要做，什么样的内容是你不能做的。在这个阶段，作为运营者就需要大量地去调研同类型的竞品，以保证自己选题的准确性。

假如你调研竞品内容的时候，发现大多数竞品的行文风格都千篇一律，那么相同的内容不同的行文风格往往也是一个决胜点。比如你决意做一个金融账号，你发现大量竞品的风格都比较严肃，很多专业术语。那么这个时候，用“幽默通俗的语言科普金融专业术语”也许就是一个不错的突破点。

在内容同质化的今天，除了要定位行文内容，更多的，是要在行文风格上找突破。

③形成品牌效应，把增量做成存量。

明确了受众，也明确内容跟调性，就比较容易占据用户心智。当用户需求某类内容，或者看到某类内容的时候，就能联想到你。当然为了加深这种印象，很多运营者往往还会塑造一个符合自身定位的虚拟人设，符合受众审美的人设，这是提升粉丝黏性的有效手段。

在当下，我们往往都在谈论流量，而流量本质是人的注意力。一个好的定位，是能更迅速，更简洁抓住注意力，进而让用户记住你。这就保证你在后公众号时代，能立于不败之地。

二、谈谈微信推广及活动

粉丝 = 曝光数 × 关注转化率

在账号运营初期，往往面临没有粉丝的困境。粉丝是最后转化的体现，对于这个问题，其实应该拆分成曝光和转化率。这里我们谈谈曝光应该怎么做。

曝光：我们先简单地将曝光渠道分为两部分，微信内跟微信外。微信内指的就是我们在微信这个产品内，我们能获得的曝光点。微信外就是微信以外我们能获取的曝光点。这里我们画个简单的导图。

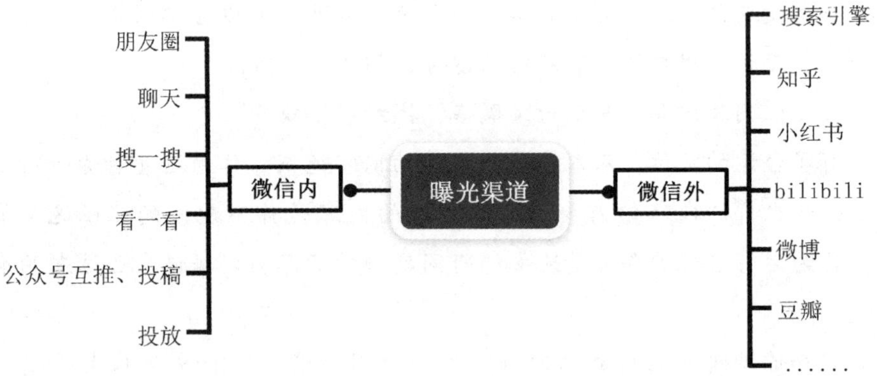

图例 8 -6　曝光渠道分析

①微信搜一搜

抢占微信搜一搜的曝光点总结两种方法，一种是追热点，一种是做好公众号搜索排名。前者是提升文章在微信搜索的权重，后者则是提升文章的搜索权重。总结下来，其实就是抢占关键词。

追热点：一般热点事件的传播速度是微博高于微信。当你发现某个你想去追的热点时，除了热点本身，很多运营者经常会忽略关键词。简单地说，微信搜一搜已经是很普及的用户获取信息方式，那么如果能提前抢占热点关键词，就能给公众号带来大量的曝光。

运营者需要先明确“搜索词”，你的标题跟“搜索词”越匹配，那么搜索量越大。除了关键词匹配之外，首段或者简介适当堆砌一些“搜索词”，也是不错的办法。

公众号搜索排名：追热点往往更注重提升单篇文章的搜索权重，而做排名，更注重的是整个账号的权重提升。举个例子，假设你希望做一个健身教程的公众号，那么如果搜索“健身”这个关键词下，你排名在第一位，那么预计一天会有几百个自然关注。而提升关键词权重，最简单的就是关键词匹配度，包括账号名称、简介、菜单栏等，当然，还有很多方法，这里只是浅谈一下。

②微信看一看

朋友在看：可以理解为是另一种推荐机制，读者在看的越多，收到推荐的概率越大，所以在运营过程，要尤为注意引导读者点击在看。

视频号导流：视频号作为为数不多的微信提供“公域流量”的地方，这里合理利用视频号“拓展链接”的功能，是能有效给公众号带来曝光的。

②公众号投稿、互推

对于内容原创能力比较自信的运营者，可以多尝试把自己的稿件投给一些大的 KOL（关键意见领袖），内容好的情况，大号 KOL 转载自己的文章，能带来的曝光也十分可观。

至于互推，一般是寻找跟自己体量差不多的公众账号运营者相互推荐。除了相互推荐，还可以联合举办活动，也是不错的选择。

③广告投放

投放是最快的获取曝光的形式，但是门槛也是最高。做好投放的关键点其实就是做好投入产出。在没有合适的变现方式或者清晰的商业模式的时候，不太建议靠投放来进行涨粉。

④聊天、朋友圈（转发裂变）

提高转发的方式很多，比如经常与粉丝互动、KOL效应、内容共情、活动等等。最直接有效的方式是活动，这里我们简单谈谈做线上活动的几个核心点。

a. 明确活动指标。不能单纯为做活动而做活动，而是明确活动是要提高哪项关键指标。

b. 根据活动指标，明确活动内容。一般较为常用的活动方式有留言有礼、口令红包、抽奖、投票评比、有奖问答。选取合适的活动方式，挂钩对应指标。

c. 设计活动路径、奖品。很多运营者都清楚越是高价值的奖励越是打动人，但是要切记把奖励跟需要用户完成的行为进行挂钩，设计合理的用户路径。

d. 活动前期物料准备，活动需要的海报、预热文案等等。

e. 把握启动流量、预热时间。足够的用户参与是一个活动的关键，在没有足够启动流量的时候，就需要多花点时间。

f. 活动执行。

g. 后续数据总结。

三、微信之外

谈微信以外的渠道推广前，我们先来聊一聊内容价值点，要清楚在信息爆炸的时代，注意力成了一种稀缺的资源，有价值的内容往往能获得更多的曝光，而“吃水不忘挖井人”也会有效帮助这类文案获得更高的关注转化。

很多运营者在做推广的时候，往往还停留在“贴小广告”的思路，互联网经过这么多年的发展，这类方式的效果已经非常差。在当下的环境中，运营者应特别注意，要与内容平台“双赢”而不是做平台的对抗者。做内容价值点有一个屡试不爽的方式，就是信息整理。在没有良好的原创能力的时候，把一些碎片化信息整理成案，也是能很好地给读者用户提供价值的方式。

同样我们拿上面提到的母婴号来做个例子，新手妈妈往往会有很多的问题需要解决，这个时候如果运营者能够把这些问题及解决方案分门别类整理，然后做成教材包的方式，在推广渠道上发布一部分内容，并留下“完整版请关注××公众号获取”。效果是不是会好很多？

这里我们也简单举几个微信外的推广渠道：

①搜索引擎：虽然到移动互联网时代，搜索引擎式微，但其仍是绝大多数人主动获取信息时的首选方式。在人群定位清晰的前提下，受众的需求往往都是十分明确的，当你在搜索引擎上搜索这些需求点时，发现一些靠前的平台，就可以想办法在其留下你的公众号关注方式。

②问答平台：问答类平台是最推荐去做的推广渠道，也是涨粉效果最显著的渠道。这类平台例如知乎、百度知道、悟空问答等。通过问题搜索判断人群，再通过有价值的回答来吸粉。

③视频平台：抖音、西瓜、快手、哔哩哔哩弹幕视频网等，短视频时代下，这类平台的流量往往都很大，但是要在几分钟的视频里把一篇文章的信息完全呈现，也比较难。一般做法是短视频点题，后续更详细的内容放到公众号来进行吸粉。

④问题所在：外部引流渠道经常会遇到平台竞争从而无法植入的问题。这个时候还是需要把握好上文提到的“价值”，给读者提供价值，给平台提供价值。很多时候推广真不是一蹴而就，更多的是正确的运营思路加上绝对的执行力，毕竟“大道至简，正道沧桑”。

四、谈谈数据分析

运营的基础是数据，没有数据分析就没有运营方向。运营者在运营账号的过程中所需的数据，可以简单分为三类。用户数据、内容数据、活动数据。

①用户数据

用户画像：基础部分主要为关注来源、男女比例、地域分布、年龄分布。进阶部分主要为用户分层，结合画像数据，可以有效进行控制变量测试，得出更准确的结论。

用户增长数据：用户增长包含4个关键指标，新增人数、取关人数、净增人数、累积人数。结合上述关注来源，通过渠道新增用户、取关用户、净增用户我们可以间接分析出活动涨粉、内容涨粉、支付关注涨粉、广告涨粉等效果，从而针对性设计增长机制，增长用户。

用户互动数据：用户消息回复、互动次数、菜单栏点击次数、转发数。适当根据这些互动数据来有针对性地调整细节，从而提高粉丝活跃度和黏性。

②内容数据

内容分析我们着重关注全部图文，统计整个月的小时报数据，在我们做微信运营前期，这个是重点关注对象。它可以让我们清晰了解流量趋势，再通过综合对比分析得出关键流量时间节点，以这个节点我们就可以确定内容的推送时间。

另外，我们还可以关注爆文数据指标：阅读、分享、朋友圈、朋友在看。通过这些数据分析爆文吸引人传播的点，进而对运营作出调整。此外，整合多篇爆款内容，做词云分析，也可以较为有效地分析出用户的文章类型偏好。

③活动数据

主要是活动路径对应的转化节点数据，比方我们先把我们希望用户做的事情先画出一个简单的路径图，如下：

收到活动信息推送→点击活动信息→阅读完活动信息→点击参与活动→转发参与活动

在这个路径下，我们就需要清楚头条打开率、阅读率、点击率及转发率。明确这些数据，再通过多个数据的横向对比，一般都能清楚是哪个环节的问题，从而更好地进行运营迭代。

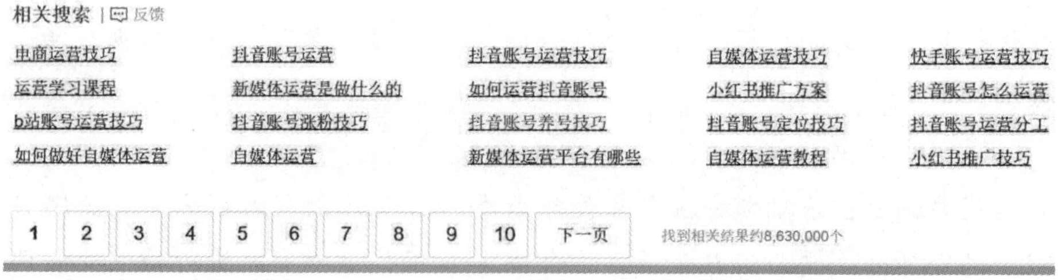

图例 8－7　账号运营技巧已成为网络流行“课程”

⑤自建新媒体平台，就是建设城市媒体的舆论新阵地。账号可以让传播扩大，可以使经营加分，但它终究无法成为城市媒体手中真正的阵地。只有自建新媒体平台，才能在移动互联网背景下，使之成为本市党委政府

自主宣传阵地，同时也成为城市服务的阵地、参与地方治理体系的阵地。但自建平台的建设运营，更是涉及移动运用的方方面面，除了内容之外，还需要平台运营能力、用户运营能力、技术运用能力、模式创新能力等等，成功者可谓移动互联网运用的“中级达人”。

⑥培育移动互联网运用能力，办法无非就是“移动优先”。“移动优先”不仅仅指移动首发，更在于优先投入，优先建设，优先运用，更在于思想导向和价值取向的优先。在这过程中，不求员工都成为“达人”，但要求员工通过账号和自建平台，为它们生产内容产品，跟踪干预传播，学习技术运用，参与用户运营、账号运营、项目运营。单位有平台，部门有账号，人人学运用，相信不论是移动互联网思维还是运用能力都会快速提升。

反过来说，通过账号与自建平台的运营，传统媒体的队伍能力转型，同时也为传统的版面、节目、项目增加了传播渠道，为传统媒体的创收加分，为模式创新与项目生成提供更宽阔的思维空间。

【案例】湖南日报社的“五个优先”

湖南日报社 2015 年上线了移动新媒体——“新湖南”，并落实“移动优先”原则。

第一是战略优先：举全报社之力来打造“新湖南”。

第二是内容优先：所有的重大的时政新闻、突发事件的报道，重大的舆论引导的稿件，优先“新湖南”刊发。

第三是人才优先：“新湖南”创办之初就从全报社选拔优秀人才。

第四是待遇优先：凡是到“新湖南”工作的人员在同等同类型的岗位、同等年资的条件下，收入比在湖南日报或者其他媒体高。

第五是技术优先：“中央厨房”围绕着“新湖南”、新媒体对于技术的需求进行设计和投入。

第二节　当前路径

——新媒体并非高不可攀，融合也并非遥不可及。观望，望不来发展，而是时机在流失；等待，等不来四海皆准的模式，等来的是自身能力在弱化。探索与前行，才是应对变革的转型姿态。

有关传统媒体新媒体建设和媒体深度融合，前面已经谈过很多，可以用三个词来概括：先进者“一骑绝尘”，中间者“步履蹒跚”，观望者“日子好过”。但央、省、县的探索，以及先进城市媒体的探索与“快步走”，不等于常态的城市媒体就“束手无策”“无计可施”。

【案例】“无线泉州”构建“平台＋台内部门＋宣传＋政务＋服务＋民生”融合体系

在推进媒体深度融合进程中，泉州广播电视台在机构改革方案尚未落地情况下，台党委成立工作领导小组和融媒办，开始了内部融媒变革。无线泉州作为自建平台，也开始探索更加有效的融合之路。以无线泉州为运营主体的新媒体公司成立近五年来，自营新媒体用户超600万，并实现了较高利润和较快增速，以“自我造血”推动新媒体平台的不断探索与升级。

①＋台内部门

传统媒体在融合过程中，往往碰到两个问题：一是员工缺乏新媒体运营实践，望而生畏；二是缺乏或没有充分利用自建平台，无法实现“一盘棋”格局，最后也无法生成有影响力的自建平台。泉州广播电视台为解决这个问题，出台文件，要求所有节目部门以移动优先思维创建新IP，同时必须实践外部平台账号和自建平台账号各一个以上，通过账号运营，促进节目部门的内容及经营活动IP化、新媒体化，更多员工掌握新媒体技能，形成一批新的有影响力IP。

作为该台自建平台的“无线泉州”App，早在2017年就开始尝试广播节目视频化等推进传统媒体融合转型的各种试验。2021年，按照台里的加快推进传统媒体融合转型的部署，投入资金，开发账号系统，率先对台内各部门开放，并逐步形成新媒体公司、台内节目部门、社会力量三方账号互相学习交流、互相PK促进的深度融合局面。

②+宣传

为实现多平台到达、多渠道传播、多介质融合的新媒体传播模式，同时使城市宣传走出地域，“无线泉州30+”跨媒体矩阵于2018年3月正式启用，建立了以“无线泉州”App为核心，覆盖“央媒专区+国际传播专区+全国大流量知名媒体专区+县市区自媒体”的四级传播链。2018年5月，中国新闻出版社广电报对此模式进行了报道点赞。

截至目前，“无线泉州30+”跨媒体矩阵中，新媒体公司自营用户已超600多万。2020年，“无线泉州”App共开设“习近平新时代中国特色社会主义思想大学习”“不忘初心、牢记使命”等56个专题专栏，“无线泉州30+”同步报道，成为泉州市的主要宣传渠道。

③+防疫

2020年新冠疫情期间，“无线泉州”开设“防疫泉知道”频道，报道抗疫一线动态，提供各种小程序应用查询，引导、服务群众防疫抗疫。据统计，该频道共推送相关资讯2258条，总阅读量超1.1亿。其中，《刚刚！泉州市人民政府发布通知》一文阅读量达264.7万。

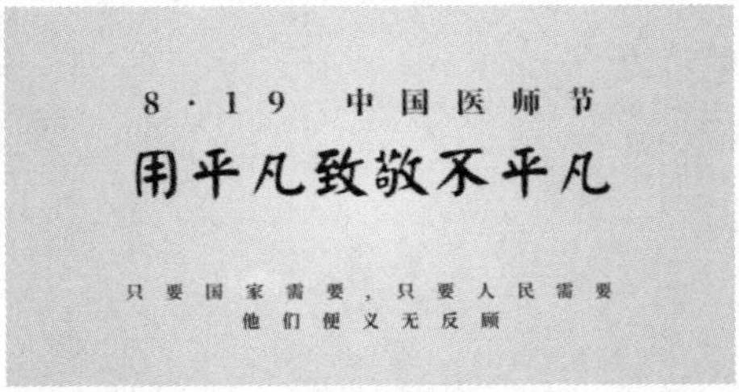

除常规图文报道外，“无线泉州”还通过长图、抖音、H5、投票等新媒体形式宣传新冠肺炎的健康科普知识；策划并执行“我在泉州我承诺”“我们在行动 防疫有画说”等活动；联合卫健系统推出宣传片《用平凡致敬不平凡》，以短视频形式记录30多位医务人员的抗疫英勇瞬间，浏览量达200万+。

④＋学习

为庆祝中国共产党成立100周年，助推党史学习教育活动，结合融媒体资源部署，建设“无线泉州党史学习平台”。

其中，“无线泉州”策划执行“奋进新征程　建功‘十四五’”党的十九届五中全会精神暨党史学习教育答题竞赛。历时五个多月，历经了线上学习、线上互动、网上挑战赛、线下总决赛四大阶段，活动浏览量达600万＋。网上挑战赛阶段，全市65个系统或单位报名参赛，100多万人次参与答题，活动专题浏览量超240万。

⑤＋政务

以自建平台和外部账号为基础，全台各节目部门发挥原有政务资源优势，展开新媒体服务对接。比如，与市政府办公室合作栏目“在线访谈”，以“声屏报网”打造融合传播优势，数十个市直部门“一把手”轮流上线接受市民投诉咨询；比如打造乡镇互动访谈栏目“镇在说”，以全景形式展现泉州乡镇谋发展，人民奔小康的真实面貌，为振兴泉州乡镇经济带来新动力。

⑥ + 商务

媒体产业化发展之路是大势所趋。“无线泉州”应时所需，配合泉州市文旅局开展“泉消费”优惠券发放的活动，推出“粒粒皆辛苦”等直播带货活动，以此促进内需，提振经济；策划执行“云上集市·泉州市产业直播购物节”，立足乡镇区域需求，为企业与主播、平台之间的沟通搭建桥梁，掀起一轮“共享直播”“云集市”“云带货”热潮，购物节活动曝光量达 5000 万 + ，带货金额达 10 亿多元。

此外，“一起淘”作为“无线泉州”“融媒体 + 工会”实践下的电商类生活服务综合平台，联合“魔筷直播”泉州基地、“在城市”广电联盟等资源，既“引进来”又“走出去”，实现多方共赢。

⑦ + 服务

“无线泉州”以“城市生活服务平台”为定位，除常规的各种生活服务之外，其最大特色就是聚焦两大工会会员群体——国有企事业单位会员和民营企业会员展开服务。“无线泉州”携手泉州市总工会搭建“泉工惠”平台，以 200 多万名工会会员实名制数据库为基础，以普惠、特惠为媒介，运用大数据、云服务等新技术手段，强化、提升网上工会品牌附加值，打造全国网上工会“泉州模式”。

比如根据过年疫情防控要求，“无线泉州”联合泉州市总工会策划了“2021 我在泉州过大年”系列活动，点击量达 1000 万 + 。这一系列包括

“我倡议·我承诺”“年货寄回家·送给咱爸妈”“职工年货广场”“学金句过大年　我们都是好样的”等活动，旨在为抗疫工作尽一份力，鼓励来泉务工人员安心扎根泉州，建设奉献泉州，做一名“新泉州人”。

⑧＋教育

教育是市民生活的焦点之一，也是媒体的传统关注点之一。“无线泉州”增设教育板块，通过“家长学院”“名师讲堂”“招考访谈”等栏目，以线上＋线下访谈、讲座的形式，为用户提供教育相关资讯和特色服务，获中国教育新闻网多次报道。

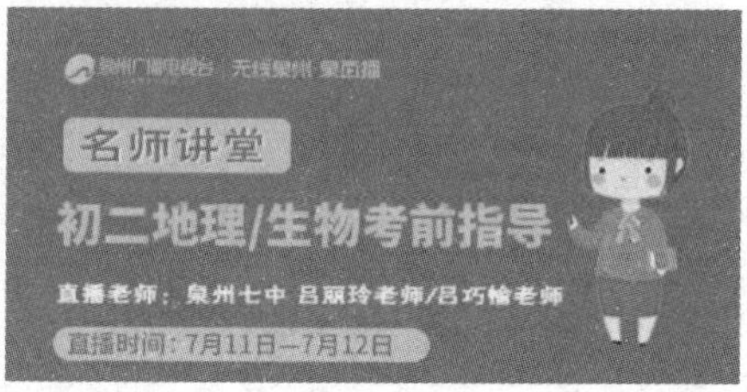

其中，“无线泉州·名师讲堂”栏目在2020年1月——新冠疫情暴发一周内启动，举办125场直播，吸引观看人数达1800多万人次。

⑨＋活动

“无线泉州”整合社会资源，以“平台＋公司”或“平台＋个人”的模式加强对外合作，推出“书香泉州·泉州市首届云阅读节”、“全民禁毒宣传月”活动云启动仪式等线上线下联动活动。

其中，“无线泉州”联合泉州市艺术馆策划“泉州市首届云艺术节”活动，首次采用“云比赛＋云展示”概念，打破空间地域的限制。该活动被纳入泉州市委网信办“2020泉州网络文化节”，并登上“学习强国”平台，成为泉州精神文化领域的IP品牌。

一、新闻传播移动化

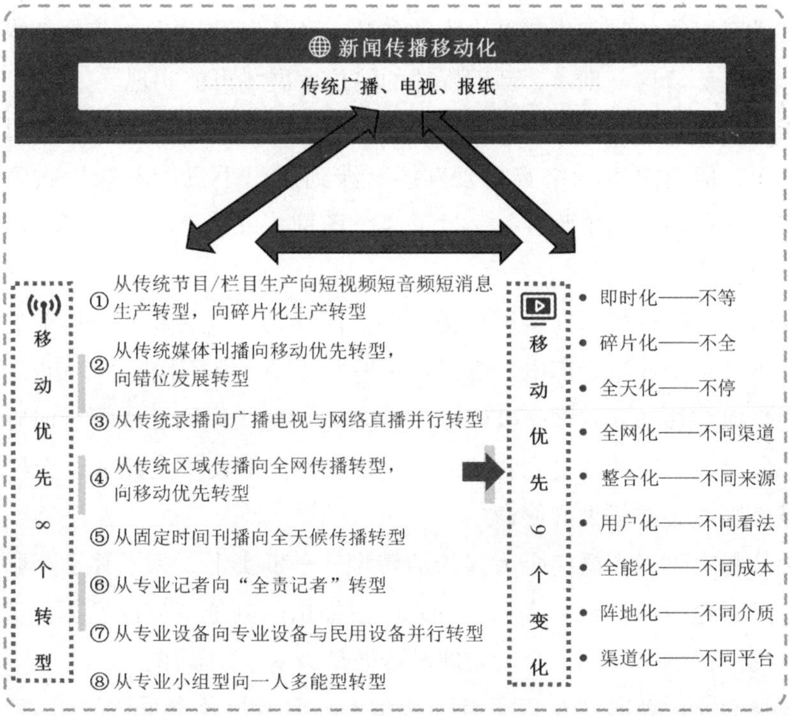

图例 8－8　移动优先 8 个转型带来 9 个变化

①新闻传播与舆论引导，是主流媒体的主业。但当有些报纸被整捆整捆搬进来又到废品站去的时候，当电视机被热门节目霸屏“跟我（台）无关”的时候，当辛辛苦苦生产的本土故事传播不出去的时候，当谣言满天飞群众无所适从的时候，主流媒体的作用就开始显现了，但显现的更多在于移动端——这也是传统媒体一直不愿接受的现实。

②新闻如何占领移动端？首先自己要“移动优先”，实现 8 个转型：

★从传统栏目/节目生产向短视频、短音频、短消息生产转型，向碎片化生产转型——适应移动互联网用户消耗碎片化时间的应用场景，我们提供的内容产品也必然是碎片化产品、短平快产品、视觉化产品。

★从传统媒体刊播向移动优先转型，向错位发展转型——21 世纪第一个十年，有一家媒体机构，因为突发事件是否应在网站先刊发引发争议：网站都发了，第二天报纸谁看？公婆都有理，争议10年，直到报纸和新闻网站双双没落，争执才尘埃落定。

移动新媒体的时间优势谁也无法忽略，你不优先刊发，其他新媒体也会发。只有认清这一现实，新旧媒体的错位发展才可能实现。

★从传统录播向广播电视与网络直播并行转型——传统录播的过时就不再说了，但有没有网络直播，直接牵涉到用户手机能不能接收到的问题，能不能在各种场景收看——过了这个场景，可能就不想看了，用户就是这么任性。

★从传统区域传播向全网传播转型，向移动优先转型——以前的传统媒体，不管是报业还是广电，都固守一地，并以“互不侵犯”“相安无事”为原则。但在移动互联网打破区域的背景下，这些原则已经不合时宜。固本培元，能走出去的，终究海阔天空。再说了，即使不走出去，全网传播仍是城市媒体必须承担的使命。

★从固定时间刊播向全天候传播转型——事实上，到了移动互联网下半场，除了超级“网红”节目，固定时段播出的其他节目已经不再被用户考虑在内。特别是新闻，全天候即时传播是最基本的要求。

★从专业记者向“全责记者”转型——记者只负责采访（采集）？建议你去问问MCN机构，他们还有没有采集—编辑—后期—审核—发布的流程？一个新闻，一个事件，一人负责到底，这就是“全责记者”。

★从专业设备向专业设备与民用设备并行转型——动则几十万的摄像机，还有转播器，还有一系列配套设备，这是广电专业所必须和讲究的。但在移动互联网时代，这些还需要吗？因为显示屏的不同，一个华为P40设备，就可以完成4K摄像，广电专业设备真的很重要吗？不客气地说，它不但浪费钱，还浪费人力，浪费时间。

★从专业小组型向一人多能型转型——大家都知道，传统广电生产都是一组人+设备+技术+摄像+文字，以前还要+灯光啥的。但国外专业机构生产模式、国内新兴平台模式，特别是抖音的用户生产模式，无情地告诉我们：这些都不需要！从用户生产模式来说，一台手机+一个人，就可以完成全流程生产、发布。新型专业媒体告诉我们，即使从专业新闻生产角度来说，也没那么麻烦，一个人+手机+航拍机器，就可以全流程报道和直播了。

事实上，纪录片等高水平的专业内容确实需要专业的设备和专业的团队。但对于快餐式的新闻来说，它的根本不在于此，在于快速的时效、专业的采访。时至今日，就不要动不动拿广电专业化说事吓唬人了。相反，报业在视频化和音频化方向上的探索，更接近移动传播的规律。

③新闻的移动化，不但要有思维和理念上的突破，更要在实际操作上实现9个突破。

★即时化——不等。以前广电媒体争取当天晚上发，报纸只能在第二天早上刊发。在移动互联网时代，一个微信公众号就把这些先机抢了，当天晚上、第二天早上，谁还会关心？

★碎片化——不全。移动互联网用户对内容的消费习惯，最重要的是在第一时间获知消息，至于还想了解更多背景和进展，持续关注或通过搜索引擎查阅就搞定了。碎片化内容，对应的是碎片化时间及其消费习惯。

★全天化——不停。这是“即时化”的延伸。即时 + 即时 + 即时……＝全天候。停了，就不即时；即时，就停不下来，这也符合用户对新闻事件的持续关注习惯。

★全网化——不同渠道。全网不是发到网上就叫全网（理论上是的），我们说的全网，是指主动向各大知名平台推送，也是通过不同渠道向知名平台推送，达到传播效果的最大化。

★整合化——不同来源。传统新闻或内容来源是现场，现在还增加了一个地方——网上，网络空间也是一个“社会”，是习近平总书记所说的“网络空间已经成为人们生产生活的新空间”。网络空间也是新闻发生地，用户提供不同角度、不同看法，舆论导向，相关部门新闻信息发布等，这些都是新闻来源。我们仍然提倡现场，但要善于整合，才能使新闻更趋近真相。

整合，更是在移动优先背景下，传统媒体做深、做透、做全的错位优势。

★用户化——不同看法。用户参与，是移动互联网内容生产的主要方式。用户的不同看法，能让我们避免片面，让我们更趋理智，也让我们更容易进行舆论引导。

★全能化——不同成本。这个就不用说了。

★阵地化——不同介质。这里说的阵地，是指移动互联网新的舆论阵地，也就是习近平总书记所说的“信息传播制高点”“信息传播主渠道”。新阵地可以是自建平台，也可以主流大号，但不管如何，都必须以用户和活跃度作为支撑，才能起到信息传播和舆论引导的主阵地作用。特别是建设好自建平台，才能真正迭代传统媒体的主阵地功能。

★渠道化——不同平台。这里指传播渠道。以前都是往上级媒体送稿作为对外传播主渠道。现在则以各大平台运营好账号为主渠道，这也是做好新闻传播和舆论引导的必要手段之一。

【案例】“快点温州”的“五发机制”

“五发机制”指首发、快发、优发、连发、转发。

他们的记者在第一时间拍摄照片、短视频，配上简要文字发回后台，实现第一时间快发。把新媒体首发当作基本要求，对重要选题提前策划实现“优发”，对一些突发事件、热点事件持续“连发”。而在完成新媒体端首发任务之后，前方记者还要深度采访，为传统媒体报道服务。

二、内容/栏目产品化

①百度文库对产品的定义是：产品是指能够提供市场，被人们使用和消费，并能满足人们某种需求的任何东西，包括有形的产品、无形的产品，或它们的组合。

②传统媒体人都会觉得优势在内容。但时至今日，大家也都知道，把传统的一些节目/栏目搬上网没有实际效果。产品化，是媒体融合过程中必须迈过的坎。

2015 年左右，一些平台和媒体开始尝试“内容付费”，探索内容产品化、商品化。随后，2016—2017 年，许多媒体开始大胆尝试“内容产品化”，把一些内容包装上网。

也有业界人士认为，内容从未为王，要实现价值，内容需要产品化。当内容需要用产品的方式来呈现时，工具就变得非常重要。而博客、微博、微信以及 App、小程序等互联网工具的出现，使内容产品化成为可能。“内容产品化以后，才可能被贩售得更远”。

其实，传统媒体在移动化过程中，内涵、外延都已经发生了很大变

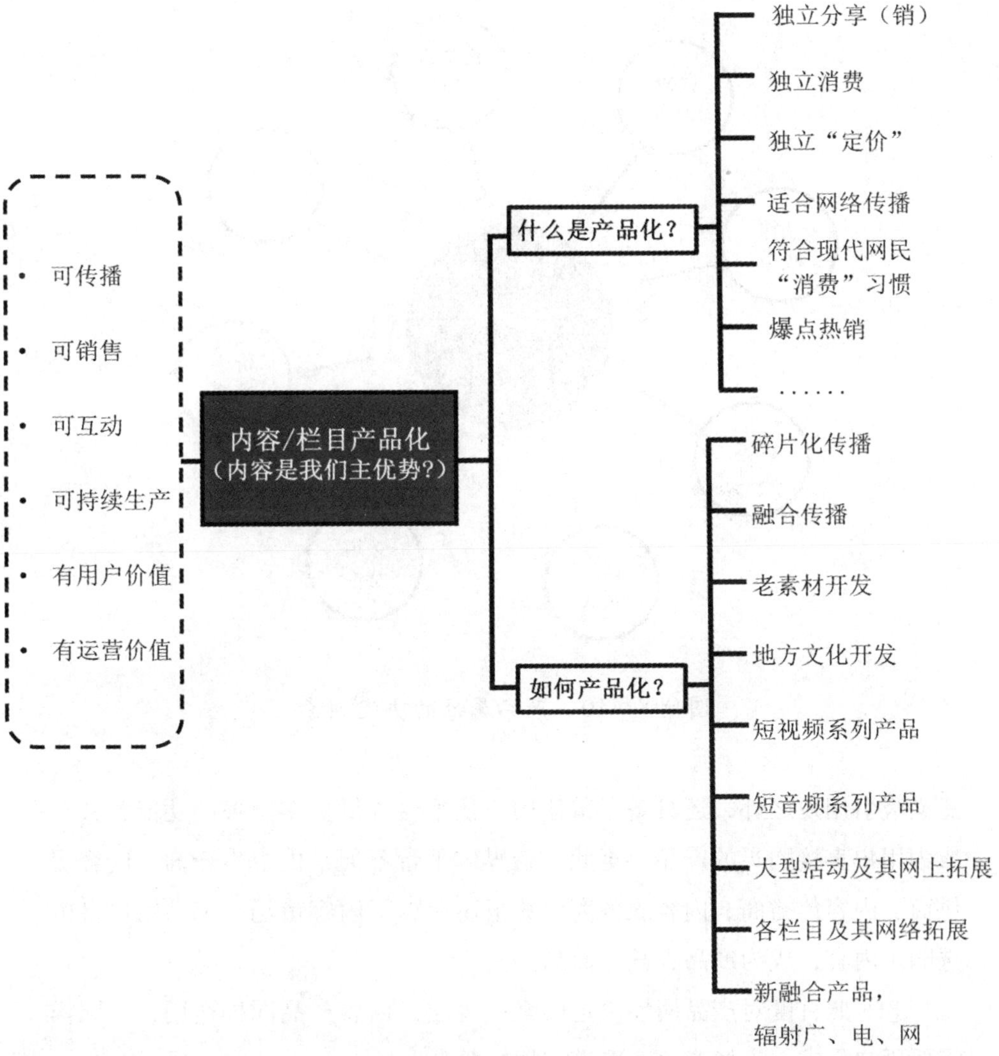

图例 8－9　内容/栏目产品化要求与路径

化，内容产品化就是这种变化的必然结果。传统媒体以前的生产模式是输出信息内容—获得用户注意力—售卖广告—受众注意力转化成广告费。在这个过程中，媒体是中介，内容也是中介。

但随着移动时代的到来，新媒体平台的运营模式已不再以广告为主要收益——一方面是与传统媒体时代相比，影响力被分散而下降；另一方面则是平台化运营带来的收益模式的多样化。而在这个过程，内容除了中介

图例 8－10　产品属性的决定因素

意义吸引用户之外，还具备了留住用户让平台提供更多服务的功能，甚至成为用户直接购买的产品。至此，新媒体平台不但是内容生产商、内容提供商、内容传播商、内容服务商，甚至还形成了内容市场——供用户自由选购。内容，成为产品，甚至商品。

③对照百度对产品属性决定因素的说法，内容产品同样适用，它同样需要用户需求、市场竞争、渠道传播等要素。

★需求因素——没需求，就不成为产品。这也是很多传统媒体把传统内容搬上手机，却没人消费的原因。

★消费者特性——有用户，才有消费。什么样的用户，消费什么样的内容产品。

★市场竞争——现在是信息过剩时代，独家垄断的、抢先机的、好质量的，而且是对用户有用的内容，才可能在内容竞争中抢夺用户眼球。

★价格档次——什么样的内容定什么样的“价”，有的内容产品可以直接付费售卖，有的内容产品只能吸引或留住用户，后续再做用户价值转化。

★渠道特性——就如传统商品的销售渠道一样，渠道让产品找到消费者。在移动互联网中，渠道更为重要，一是大平台用户体量大，类似于城市中心的大卖场；二是同一定位的平台，类似于专卖市场；三是本土平台，类似于菜市场或区域超市，主要为特定区域服务，并为其提供特定的产品。

★社会属性——作为产品，并不为个人生产，而有其社会公共产品性质。

★安全属性——传统实体产品不允许带有安全隐患，内容产品也一样，比如不能让少儿模仿危险动作等。

★法律政策——这就更好理解了，就是必须在法律政策允许范围内生产和传播。

相对于传统媒体以版面、栏目、节目、频道等形式存在的内容来说，内容产品还需要有独立分享（销）、独立消费、独立“定价”的特点，而不是频道节目或版面综合内容的一部分。它必须适合网络传播，符合网民的消费习惯，让用户能通过手机随时随地在各种场景下使用和消费，而不是存在于报纸这样的实体中，或广播电视的线性直播中；它不但要能在几秒钟内抓住用户眼球，最快捷地提供服务，还要能持续不断地进行长期服务。更具体点说，内容/栏目要产品化，必须满足以下“六大标准”：

★可传播——类似于传统商品的运输。这里特指移动传播，才能对接用户——移动互联网时代，无法在手机上呈现，就相当于无法消费。

★可销售——购买或订阅、分享。

★可互动——评论、延伸等，这是所有互联网产品的要求。

★可持续生产——一方面要求形式与质量的统一性，另一方面是通过长期供应，才能让用户习惯性消费，保证用户长期需求。

★有用户价值——实体商品没有用或不好用，就没人消费；对多数消费者没有用，就没有市场。内容产品也一样，必须对用户“有用”，简单地说，要么让用户接收到他认为有价值的信息，要么能帮助用户完成某项任务，要么能让用户娱乐、消磨时间。

★有运营价值——以前传统媒体的内容换取注意力再广告变现模式，虽然比较单一，但仍是运营价值的体现。移动互联网新媒体中，因为用户注意力分散和运营模式的多样化，对内容产品运营价值的要求也相对提高。对城市媒体的新媒体来说，没有质量和定位过硬的内容产品，无法在没有地域优势的移动互联网市场中获得用户和收益变现。

④以前出版书籍、唱片，虽然也是内容产品化，但在移动互联网市场，这种办法已经过时，不然书籍与唱片就不会没落。移动互联网的内容产品化，是一项全新的探索，它不但要考虑大众产品的特点，还要考虑内容这种产品的特殊性。

其一，内容生产的特殊性。内容生产是一种智力创造行为，它对生产者的知识储备、创造性思维都有较高的要求，它的投入成本是智慧与时间，它的产品必须符合传统文化与意识形态要求，

其二，消费对象的特殊性。他是用户，但他不是生活必需品的购买者，而是娱乐心情的购买者、工作帮助的需求者。套用马斯洛需求层次理论，内容产品消费者，不是第一二级的生理、安全需求者，而是社交、尊重、自我实现等高层级的需求者。

其三，市场和传播渠道特殊性。它跟其他产品不同，理论上说，全国人同一个市场，可能在同一时间消费。它的传播不需要运输，但需要好的传播渠道与销售平台。所以，用户多、专业对口的平台和渠道，对内容产品的传播与“销售”至关重要。平台、渠道建设运营与内容产品生产运营一样，都已经成为城市媒体转型努力的方向。

其四，消费形式的特殊性。它是一种“虚拟”的消费，价值取向根据用户特征喜好的不同而不同，更根据消费场景的不同而不同。比如说，累了，用户可能想消遣，感觉一个搞笑视频最有意思；写论文时，他可能觉得能给他提供观点的文章最有价值；在等车、等人、坐地铁公交时，短平快的新闻或段子可能成为用户首选。

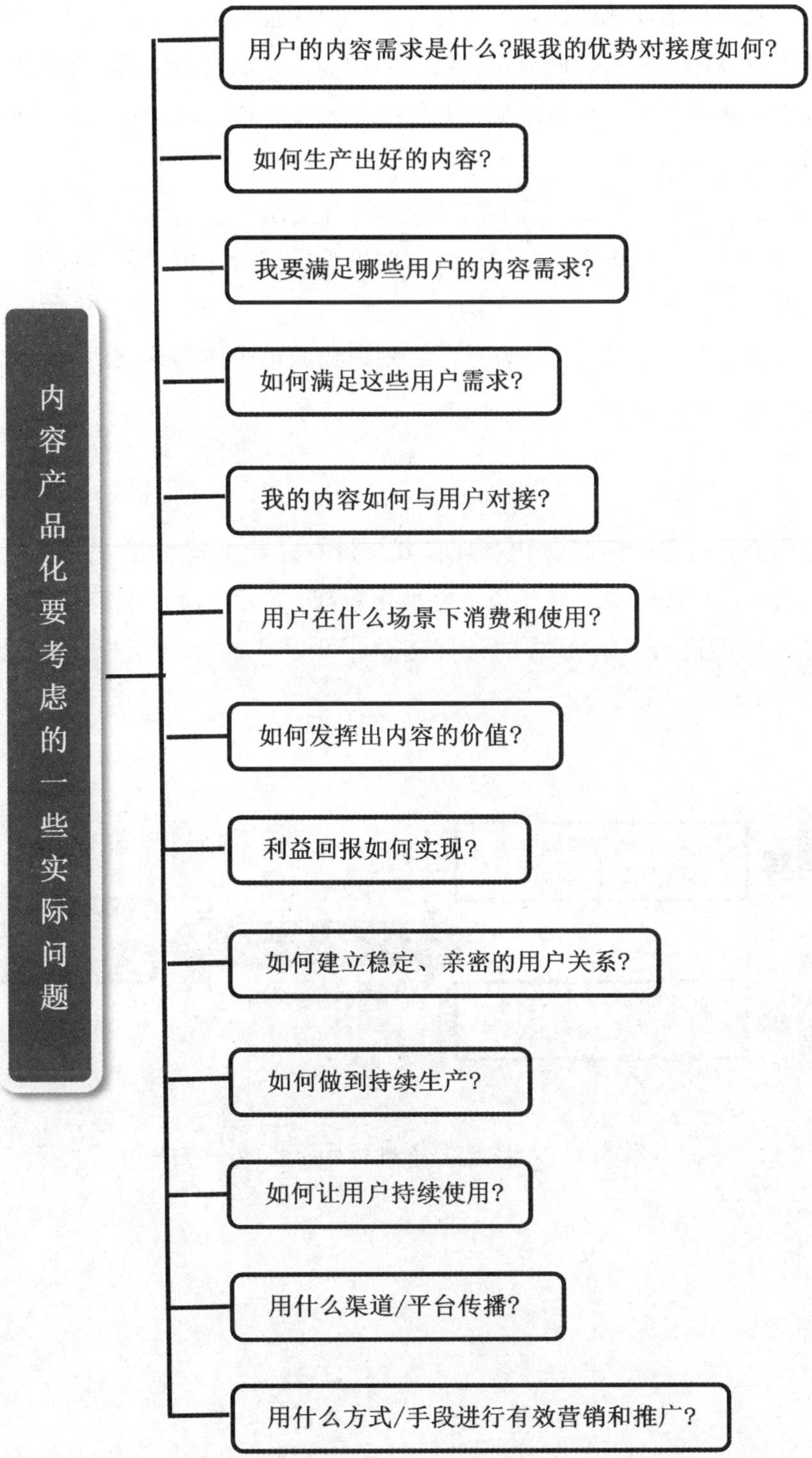

图例 8－11　内容产品化要考虑的一些实际问题

⑤对于传统媒体的内容产品化，首先要保证有内容生产能力。这种能力不再是以前写文章、做节目、做版面的能力，而是适应移动互联网的应用能力，其生产方式、生产流程都发生了改变，产品的形态也是适应移动化消费的产品。

其次，充分分析挖掘现有内容资源，并重组、改造成内容产品。比如电视台的片库、历史镜头，通过分主题进行重剪，它可能就会成为一个受欢迎的内容产品。

充分分析挖掘用户，特别是已有用户或城市媒体的地域用户需求，为其生成新内容产品 IP。

要研究产品与用户最有效的连接方式，包括渠道、平台的选择、营销推广方式的选择等。

要研究内容价值的转化变现模式。没有转化变现的运营是无效的运营。它可以直接付费销售（当然要求比较高），可以通过附售其他产品或服务，可以进行各种形式的社群运营，可以“捆绑”用户让第三方的“猪”来买单，等等。

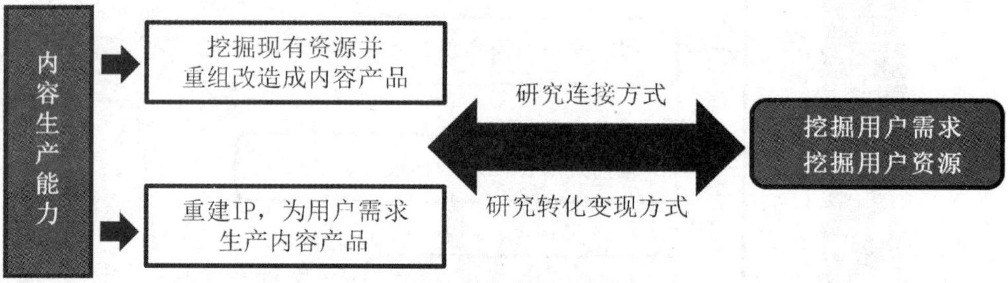

图例 8－12　传统媒体内容产品化的参考模式

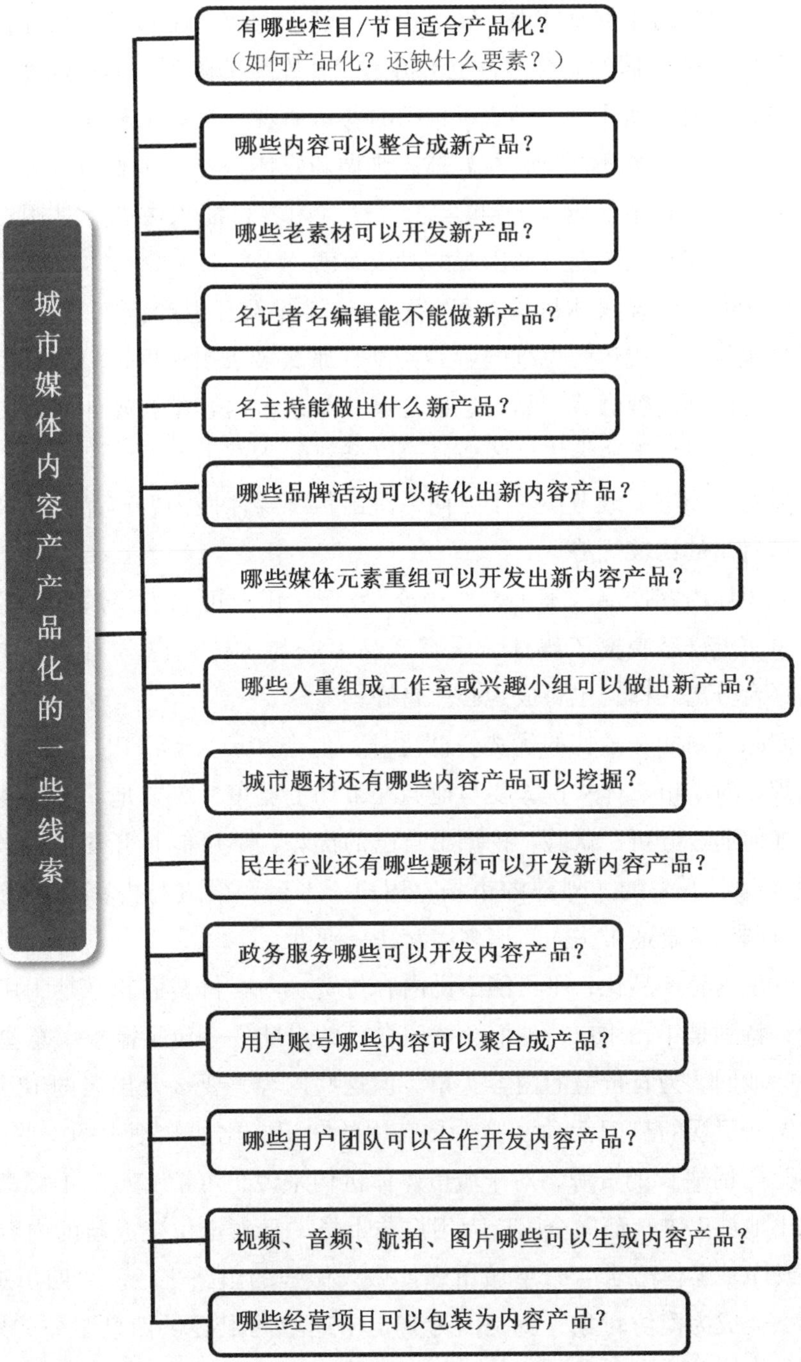

图例 8－13　城市媒体内容产品化的一些线索

⑥内容产品化重复使用：城市媒体生产的内容，不再是一次性传播的“快餐”；媒体掌握的内容库，也不再是“片库”的陈列。但在选择产品化内容时，仍要强烈注意，不要以自己的“价值观”喜好去替代用户的“价值观”喜好，就如不能用传统媒体思维做新媒体一样，主观地认为这些就是“对用户有价值的内容”。事实上，这些内容可能根本就不是用户需求的，或者仅仅是用户路过时围观的对象而已。

⑦相对于传统媒体机构，很多社会新媒体没有生产传统内容的优势，同样地也没有形成传统思维的劣势，没有那么多条条框框，只要有用户欢迎，就可以把内容做成产品，这也是近几年很多内容型自媒体崛起的原因之一。所以，放下传统媒体的傲慢，以全新的心态去学习，去试错，才是我们应有的姿态。或者换一个方向，跳出传统媒体做内容产品，或许也可以获取一定的比较优势。

新媒体内容产品，不再是“中介”，而是用户可以直接消费使用的产品，事实上已经脱离了媒体。内容产品生产与媒体运营分离，正如与渠道、平台分离一样，也将成为必然趋势。

⑧除了新闻和独特的优势资源之外，如今知识大咖、IP、“网红”不断涌现，对城市媒体来说，要与他们在市场上竞争一席之地，困难越来越大。如何通过分析、试验，挖掘出自己的优势，不可能是开几个会坐而论道就可以定下来的。外部的市场、用户、平台、渠道与内部的资源、人才、机制甚至合适带头人，诸多因素缺一不可。

⑨说内容产品化，不可能不说内容付费。内容付费已越来越为用户所接受，特别是年轻用户，他们会按照自己的口味——包括需求、意愿和感觉，为他们认为有价值的内容买单。但这些内容，要么是出名的IP产品，比如湖南卫视的热门活动；要么是有用的知识，比如知乎中的一些内容。但如此“稀缺”的资源，对于城市媒体机构来说，可谓有点高不可攀。如何跳出地域思维，面向全国广大用户与市场，重新定位生成新的内容产品IP，或许是媒体融合背景下城市媒体做大做强的出路之一。“四川观察”为什么会成为模仿对象？就是因为其走出地域局限提供信息服务的模式，给其他媒体单位带来了新的启发。

媒体融合，要用做产品的思维来做内容，用做产品的思维来做媒体，“内容”仍然是媒体的核心，作用甚至比以往更加重要。

三、活动/项目 IP 化

- 节目融媒体包装
- 名主持人IP化包装
- 项目融媒体包装
- 名编辑IP化包装
- 活动融媒体包装
- 名记者IP化包装

图例 8－14　IP 需要包装和吸粉孵化两道程序

①IP，是英文“国际互联协议”的缩写，常见的用法是“IP 地址”；IP 也是英文“知识产权”的缩写。现在常用的是后者的引申义。按百度百科说法，即可以理解为成名文创作品的统称。也就是说此时的 IP 更多的只是代表智力创造，比如发明、文学和艺术作品这些著作的版权。进一步引申来说，能够仅凭自身的吸引力，挣脱单一平台的束缚，在多个平台上获得流量，进行分发的内容，就是一个 IP。它是能带来效应的“梗”或者“现象”，这个“梗”可以在各种平台发挥效应，因此 IP 也可以说是一款产品，能带来效应的产品。

对媒体界来说，IP 跟我们之前所说的品牌有类似之处，只是它更强调互联网思维，包括跨平台、吸引流量与用户、互联网效应等等。因此，IP 打造，就要站在移动互联网思维来策划、包装、执行整个项目，包括它是移动互联网的形式，它能跨平台传播运营，它能吸引用户眼球带来流量、影响力，它的运营要大量采用移动互联网的手法、方式，它的目标是打造爆品，打造“网红”，从而获得收益。

而另一个差别，就是首先它必须是一款产品，而不是传统的节目/栏目——其间的差别前文已经论述。

②不是所有有名气的传统节目/栏目/项目都可以改造成 IP，因为它们中有很大一部分带着浓厚的传统媒介色彩——报纸、广播、电视都有其明

显的特征。但也不可否认，也有很多活动，通过移动互联网思维和手段的改造，它淡化了原有传统特征，又利用了原有用户群体，迅速成为“网红”IP，延续了生命周期。

③和前文所述内容产品思维一样，对于城市媒体机构来说，我们一方面要仔细分析现有资源，寻找可以“插上移动互联网翅膀”的栏目/节目/项目/活动，进行改造升级，使其在移动时代继续焕发光彩；另一个角度，以城市媒体自身的角度和优势，挖掘用户需求，为其生成新的内容IP、项目IP、活动IP。

④IP的生成，是“智力创造”。所以，在城市媒体活动/项目IP化改造的过程中，人是最重要的影响因素，它是生产力、创造力、竞争力。如何在媒体融合过程中充分体现这部分人的价值，调动这部分人的积极性，数据说话的考核机制和容错机制都是不可或缺的。

四、营销/服务竞争化

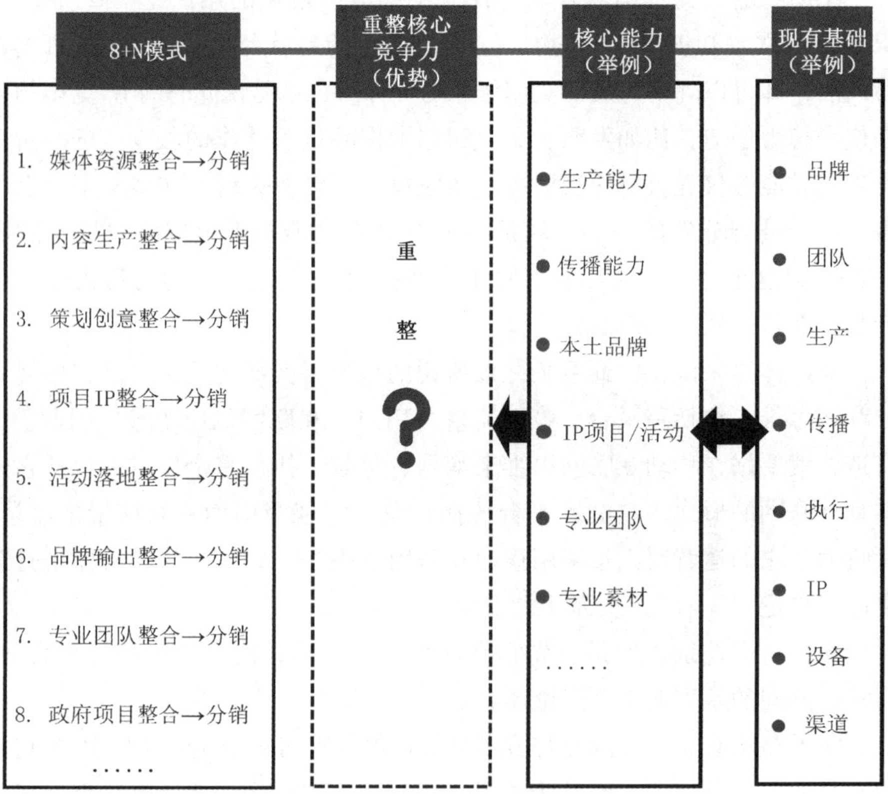

图例8－15　能力重整是介入市场竞争的前提

①为什么要说是“竞争化”？有两层意思：一种是前文说过的，一部分城市媒体，比如有些城市广电在21世纪第二个十年才局台分离，进入市场。不说它们遇到了经济发展常态化的外部形势，也不说它们一独立就面临着传统媒体的下行趋势，光说它们几十年来养成的“垄断思维”和“我是老大”的傲慢，面对市场，要么是无所适从，要么是想改改不了，更有甚者就是“放弃治疗”——反正最后政府要兜底买单。所以，可以说，这一批改革的媒体机构有一部分还没有真正进入市场，还没有养成竞争思维和竞争能力。

另一种是2000年前后进入市场的传统媒体机构，它们大抵是都市类报纸和当时就局台分离的城市广电。它们处于经济上行期和媒体发展上行期，大多参与了广泛深入的市场竞争，有较高竞争意识和竞争能力。但当移动互联网来临之后，面对媒体融合，他们同样分道而行。一种是凭实力，大胆探索，在移动新媒体技术和运用方面走出了新路。比如一大批城市媒体App上线运行（当然效果也不尽相同），比如说苏州台等一些有实力的城市媒体还投入研发机器人等一些新技术、新应用，走在了行业前列。

但面对整个移动互联网市场，不说BAT、今日头条/抖音、京东、小米、滴滴等大平台，就说那些雨后春笋般涌现的城市服务型新媒体、新平台，城市媒体的移动互联网运用能力和竞争能力与它们相比还是有相当大的差距，传统媒体的机制和思维约束，仍让它们举措犹豫、行动迟缓，最后竞争乏力。

快速有效参与移动互联网市场竞争，也是媒体深度融合发展中“移动优先”的应有之义。

②虽然我们无法改变传统媒体下行的大趋势，当前传统媒体还有多少优势，各个城市媒体也都不一样，但传统媒体的官方优势、人脉优势和以前表现突出的资源整合能力，目前对城市媒体来说，还或多或少地存在。整合资源，特别是政府类资源整合，并形成内容或项目、渠道，是同城其他移动新媒体或服务平台一直努力的方向和它们羡慕官方媒体的地方。而分销，则是移动互联网的营销模式，无产品不分销。当然，这里说的分销，不是指分级销售，而主要指拆分销售的意思——把赢利点埋在整个项目的各个环节，然后分点、分渠道、分方式，寻找各种“猪”来买单。

赢利点的“埋点”，是整个“整合→分销”模式的关键之所在。

③重构核心竞争力，是媒体融合发展的重点，也是难点。它可能是传播力（前言已述），也可能是平台、渠道影响力，用户号召力，技术开发力，更可能是团队创新力。各城市媒体情况不一，做法也不一。唯一要说的是在分析重构过程中，是固守传统媒体思维，还是移动优先，这是向“左”向“右”的方向问题，是重中之重！慎重慎重！

五、人才转型专业化

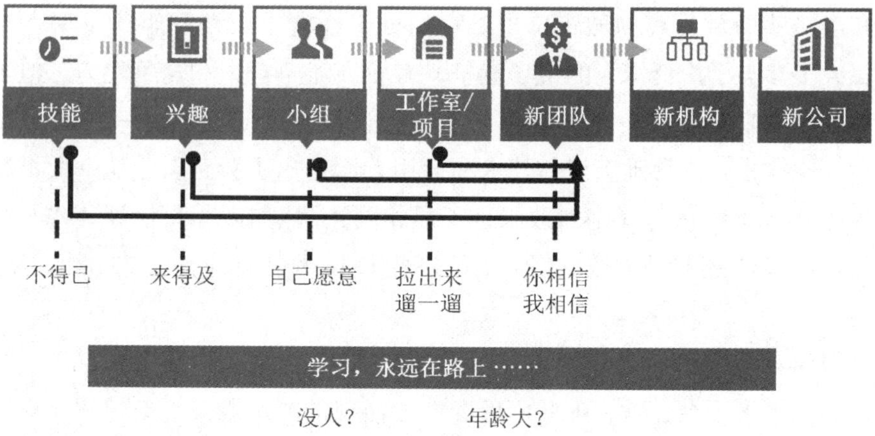

图例 8－16　互联网不是一本书，学习永远在路上

①不懂新媒体，不懂新技术，没人，年龄大……这是城市媒体在推进深度融合过程，最常听到的问题。

这让我想起一个例子。20 世纪 90 年代，一家城市媒体开始普及电脑，一时也是内部舆论哗然。然后呢？没有然后。因为所有流程都数据化了，你手写接不进流程了，所有人都去学就是了。

诚然，所谓“互联网颠覆一切”，到了如今移动互联网“下半场”，新旧媒体的差别已经不仅仅是介质上的差别，更在思维理念上，技术运用上，传播渠道上，运营手段上，赢利模式上，甚至可以说是两个不同的话语世界。这种情况，对于传统媒体来说，学习是必须的；困难也是必然的。但现在所谓的“不懂”“年龄大”之困难，有超过当年人们普及电脑时的困难吗？

正如电脑打字对几千年手写的革命，移动互联网的运用也需要所有人都去参与——其实大家都已经在使用移动互联网了。就如学会了打字，也就打开了使用电脑的大门。于是，前面说的这家媒体也开始了无纸化办公，大家从学五笔打字来写稿，到开始使用电脑干各种活，学会了各种运用。

有学习，才有运用，才有创新。

如果人人都愿意去参与新媒体运营，媒体融合就不再是畏途。

②我们说了，媒体深度融合发展是一场深刻的行业变革，必然也会带来体制机制的变革。但在体制机制尚未成熟之际，众多传统媒体机构试验的工作室/兴趣小组模式，应该就是当前最好的转型试验模式了。

传统媒体工作室机制最早听说于人民日报。2016 年，人民日报“中央厨房”正式启动“融媒体工作室”计划，以专业化、垂直化原则分类，内容覆盖时政、财经、健康等多个领域。计划推行两个月，就有 12 个工作室开始运行，来自 15 个部门或单位的 60 名人员参加。

人民日报的工作室实现“四跨”模式，即跨部门——全报社人员在不影响原有工作前提下，根据个人兴趣、业务专长、资源优势等因素，自由组合成内容团队；跨媒体——包括全社报纸、广播电视、网站、客户端等等；跨地域——地方机构、国际机构；跨专业——报社内外不同行业人士自由组合。

人民日报的工作室基于传统媒体原有内容进行拓展延伸，生产图文、音视频、H5、图表、VR 等各种新媒体产品，不少内容还回流到传统媒体，提升报纸内容的丰富性和可读性。2019 年全国两会期间，人民日报社 40 多个工作室各显神通，共推出 118 款融媒体产品，斩获 5 亿浏览量。知名的“侠客岛”工作室，全网粉丝已达 1000 多万。

工作室机制，是传统媒体机构调动员工积极性，培育员工新媒体运用能力，改变生产运营方式，促进媒体深度融合的有效之举，为广大传统媒体机构采用、探索、实践。2018 年 4 月起，天津津云新媒体集团通过 8 次招募，至今共组建 104 个融媒体工作室，内外部成员超过 1000 人，运行两年多来，共推出新媒体产品超过 12 000 个，“爆款”超过 1500 个。

湖南卫视自 2018 年推行工作室制以来，分两批共授牌 12 个工作室，试运行一年多，12 个工作室拥有湖南卫视 26 个节目团队中 51% 的导演人数，主创完成了湖南卫视接近80%的自办节目量，赢得超过90%的频道营收。至2019年年底，湖南台芒果TV已成立16个内容制作工作室团队，构建起15个影视工作室矩阵，通过发布“新芒计划”，与市场上有潜力的新锐影视剧核心团队签约，成立战略工作室进行合作，最大程度调动外部资源，带动自身队伍培养。

东南卫视融媒创新工作室从节目组接手《海峡新干线》新媒体运营工作，短短几月，今日头条号的总粉丝数就从当时的130万左右上涨到840多万，被称为“今日头条台海第一大号”。运行还不到一年，其生产的短视频传播流量已经在30亿以上，增强了用户思维和变现意识。据了解，东南卫视的台海新闻在新媒体端的传播量远超电视机渠道。

扬州晚报和“扬州发布”团队合作，推出了18个融媒工作室。此举实现了人员和资源的自由流动，推动了采编人员IP化打造，特别是提出了“主理人”概念——每个工作室名称都尽量嵌入“主理人”的姓名，由“主理人”跨媒体形态和部门挑选成员组队，申请多介质、跨部门的资源调配。据称，通过工作室实践，“旧”的平台注入“新”的动力，“新”的抓手改造“旧”的形态，“新”的产品做大“旧”的市场。

2019年，新民晚报分两批共推出9个全媒体工作室，充分发挥了媒体融合排头兵、先行者作用，大大提升了专业化、垂直化优质内容生产能力，提高了记者编辑积极性，当年共在9个微信公众号上创造10万+内容200多篇。同一年，河北广播电视台（集团）开始试行工作室制度，涌现出了一批流量超千万的爆款内容，培育出2家创收超千万的工作室，4家利润超200万的工作室。

工作室机制，是一种“临时”而“灵活”的机制。效果在前，但相信更多城市媒体机构更关心的是先行者的探索模式。

据了解，人民日报的融媒体工作室考核工作由人民日报新闻协调部和人民日报媒体技术公司牵头组织，采取“一室一策”机制。各工作室在立项计划中自行明确基本的考核方式和考核指标，经工作室评审委员会通过并备案。考核时由工作室自评和“中央厨房”复核并行。除了发放稿酬和相关劳务费用外，还进行评选，并进行相应激励。

2018年6月，兰州广播电视台成立杨安活动策划工作室、杨婷文化创作工作室、郝兵视觉设计工作室等3个融媒体工作室。据兰州广电总工程师江宏等人介绍，这3个工作室的设立，以项目运营、节目生产、多元传播为手段，以新媒体传播为主要目标，目的在于引领全台采编、技术人员向全媒体转型，创作具有时代特色的融媒体产品；带动台内的组织创新和管理创新，实现组织架构进一步扁平化和工作的高效化。在管理机制上，一是采取由台领导和总编辑牵头，总编室管理，全面协调调度台内各相关部门，打破了过去层层管理的模式。二是在人事和财务上实现制度机制的保障，加大了工作室负责人的自主权。工作室除了自身团队人员以外，需要时还可以通过外包劳务形式，聘请专业人员，财务制度实行预算内的自收自支。

2019年，福建台综合频道开始大刀阔斧地推行融媒体工作室机制，工作室由一人或多人组成，实行人员、业务、财务三者独立，类似于事业部。不论用工身份或行政级别，只要有想法、有资源、有能力，都可向频道申报成立工作室。东南卫视同时开始运行三大工作室，隶属于频道下属的全资子公司——福建东南卫星传媒有限公司，实行市场化运行、绩效式考核。采用独立核算、自负盈亏的方式，不仅工作室承接项目时的每一分开支都算成本，而且还要负担集团和频道的公摊成本。

同一年，安徽广播电视台第一批60家融媒体工作室进入孵化和培育期。个人和部门都可以申请成立工作室。经批准成立后，个人工作室享有选人用人权、自主运营权、资金支配权、资源使用权4项权力；部门工作室的权力由所在部门最终自己确定，总台不会干预。据安徽台工作机制规定，工作室一年培育期结束后，台里将为优质工作室提供专用办公场地，并给予一定资金支持，允许合伙人专职运营。具备公司化运营条件的工作室可探索股权激励，试点成立台全资或控股公司，作为市场主体开展运营。

新民晚报9个工作室由报社主要负责人直属领导，实行扁平化管理。每个工作室由一位部主任领衔，在保持原有工作职责的基础上，兼顾负责特定方向优质内容生产，报社所有人均可参加，原有工作岗位和职责均不改变，新增加工作量另行计算薪酬。

湖南卫视则推出了一系列激励工作室的相关措施：品牌激励——推动工作室创立自主独立品牌；用人激励——下放工作室人员招录、用工权利；收益激励——以“投入产出”为依据制定奖励机制；发展激励——支持工作室承接芒果 TV 的制作项目；服务激励——湖南广播电视台为工作室提供后勤服务。推出年轻人才创新计划和样片生产、试播制度，赋权领衔制作人在台内外招人用人与提拔权，让头部创作者分享高比例创收红利。

③不管是城市媒体 App 试验，还是媒体深度融合的推进，千难万难，最后都会集中到一个点：人才！

体制机制需要人才去突破，新阵地新模式需要人才去创造，新型媒体发展之路更需要人才去引领。

专业人才、复合型人才、领军式人才，分散在社会中，更深藏在传统媒体队伍之中。

移动互联网世界，创新与变化时时刻刻在发生。学习，永远在路上！

后　记

一晃经年。我也幸运地经历了所有主流媒体形态。

从多年参与创办都市报的激情澎湃，明白了媒体与群众的血肉关联；到多年党报要闻板块的“如临深渊、如履薄冰、如负泰山”，更加深刻理解了党媒与新闻宣传工作的职责与使命；再到多年广播电视学习转型，领略了视听传播的宏大空间；没想到其中还迎来了6年新媒体实战与融合探索，更多感悟了新型媒体与媒体融合的运行逻辑闭环。

经历多，交流的同行也多。聊下来，大家就有了一些共同的感触。

感触之一：变化大。最大变化莫过于“融合”二字，以前各种媒体泾渭分明甚至还在暗地里竞争，没想到在新媒体——移动互联网这口大锅里被一锅炖了。壁垒消失，谁也分不清谁。短短几年间，如在梦中，如梦方醒。

感触之二：转型难。传统媒体人做新媒体，再次真真切切感受了“三如”。如今的“三如”外延已经拓展，包括且不限于学习成本、时间窗口、试错风险、过河找不到石头等等。但最难的，还是来自包括我们自己在内的“传统阻力”。这个所谓“传统阻力”有时是环境，有时是自己——思想理念、惯性效应、思维逻辑、工作方法、交流方式等等都会成为阻力。什么是如履薄冰？就是你要时刻关注环境，更要时刻自省：我是不是又用传统思维做新媒体了?!

感触之三：起点低。不说互联网是一个充分开发、充满竞争的市场，就说现在城市型新媒体，往往身份比较尴尬——其实大家都理解：你还养不了家，至于能不能光宗耀祖，那是以后的事。另外，时代不一样了，现在创建新媒体，正常情况下也不再有当初报纸、广电创办时的编制、人才、资金、独家等优势，往往是“背着包袱走市场”“光着脚丫找市场”“带着束缚争市场”——宣传如此，运营也如此。资金肯定缺，牌子也开始不够好用，而真正的难题，不仅仅是分散化竞争，更是既懂媒体，又懂互联网，还懂新市场，懂新型管理和运营模式的复合人才稀缺，对非中心城市来说，专业人才和复合人才都难找难留。

感触之四：希望大。瞬息万变的互联网世界没有一成不变的成功模式。“一骑绝尘”也罢，“观望等待”也罢，路在何方？有时候方向比速度还重要。我们相信，当把“以人民为中心”理念，落实到我们的产品和作品为党和人民所需求的时候，落实到从业者都希望、愿意、自觉行动起来的时候，落实到真正“以用户为中心”的时候，就是我们官方新媒体和媒体融合的成功之时。

大家的体会肯定不止这些。现在，很多新媒体同行还在“水深火热”中拼搏，我能有此机会通过本书与大家分享阶段性探索与思考，有幸。但由于疫情，一些考察无法实地和深入，一些案例参考了网络，也有行文不够严谨、理论不够深刻等缺憾，向大家说声抱歉！

最后，衷心感谢支持我的领导同事、帮助我的同行朋友、一起拼搏的小伙伴，感谢泉州社科联把此书列入社会科学规划项目（2021D13），感谢出版社领导、编辑、营销人员的加班加点，感谢一起探索的技术服务商和所有合作过的客户，更感谢陪我走过探索 6 年的几百万用户！

苏兴秋

2021 年 7 月